少年读万卷

·中国卷·

中华上下五千年 上卷

贾仁江　员晓博◎编著

CHISO 新疆青少年出版社

图书在版编目（CIP）数据

中华上下五千年. 上卷 / 贾仁江, 员晓博编著. -- 乌鲁木齐 : 新疆青少年出版社, 2023.2
（少年读万卷. 中国卷）
ISBN 978-7-5590-8947-2

Ⅰ. ①中… Ⅱ. ①贾… ②员… Ⅲ. ①中国历史 – 少年读物 Ⅳ. ①K209

中国版本图书馆CIP数据核字(2022)第200445号

中华上下五千年·上卷
ZHONGHUA SHANGXIA WUQIANNIAN · SHANGJUAN

贾仁江　员晓博◎编著

出版人：徐　江	策　　划：陈　蕾
责任编辑：张　敏　尚志慧	装帧设计：　张春艳
美术编辑：张春艳　邓志平	法律顾问：王冠华 18699089007
插　　图：孟宪龙　曹尔刚　张洪凯　贾笑寒　杨　峰　田金华　王海洋　徐寅虎	

新疆青少年出版社（地址：乌鲁木齐市北京北路29号 邮编：830012）
http://www.qingshao.net

印　刷：雅迪云印（天津）科技有限公司	经　销：全国新华书店
版　次：2023年2月第1版	印　次：2023年2月第1次印刷
开　本：710 mm×1000 mm　1/16	印　张：27
字　数：369千字	印　数：1—5 000 册
书　号：ISBN 978-7-5590-8947-2	定　价：68.00元

制售盗版必究 举报查实奖励：0991-6239216　　　版权保护办公室举报电话：0991-6239216
服务热线：010-58235012　010-84853493　　　如有印刷装订质量问题，印刷厂负责调换

前言

　　中国是一个具有5000年文明史的古国,曾经创造过灿烂的文化。中华文明是世界上唯一一个没有中断的文明。指南针、造纸术、火药和活字印刷术的发明,大大推动了世界历史发展的进程。

　　"夏商与西周,东周分两段。春秋和战国,一统秦两汉。三分魏蜀吴,二晋前后延。南北朝并立,隋唐五代传。宋元明清后,皇朝至此完。"千百年来,中华民族涌现出多少英雄豪杰:孔子周游列国、秦始皇修筑万里长城、汉武帝驱逐匈奴、蔡伦改进造纸术、唐太宗虚心纳谏、毕昇发明活字印刷术、郑和七下西洋、郑成功收复台湾、林则徐虎门销烟……他们就像一颗颗明星,闪耀在人类历史的银河。近代中国却割地赔款,饱受列强欺凌,实为后世子孙所不忍闻。然而,孔子说过,"知耻近乎勇"。也许只有我们通过认真地思考,"知其然,又知其所以然",明白我们为什么挨打,以史为鉴,而不是简单地背几串数字、几句盖棺定论的话,才能真正让中国屹立于世界民族之林,避免历史悲剧重演。

　　在世界各国比拼软实力、国家强调素质教育的今天,让我们的孩子了解课本以外的本国历史、增强民族认同感和自豪感,就显得尤为重要了。

　　本书的编辑思路为:选取对中国历史进程或对民族性格的形成有重大影响的人和事,以及对人类文明进程有突出贡献的人物事迹加以介绍。我们的写作态度是:在尊重史实的基础上,以讲故事的形式,用风趣的语言向小读者介绍历史事件,"大处不虚,细处不拘";讲述史实应区别于历史故事,因此对于那些查不到确切出处的传说,即使有趣,也不采纳。本书增加了精美的彩色插图、难字注音和注释，帮助读者朋友更好地理解内容和加深印象。如果读者通过阅读本书，能够喜欢上历史，以作为一个中国人为傲，则是我们感到欣慰的事。

"江山如此多娇，引无数英雄竞折腰。惜秦皇汉武，略输文采；唐宗宋祖，稍逊风骚。一代天骄，成吉思汗，只识弯弓射大雕。俱往矣，数风流人物，还看今朝。"

因时间仓促、编者能力有限，书中一定存在不少疏漏之处，请广大读者批评指正。

编　者
2021 年 10 月

目 录

三皇五帝 ························ 1
盘古开天辟地 ···················· 1
最早的智者——伏羲氏 ············ 6
有巢氏、燧人氏和神农氏 ·········· 9
黄帝大战蚩尤 ···················· 12
尧舜禅让 ························ 16

夏 ······························ 21
大禹治水 ························ 21
少康中兴 ························ 25

商 ······························ 28
商汤伐夏 ························ 28
盘庚西迁 ························ 33
后母戊鼎 ························ 36
干支纪日 ························ 40
太公垂钓 ························ 43

西周 ···························· 47
武王伐纣 ························ 47
周公辅政 ························ 51
成康之治 ························ 55
厉王止谤 ························ 58
烽火戏诸侯 ······················ 62

春秋 ···························· 67
管仲拜相 ························ 67
齐桓公九合诸侯 ·················· 70
宋襄公之仁 ······················ 75
晋文公流亡 ······················ 78
城濮之战 ························ 83
崤山之战 ························ 87
楚庄王一鸣惊人 ·················· 91
老子出关 ························ 95
孙武练兵 ························ 99

孔子周游列国	103
卧薪尝胆	107

战国 … 111

墨子守城	111
三家分晋	114
西门豹治邺	118
商鞅变法	122
孙膑斗庞涓	127
孟轲论仁	131
庄周逍遥	135
苏秦合纵	140
张仪连横	144
赵武灵王胡服骑射	148
火牛阵破敌	152
屈原投江	156
李冰修建都江堰	161
完璧归赵	165
范雎远交近攻	170
长平之战	174
窃符救赵	177
荆轲刺秦王	181

秦 … 185

秦始皇灭六国	185
万里长城	189
焚书坑儒	194
大泽乡起义	198
巨鹿之战	203
约法三章	207
鸿门宴	210
四面楚歌	214

汉 … 218

白登之围	218
周勃灭吕安刘	222
缇萦救父	226
晁错削地	230
张骞通西域	234
马邑之谋	239
卫青和霍去病	243
苏武牧羊	247
董仲舒独尊儒术	251
司马迁著《史记》	254
霍光辅政	257
昭君出塞	262
王莽篡汉	266
赤眉起义	270
昆阳大战	273
西经东传	277

班超投笔从戎…………… 280
王充宣扬无神论…………… 284
许慎著《说文解字》………… 288
蔡伦造纸…………………… 291
张衡和地动仪……………… 294
党锢之祸…………………… 298
黄巾起义…………………… 301
董卓进京…………………… 305
孙策占江东………………… 308
官渡之战…………………… 311
张仲景著《伤寒杂病论》…… 315
三顾茅庐…………………… 318
火烧赤壁…………………… 322
"神医"华佗………………… 325
刘备夺取益州……………… 328
大意失荆州………………… 331

三国 …………………… 335
曹丕称帝…………………… 335
火烧连营…………………… 339
诸葛亮北伐………………… 343
司马懿装病夺权…………… 348
司马昭之心………………… 351
王濬楼船破东吴…………… 355

晋 ……………………… 359
石王斗富…………………… 359
贾后专权与八王之乱……… 363
五胡十六国………………… 367
闻鸡起舞…………………… 370
王马共天下………………… 374
王羲之与《兰亭集序》……… 377
淝水之战…………………… 381
陶渊明与《桃花源记》……… 386
刘裕摆却月阵……………… 390

南北朝 ………………… 394
祖冲之推演圆周率………… 394
贾思勰与《齐民要术》……… 397
郦道元与《水经注》………… 400
魏孝文帝改革……………… 403
梁武帝信佛………………… 408
侯景之乱…………………… 412
陈后主骄奢亡国…………… 416

三皇五帝

盘古开天辟地

我们的祖国有着非常悠久的历史。中华文明是从什么时候开始的，已经没有人知道了，因为很早以前的时候没有文字。根据人们代代相传的说法，从传说中的黄帝到现在大概有5000年的历史，所以我们祖国的历史也被称作"上下五千年"。

对于5000多年以前发生的事情，人们口口相传，流传下来很多神话传说。这些神话传说也代表着我们的祖先对于世界最初的认知。

人是从哪里来的？我们的世界是怎样诞生的？各民族都有自己关于世界和人类起源的传说，我们也不例外。

根据我国的传说，在世界最初的时候，宇宙像鸡蛋一样，混沌一片，没有声音，也没有光。后来，有一个叫盘古的巨人，他从混沌中诞生了。他在混沌中沉睡了18000年，醒来之后，不知道从哪里摸到一把斧子，把混沌劈成了两半。混沌中轻的东西缓缓上升，变成了天；重的东西慢慢下沉，变成了地。

盘古怕天地再合到一起，就自己脚踏大地，双手擎天，把天地撑了起来。天每日升高一丈，地每日增厚一丈，盘古每日长高一丈。过了很久很久，盘古死了，他的眼睛变成了太阳和月亮，头发和胡须变成了天上的星星，身体其他部分变成了山川、河流、草木等。由于盘古开天辟地的传说，古代人认为"苍天如圆盖，大地如棋局"，还有人担心天会塌下来。于是，产生了"女娲（wā）补天"的传说。

传说一位叫女娲的女神遨游在天地间，觉得孤单寂寞。有一天，她到河边洗澡，忽然灵机一动：为什么不按照自己的模样，做一些小人出来呢？于是她用河边的泥土捏了一个小人，吹了一口仙气，这个小人就活了。她觉得这样捏起来太慢了，于是用柳条蘸着泥水一甩，就做出了许多小人。女娲怕他们会死掉，又教会他们结成配偶，繁衍后代。后来天地间发生了一场大灾难，天破了一个大窟窿，地陷了下去，洪水泛滥，山林焚毁，各种野兽都出来害人。人类活不下去，于是女娲采炼五色神石补天，斩巨鳌的四肢竖立四极，用芦灰止住了洪水，又扑灭了大火。所以，人们把女娲看成是创造人类的母亲。

盘古开天辟地的传说虽然是神话，但从一方面暗示我们人和大自然本来就是一体的。后来，现代的人们经过考古发掘，发现了很多古猿人的化石和生活遗迹。由此表明，我们人类是从猿人进化而来的。

在我国境内，就有很多地方发现了猿人存在的证据，比如猿人的化石和活动遗址：生活在距今170多万年以前的云南元谋猿人化石、距今有80多万年的陕西蓝田猿人化石和距今50~40万年的北京猿人化石。

几百万年前的气候比现在的温和湿润，森林生长得非常茂盛，到处是野草和灌木丛，丛林里野兽出没，有虎、豹、狼、熊等，甚至还有大象。当然，这些古老的动物和植物同我们现在见到的不一样，可以说，它们都是现代动植物的祖先。原始人就和这些动植物生活在一起，经常要面临猛兽的袭击，还要与时时爆发的自然灾害相抗争。

为了更好地繁衍、生存下去，原始人类共同生活在一起。他们共同获取

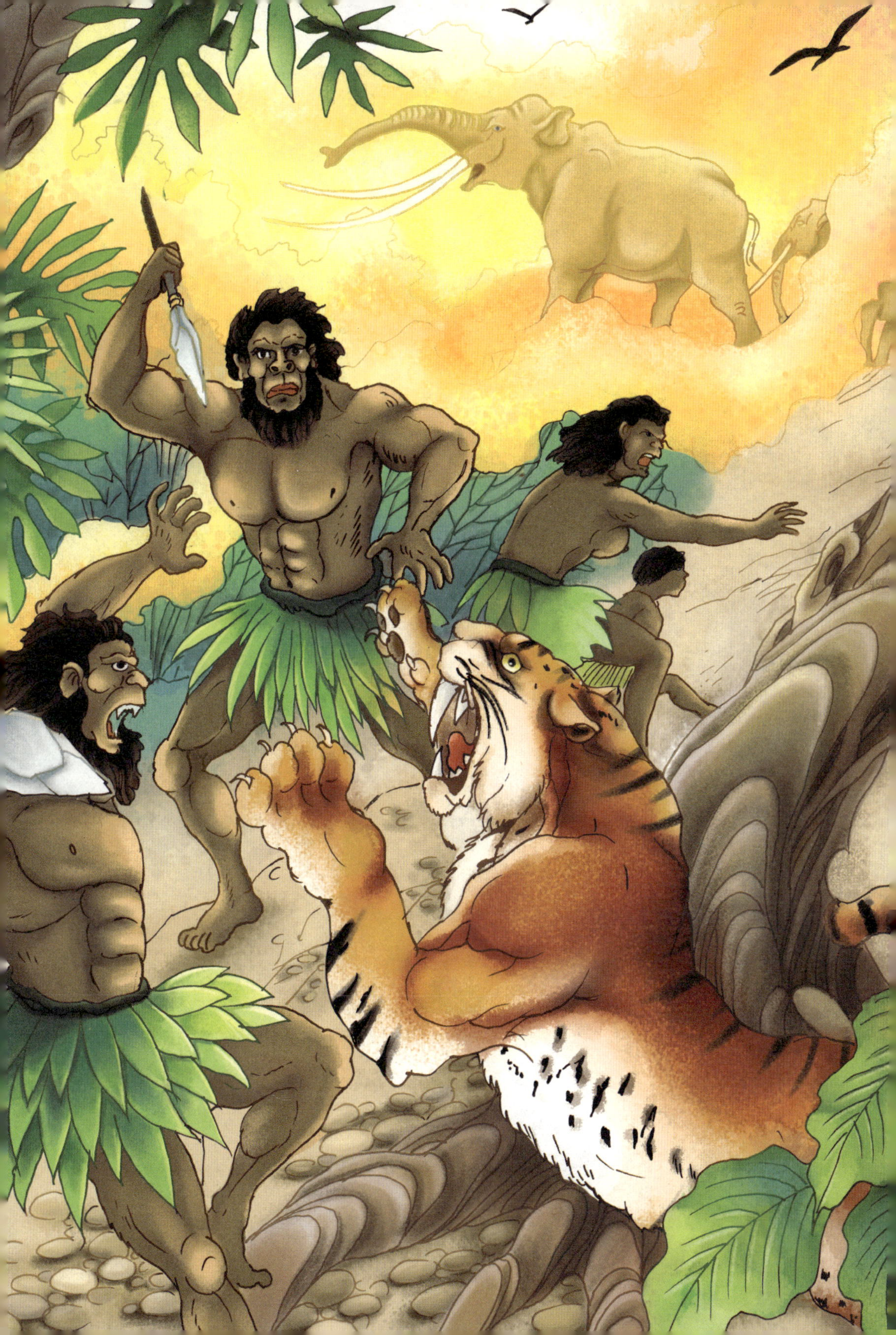

食物，共同抵挡猛兽，共同与大自然相抗争。而这些人，也就是我们现在所说的"原始人群"，可以说是人类社会的最初形态。

因为没有锋利的工具与野兽抗争，想猎杀一头野兽的难度是很大的，所以原始人群的主要食物只是一些果子和植物的根茎。只有在大家集体狩猎的时候，才可能捕杀一些野兽，那时候，人们才会吃到一些动物的肉。

在大部分人的认知中，原始人每天都在捕猎，以为他们每天都有大量的肉可以食用，实际上这种想法是错误的：由于条件所限，他们能打到的猎物不会很多。虽然他们能制作一些简单的工具来狩猎，但这些工具大多只是一些粗糙的木棒和石头，而且还都是没有经过仔细加工的，所以威力有限。不过即使这样，能使用工具也成了人类和动物最大的区别之一。

由于原始人抵抗猛兽和自然灾害的能力非常弱，他们生病了也没有办法治疗，所以他们的寿命都很短。但是这些原始人顽强地存活了下来，并且在与大自然斗争的过程中不断进化。现在，考古学家在不同地区发现了不同时代和不同进化程度的猿人化石，为了解猿人的进化过程展开研究。

又过了几十万年，气候变化得更适合人类生存了，很多凶猛的野兽也灭绝了。猿人已经比以前进化得更像现代人了。在北京周口店龙骨山的山顶洞穴里，考古学家们发现了一些原始人留下的遗迹。经过推判，这些原始人已经和现代人没什么大的差别了，被人们称为"山顶洞人"。

山顶洞人在使用工具方面又进了一大步，他们不但可以把石头打磨成石斧、石锤，还可以把野兽的骨头磨成骨针。石斧和石锤证明山顶洞人已经可以从事一些简单的劳动了，而骨针的意义就更不一般了。原始人用骨针把兽皮缝制成衣服，这样可以抵御寒冷，还把兽皮缝制成帐篷，遮风挡雨。

除了衣服和帐篷，山顶洞人还会制作小石珠、小石坠，磨制兽骨、兽牙等来装饰自己。他们靠着采集和集体狩猎来生活，还会使用火。他们还经常步行到很远的地方，和其他地方的人交换一些东西。

和以前生活在同一地区的北京猿人相比，山顶洞人进步得非常多，而且他们生活的时间离现在比较近，所以考古学家称他们为"晚期智人"。

山顶洞人的工具虽然简单，但是其中的打磨抛光技术、骨针的打孔技术等，需要很多人花很多时间才能完成。所以这个时候生活在一起的山顶洞人群，已经不是简单的群居了。他们由于血统和生产生活的需要，已经形成了一种固定的生活方式，即氏族公社。氏族公社的产生，标志着人类文明发展到了一个崭新的阶段。后来随着社会的发展，人类社会渐渐产生了等级制度。

最早的智者——伏羲氏

伏羲（xī）氏是我国历史传说中最早的智者，是上古的圣人之一。伏羲氏又被称为庖牺氏，有人说他生于现在的甘肃天水一带。由于他所做出的巨大贡献，人们尊崇他为中华民族的人文始祖。

伏羲氏是个大发明家，据说他模仿蜘蛛结网发明了用网捕鱼，使人们的生产能力得到了很大的提高；据说陶埙、瑟等一些乐器也是伏羲氏发明的；人们甚至把取火、婚姻和蓄养家畜等也都归功于伏羲氏。人们可以把活捉到的动物养起来，以备没有食物的时候再食用，有些家畜的奶也可以当食物来充饥。就这样，人们开始蓄养家畜。总之，伏羲氏在我国历史上是一位地位非常高的圣人，被奉为古代帝王之首。

伏羲氏最大的功劳是发明了八卦。在那个时代，人们害怕刮风下雨、打雷闪电等一些自然现象，可又无法解释。在人们的生产生活中，大家迫切地需要一套理论来解释、预测一些事件，以提高人们的生产以及躲避灾难的能力。于是，就有很多人经常来向伏羲氏询问，为什么会刮风下雨、万物为什么会生长枯荣。对于这些，他也无法回答。

不过伏羲氏是个非常注意观察思考的人，他早已经开始想办法来解释这一切了。他经常到一座山上去观察天空中的日月星辰、陆地上的飞禽走兽，还有大山河流、花草树木，希望可以得到一些启示。

有一天，伏羲氏又来到山上沉思。突然，从附近的黄河中跳出一匹马身龙鳞、长着翅膀的龙马。龙马奔上岸，跑到伏羲氏的身边，绕着他转了三圈，之后又突然不见了。伏羲氏觉得这匹龙马或许是来启发自己的，于是回去后仔细体会，想起龙马身上的斑纹，心里好像有了些想法，就根据龙马背上的斑纹画出来一幅草图。

又有一天，伏羲氏经过洛水，水中忽然浮出一只白色的龟，白龟的壳上也有和龙马身上类似的纹路。伏羲氏把龙马的斑纹和白龟背上的纹路联系到一起，经过深思熟虑，终于画出来一幅八卦图。

在八卦图中，伏羲把自己所观察到的现象总结为八种符号，分别是：乾、兑、离、震、巽、坎、艮、坤，分别对应着天、泽、火、雷、风、水、山和地八种自然现象。

伏羲氏用这八种符号代表自然界中万事万物的基本元素，然后把这八种元素按阴阳分成两类：乾、坎、艮、震为阳卦，坤、兑、离、巽为阴卦。阴阳代表了事物的两个方面，可以相互克制、相互转化。同时，他又把八卦和金木水火土五种属性结合起来，再加上阴阳属性，又衍生出更多的卦象，用这些卦象来描述、解释大自然中所有事物的规律。

伏羲氏每次带领族人出征或者打猎，都要用八卦来推算一下，之后再根据事情的结果给八卦增加新的解释和内容。

就这样，八卦的内容得到了极大的丰富，进而可以解释更多的自然规律，还可以用来指导伏羲氏对事件进行判断，就像一部实用的百科全书。

伏羲氏发现八卦非常有用，而且对事物的推断有很高的准确性，就把八卦教给了其他人，于是八卦逐渐流传并延续下来，一直到了现代。

后来，伏羲氏画八卦的那座山被人们称为卦台山，龙马和白龟身上的斑纹被人们称为河图、洛书。在后来的很多神话传说中，河图和洛书经常出现，作为神话中威力最大的法宝，被那些具有大神通的仙人驱使着斩妖除魔。

但不管怎样，这些都只是传说。从科学角度讲，神仙是不存在的；不过，像八卦这种源自古人对自然万物的观察思考与总结而得出的精华，却具有进步的意义。

八卦，代表了古人对世界、宇宙的理解和认识，是一门非常高深的学问，它所包含的深奥哲理与思想内涵影响了整个中华民族的文化。有人说，它只是用来占卜的，属于封建迷信的范畴，不可信。这种说法其实是以偏概全，否定和低估了古人的智慧。

伏羲氏所发明的八卦不但影响了中国数千年的历史，而且在现代的天文、地理等很多方面都发挥了巨大的作用。计算机被发明后不久，人们发现，计算机语言竟然和八卦有异曲同工之妙。八卦的推算方式竟然和计算机语言中的数学计算方法一致，甚至是人工智能都可以从八卦中获得帮助。

由此可见，发明八卦的伏羲氏被称为最伟大的智者一点都不过分。

有巢氏、燧人氏和神农氏

原始人群进化到氏族公社是一个非常漫长的过程，其中经历了很多艰难困苦，而且不同地方的原始人发展的进度也有快有慢。我国古代流传下来许多关于那个时代的传说。传说中出现了很多圣人，他们教会了大家一些生活的本领，帮助人们抵抗野兽的侵袭，带领人们对抗天灾。有了他们的引领，人类才得以存活和发展。

随着时间的推移，原始人发现住在山洞里很不安全，因为野兽们经常会趁着篝火熄灭的时候跑到山洞里伤害人类；而且即使有了篝火，山洞里的光线还是很昏暗，空气也很潮湿，这样一来，人们就很容易得病。于是人们就搬出了洞穴，由穴居改为巢居。在我国的传说中，有一位圣人，他看到鸟儿在树上筑巢居住，又安全又舒服，于是他就教大家在树上建树屋居住，以躲避猛兽的侵扰。人们为了纪念他，就叫他"有巢氏"。

经过很长一段时间的巢居生活，原始人的数量渐渐多了起来，可生活在树上很不方便，于是大家就住到了地面上。原始人刚住到地面上时，住的也是像建在大树上的巢一样的建筑，后来才慢慢演变成房子。

原始人最需要解决的基本问题是填饱肚子，可是他们能吃的东西中，植物生长很慢，动物总是很难捕获，所以大家经常处于饥饿的状态。有时候，森林发生自然火灾，把动物和植物都烧死了，原始人就更没有吃的了，他们只好搬到另外一片森林里居住。有时候，森林大火的范围太大，人们无处可搬。他们没办法，只好吃那些被烧死的动物。可是当他们吃过这种被烧熟了的肉后，觉得不但好吃，而且吃了身体也不会不舒服。于是，大家慢慢地喜欢上了食用被火烧烤过的食物。

可是自然大火是天灾，不是随时都有，人们就想自己生火来烧烤东西吃。于是人们就努力寻找办法。后来，他们发现，在集体围捕猎物的时候，有的人拿着石头去砸猎物，如果石头没打中猎物而打到了岩石上，就会溅出火花来。原始人就想试试敲击石头能不能用来取火。

经过无数次的试验，他们终于发现一种叫"燧（suì）石"的石头敲打出来的火花可以引燃东西，原始人就这样发明了人工取火。传说人们用燧石取火是由一个圣人教的，大家就称这位圣人为"燧人氏"。

我们经常会看到一张原始人钻木取火的图片，那个人头发蓬乱，身材魁梧，穿着一身兽皮做成的衣服。他赤裸着双臂，用双手夹着一根尖尖的木棒，木棒的尖端抵在另一块木块上。木块和木棒接触的位置被挖出了一个凹槽，凹槽中放着一些干树叶。那个原始人，就是我们常说的燧人氏。

燧人氏看到鸟用嘴啄燧木时会迸出火花，于是就想到了钻木取火的办法：燧人氏双手共同用力，使劲搓着手中的木棒，使木棒快速旋转。在旋转的过程中，木棒尖端与木块快速摩擦，产生的热量会点燃凹槽中的树叶，这样，火就产生了。

实际上，燧人氏只是传说中的人物，之所以会有钻木取火的故事，只是人们对于未知事物的一种猜测，也可以说是一种精神寄托：有这样的圣人帮助我们取得了火种，有这样的圣人带领我们人类进步，我们还有什么好怕的呢？

从科学的角度来讲，人类之所以能够取火，应该是智慧发展和集体劳动的结果。不论他们取火的方式是怎样的，起码这说明原始人已经会使用火，而且学会了保存火种。现代考古发现：山顶洞人生存过的地方有使用过火的痕迹。

取火和火的使用，大大地增强了原始人的生存能力：火不但可以用来烧烤食物，驱赶严寒，还使原始人的食物范围更广泛了。有了火，原始人就不再害怕寒冷，也不怕吃生的东西会得病，还可以用火来驱赶野兽。

原始人有了屋子，还有了火，生活方便多了。这样，人们就有更多的精力来改善自己的生活。原始人根据藤类植物发明了绳子，然后又效仿蜘蛛，用绳子结成网去捕鱼或者捕猎。后来，原始人又发明了弓箭，用它来射杀猎物比用投掷或砍打猎物更有效、更安全。

再到后来，人们发现，不小心掉在地上的谷物，第二年会重新长出来，然后结更多的谷子。人们根据这个经验，开始主动种植谷物，再也不用翻山越岭地去找野生谷物了。而且通过选择，人们还改良了谷物的品种，提高了谷物的产量。人们把多余的谷子装起来，可是不小心受潮发酵了，这样又发明了酒。

传说有个圣人教大家制作耕地用的农具，他就是"神农氏"。有了农具用来精耕细作，粮食产量提高了，人们就和土地绑在了一起。而且，由于精耕细作需要很多的人力，人类的家庭和氏族就更兴旺了。

虽然人们可以种植谷物了，可是谷物的生长周期很固定，而且产量很少。传说神农氏为了寻找更多可以吃的植物，尝遍各种野草和野果，有时还会吃到一些有毒的植物。经过长期的亲身尝试，神农氏又找到了很多种农作物，还发现了许多可以治病的植物。所以，传说神农氏还是医药事业的创始人。

虽然燧人氏等传说中的圣人不一定真实存在，但是他们的事迹，正是人类探索自然世界的一个缩影。

黄帝大战蚩尤

大约在公元前27世纪时，我国的黄河流域生活着许多氏族和部落。这些氏族和部落为了争夺食物、领域和奴隶，经常爆发一些战争。为了在战争中取得胜利或者保存自己，氏族和部落之间也会进行结盟。随着战争和结盟次数的增多，所有氏族和部落渐渐形成了两个对立的势力，而在这两个势力中处于领导地位的，就是以神农氏炎帝为首的部落和以轩辕氏黄帝为首的部落。

起初，炎帝的部落在姜水流域生活，黄帝的部落在姬水流域活动。后来，炎帝率领部落向黄河中游发展，想由游牧生活过渡到农耕生活。黄帝也带领部落向中原地区迁徙，来到涿（zhuō）鹿（今河北张家口东南），想定居下来。

两大部落在阪泉大战了三次。前两次炎帝部落倚仗人数众多，又使用火攻，把黄帝部落打败了。可是第三仗，黄帝联合了一些西北部落共同对付炎帝部落，作战时又天降大雨，使炎帝部落的火攻失去了威力。结果炎帝战败，黄帝成了中原地区的盟主。黄帝部落与炎帝部落融合，形成了炎黄部落，所以黄帝和炎帝就成了中华民族的共同祖先。他们开始在这个地方放养牲畜、种植谷物，部落变得越来越兴盛。

这时，位于长江流域的九黎族也强大起来。他们虽然仍以狩猎为生，但是已经掌握了炼铜技术，制造出了精良的武器。九黎的首领蚩（chī）尤觉得自己的实力足够强大了，就率领部族与黄帝争夺中原地区的统治权。传说蚩尤是野兽和魔鬼的化身，他身强体壮，高得像一个巨人。他有81个兄弟，个个铜头铁臂，刀枪不入，力大无穷，凶猛无比，还能呼风唤雨，召唤出南方的瘴气毒雾来袭击敌人。一开始，蚩尤的进攻很顺利，一直打到黄帝的老巢涿鹿。

于是黄帝召集了其他许多部落，在涿鹿和蚩尤决战。决战开始了，忽然天昏地暗，大雾迷漫四野，狂风雷电交加，天上下起了暴雨。黄帝的士兵一时间晕头转向，陷入了劣势。黄帝见状，利用北斗星永远指向北方的自然现象，制造了一辆指引方向的"指南车"，指引着士兵们冲出了迷雾。蚩尤见迷雾阵被破，气急败坏地率领一群铜头铁臂、凶悍异常的猛士冲杀过来。传说黄帝平时驯养了熊、罴（pí）、虎、豹等野兽，等到和蚩尤开战的时候，他就把这些猛兽放了出去；蚩尤的军队虽然很勇猛，可是遇到这么多野兽非常害怕，被打得大败。其实，这些传说中的野兽只是与黄帝联盟的部落名称而已。那个时候的人都喜欢把一种猛兽当作自己部落的图腾来膜拜。他们在作战的时候会在自己的身上涂抹象征着这种野兽的条纹，表示自己的族人非常强大、勇敢。

经过激烈的战斗，黄帝带领他的士兵们打败了蚩尤的部众，活捉了蚩尤。打败蚩尤之后，部落的生活恢复了安定。各部落首领都很感激黄帝，十分拥护他，炎黄部落就更强盛了。

从此以后，黄帝就成了天下的共主。黄帝做了很多有利于部落发展的事情，所以后人把很多发明都加到了他的身上，比如房屋、车子、船等的发明。

黄帝为了方便大家交流，还派手下一个叫仓颉（jié）的人创造了文字。在远古时代，人们都是结绳记事的——用绳子打一个结来代表一件事情，不

黄帝

同的事情打不同的结，可是时间久了，人们就记不清这些结到底代表什么事情了，所以就需要用文字来记录。传说黄帝派仓颉创造文字，仓颉就观察身边的所有事物，包括太阳月亮、天上的星星、山川河流、飞禽走兽等，根据它们的形象，创造了古代的文字。

仓颉造字只是传说，事实上很早以前，人们就在兽骨或龟壳上刻一些符号来记事，这些符号被称为甲骨文。如果说有人创造文字的话，那只能说是汇总整理。

汉字的发明十分伟大，我们中华民族的5000年文明史全靠汉字流传下来。世界上其他一些文明古国的古代文字早就不再使用了。汉字把中华民族紧密地团结在一起。有人说，我们汉字的起源就是中华文明的开端。

那时候，人们的衣服多是兽皮和麻一类东西做的，穿在身上非常硬，很不舒服。黄帝有个妻子，名叫嫘（léi）祖，她教人们养蚕，然后剥茧抽丝，纺成丝绸，做成柔软、漂亮的衣服。传说我国的丝绸就是从她那时候才有的。

由于黄帝和炎帝被尊奉为中华民族的人文始祖，后世为了纪念黄帝，就在陕西黄陵县的桥山上修建了一座"黄帝陵"，又因为黄帝号轩辕氏，所以人们还建造了一座"轩辕庙"，供后人祭祀。

尧舜禅让

黄帝死了以后，部落联盟没了首领，面临着解散的危险。人们知道部落联盟带给自己的好处，都不想退出联盟，于是经历了颛顼（zhuān xū）、帝喾（dì kù）几代联盟首领后，全体部落首领推选出一位新的联盟首领——节俭、聪明、品德好的尧。

尧不负众望，带领着人们对抗野兽、种植稻谷、避抗天灾。尧还制定了一些部落之间交易和相处的规定，赏罚分明，不徇私舞弊。尧的节俭在部落联盟中兴起了一阵勤俭之风，原本一些比较崇尚奢华的首领，在尧的影响下，也改掉了自己的坏毛病。渐渐地，尧同黄帝一样，成为人们的榜样、楷模。

远古时期的环境和现代的不同，更没有现代先进的医疗手段和养生方法，所以远古时期人的寿命都不长。尧继位时已经年纪很大了，他不想像黄帝一样，一直到死都没有继承人，这样很不利于联盟的发展。所以，尧决定提前选定一个接班人。

那个时候，虽然联盟首领的地位在联盟中是最高的，但这并不代表什么事都是首领一个人说了算。在决定联盟重大事情的时候，首领们要一起商量。尧在选择自己接班人的时候，也和大家一起商量了一下。

联盟首领的选择，关系到联盟的发展方向，所以各个部落的首领们都很关心这件事情。首领们对接班人的品德和才能要求也很严格，所以对于首领接班人的人选，大家都有各自不同的选择。

尧和首领们围坐一堂，开始商量该选谁来做下一任首领。有个人首先站了起来，对尧说："我看你儿子丹朱就不错，我推选他来继承你的位子。"

尧听了以后直摇头，说："丹朱吗？我的儿子我还不了解吗？他看起来虽然不错，但是品德不好，总是与人发生争执。虽然大家都不说，但我知道，很多首领都不喜欢丹朱。如果让他来做联盟首领的话，难以服众。"

又一个人建议说："丹朱确实有很多缺点。我觉得管水利的共工很有才能，可以让他做联盟首领。"

尧又摇着头说："共工只是表面上谨慎罢了。他虽然很会说话，但是心里可不为大家着想。让他来继承我的位子的话，我可不放心啊！谁知道他会把联盟带领到什么地步。"

大家商量了半天，也没有决定新首领的人选。于是尧让大家去寻访一个德才兼备的人，让这个人来做自己的继承人。过了一段时间，部落首领们都回来了，他们一致推荐历山（今山东济南千佛山）一个叫舜的人。

尧也听说过这个人，就点点头说："那你们说说，他到底好在哪里？"

于是大家一齐夸奖舜说："舜是个非常孝顺父母的人，可是他的父亲和弟弟象不喜欢他。舜的母亲死得早，弟弟是继母所生。父亲和继母十分宠爱弟弟，却对舜非常不好，可是舜一点都不介意。人们都称他的父亲为瞽叟（gǔ sǒu），意思就是瞎了眼的人。所以大家一致认为，舜的品德很好。"

尧听后，并没有立即决定选择舜，他对大家说："我还要再观察他一阵子。"

于是尧就把自己的两个女儿嫁给了舜，还送给舜很多牛羊。舜得到了这些并没有因此而沾沾自喜，可是他的继母和弟弟却嫉妒得要命。于是，舜的继母和弟弟串通瞽叟，想害死舜。

有一回，瞽叟让舜去修补粮仓的顶。可是等舜爬到粮仓上以后，瞽叟就和象把梯子撤走，并放火点着了粮仓。舜见起火了，想下去，可是没有了梯子。眼看大火就要烧到他了，他突然想到自己戴了两顶用来遮太阳的大斗笠，于是他就一手抓着一顶，跳下了粮仓。两顶斗笠像鸟的翅膀一样，让他轻轻地落在了地上，一点都没有受伤。

舜死里逃生后，并没有怪父亲和弟弟，对他们还和以前一样好。可他父亲和弟弟并不甘心。

这天，瞽叟又让舜去淘井。等舜下到井下以后，瞽叟就和象一起，把石块和泥土丢下井去，想把舜活埋。没想到舜却在井壁上凿了一个洞，逃了出来。

舜回到家里，若无其事地继续做自己的事情。弟弟象看到他活着回来了，心里大吃一惊，嘴上却说："我和父亲都很担心你。"舜却对他说："你来得正好，我还有些事情要你帮我处理。"

父亲、继母和弟弟见几次害舜都没有成功，再也不敢动歪脑筋了。

尧听说了舜的事情，就把舜找来，询问他一些治理土地和部落的事情。舜都对答如流，而且说得很有道理。可是尧还想再考验舜一下，他把舜放进深山之中，可山中的虎豹毒蛇都被舜驯服了。而且舜的脑子很灵活，在深山里也不会迷路，很快就自己一个人走了出来。

尧看到舜又善良又机智，觉得可以让舜来继承自己的位子。可是他并没有直接让舜继承，而是先让舜代理执政三年，三年之后才让他正式当了部落联盟的首领。

这种推选贤能，然后主动让位的事情，历史上称作"禅让"。

舜当了部落联盟首领以后，果然对各个部落都很好，大家的日子也都过得更好了。

过了几年，尧死了，舜想把部落联盟首领的位子让给尧的儿子丹朱，可是部落首领们都觉得舜治理得很好，坚决不同意。

尧当首领的时候，天下发生了大水灾，于是他派鲧（gǔn）去治水。鲧花了9年时间，也没有把水治好。后来舜掌管了部落事务，就革了鲧的职务，将他流放至羽山，改派鲧的儿子禹去治水。禹经过13年终于把水患治理好了。这中间，禹三次经过自己的家门都没有进去看看。

舜死后，大家推举首领的时候，因为禹治水有功，就让他继承了舜的位子。

到了禹老的时候，他却把位子传给了儿子启。启打败了所有不服从自己的部落，建立了夏朝。从那以后的历史朝代，都采取了父子世代相传的世袭制，所以人们都说"禹传子，家天下"。

　　人们非常怀念上古时代，认为那个时代是盛世。人们把理想中的圣王伏羲、燧人、神农称为"三皇"（也有人说指天皇、地皇、人皇），把黄帝、颛顼、帝喾、尧、舜，称为"五帝"。

夏

大禹治水

在上古时期，人们刚刚结束原始的生活方式，逐渐形成了很多部落。经过炎黄大战，所有的部落都结成了联盟，部落首领们共同推举一位联盟首领来进行管理。最早的部落联盟首领就是黄帝。

联盟首领年迈将要去世的时候，就会召集部落首领们举行盟会，和大家一起推举继承人。确定继承人以后，还要经过一段时间的考察，以确认继承人的才干和品质都符合要求。最后，继承人才能正式继承联盟首领的位子。这种权力交接的方式被称为"禅让"，部落联盟也被称为"公天下"。不过，这种情况很快就发生了改变。

部落联盟首领尧在位的时候，黄河经常泛滥，淹没了很多地方。百姓们的房屋和庄稼都被冲毁了，大家只好搬到地势比较高的地方。可是这时，毒蛇猛兽又趁机出来作乱，百姓们苦不堪言。

于是尧就召集天下的部落首领举行盟会，请大家推举一个有才能的人去治水。首领们一起推举一个名叫鲧的人。尧却有些犹豫，因为他担心鲧的才能不够。可是首领们说："现在已经找不到比鲧更能干的人了，就让他试一试吧！"于是尧只好让鲧去治理水灾。

鲧上任以后，用了9年时间，用土筑起了高大的堤坝，想以此来阻挡洪水。可是不想洪水因此越聚越多，最终冲破了堤坝，淹没了更多的地方，造成了更大的灾难。所以，鲧治水以失败告终。

等到舜接替了尧的位子以后，就以治水不利为名把鲧流放了，并让鲧的儿子禹继续治水。禹吸取了父亲失败的教训，采取了不同的治水办法：他开凿了许多水渠，疏通了河道，把洪水都引入了大海中。就这样，经过13年的努力，水患终于平息了。

在治水的过程中，禹尽心尽力，和大家同甘共苦。他经常和大家一起挑土劳动，拄着棍子行走，脚因为长期泡在水里都没有毛了。他还三次路过自己的家门，都没有回家去看看，甚至他在家门外听到儿子的哭声都没有回头，这就是"三过家门而不入"的来历。由于禹的努力，他在大家的心目中树立了很高的威望。因此，禹也被后人尊称为大禹。

舜年老的时候，大家就一致推举禹来继承他的位子。禹继位以后，由于水患得到了治理，百姓的生活水平得到了很大的提高。那个时代，很多部落的物质财富都有了剩余，奴隶买卖和一些不平等的现象也逐渐多了起来。

为了便于管理，禹把天下分为九个区域，称为九州。所以，后世也用"九州"来指代中国。禹又和部落首领们举行盟会。他把部落首领们献上来的青铜熔化，筑了九个铜鼎，用来象征国家的权力。因此，后来人们把取得天下称为"定鼎"。他还制定了一系列制度，建立了强大的军队，修建起高大的城池。禹对内用刑法，对外用武力，慢慢地将权力集中到了他一人手中。

禹不但自己掌握大权，还把很多事情交给儿子启去做。他特别注重培养启的才干，甚至把军队的指挥权也交给了启。启的地位和声望也越来越高。

等到禹年老的时候，他到会稽（kuài jī）（今浙江绍兴）一带视察，召集了许多部落首领前来。部落首领们都带来珍贵的玉帛作为礼物。禹还举行了十分隆重的仪式，大讲排场。防风氏的部落首领因为来迟了，就被禹杀了。

大禹

此时的禹俨然成了一位国王。

禹的手下中有一个名叫皋陶（gāo yáo）的人，他是负责刑狱的官员，十分有才干，被后世的人尊称为"狱神"。禹年老的时候，按照禅让制的习俗，确定皋陶为自己的继承人，可是皋陶却死在了禹的前面。后来，禹又确定皋陶的儿子伯益作为继承人。尽管伯益是部落联盟首领的继承人，也十分有才能，可是他的声望却远远不及禹的儿子启。

等禹死了以后，伯益本来应该继承部落联盟首领的位子，可是等伯益按照习俗为禹守丧三年之后，却发现很多部落首领都去朝见启。由于伯益跟随禹的时间比较短，没建立起多少威望，所以很多部落首领不支持他，反而支持禹的儿子启。启当上首领以后，有一个名叫有扈氏的部落不承认他的地位。于是启带领军队去攻打有扈氏部落，并宣称自己是顺应天意，结果有扈氏部落被打败。随后启又用武力征服了其他不服从自己的部落，终于确立了自己的地位。于是，启建立了我国历史上第一个奴隶制王朝——夏朝。

从此，禅让制度被打破，退位举贤的禅让制演变为武力征服和充满血腥的权力争夺。也有人说，早在传说中的"尧、舜、禹"时期，就已经开始了权力更替的明争暗斗，只是关于那段历史的记载非常少，尧、舜、禹又被认为是古代最英明的三位首领，所以大家普遍认为他们之间的权力交接都是以和平的方式实现的。

自禹以后，部落联盟逐渐演变为国家。国家的权力交接也演变为家族世代相传，被称为世袭制。后来，人们把这种制度称为"家天下"。由于世袭制开始于禹的儿子启，所以人们又说："禹传子，家天下。"可见，还是有很多人认为启的继位是禹刻意培养和默许的结果。

以后的历史中出现的所谓"禅让"，大多都是武力胁迫的结果。从夏朝以后的所有皇朝，都属于"家天下"。

少康中兴

夏朝建立以后，君主启开始还励精图治，用心治理国家。可是到后来，启就整天沉迷于饮酒作乐，不理国事。启死后，他的儿子太康继承了王位。

由于太康从小跟着父亲享乐，他不仅继承了父亲的王位，还继承了父亲贪图享受的恶习，甚至比启还要腐败。太康十分喜欢打猎，经常带着一堆随从到洛水南岸去打猎，有一次，去了很多天都没有回来。启有五个儿子，本来就因为继承王位而争斗不休。这次太康外出不归，夏朝国内变得十分不安定，有些民众趁机起兵反抗夏朝的统治。

在黄河下游，有一个部落名叫东夷。传说远古的时候，天上有十个太阳。大地被烤焦了，地上的庄稼全部干死了。有个叫羿的勇士用自己的弓箭把太阳射掉了九个，只留下一个，这样才结束了因十个太阳共同照耀大地而造成的干旱。

东夷有穷氏部落的首领也是个神箭手，十分勇猛，因此人们就把他叫作"后羿"。后羿早就有夺取夏朝王权的野心，他看到太康长期外出未归，夏朝内部混乱，就觉得这是个进攻的好机会。

于是后羿就带兵进驻到了洛水的北岸，夺取了夏朝的政权，并拦住了太康的归路。等太康带着随从和捕获的猎物高高兴兴地回到洛水边的时候，发现了北岸的军队。太康不敢和后羿的军队开战。因为他的荒唐行为，其他部落首领也不支持他，他只好在洛水南岸附近的阳夏暂住了下来。

二十多年以后，太康在阳夏病死了。后羿就把太康的弟弟仲康立为夏王，自己仍然掌握实权。仲康死了以后，他的儿子相继承了王位。可是没过多久，后羿就把相赶走了，自己做了夏王。

后羿称王以后，也无心管理国家大事，整天沉迷于打猎享乐，把国事都交给了自己的亲信寒浞（zhuó）。寒浞是个野心非常大的人，他私下收买人心，排挤有能力的大臣，取得了后羿的信任。后来，寒浞趁着后羿外出打猎的机会，联络后羿的手下，把后羿的全家都杀死了。他又杀死了后羿，自己取而代之。寒浞取代后羿以后，也一点都不体恤百姓的苦难，只顾享乐。百姓们怨声载道，由于他的势力太大，人们也不敢轻易反抗。

寒浞虽然当上了夏王，可是他担心夏朝的王族会反攻。于是他派人去追杀被后羿赶走的相。相跑到哪里，寒浞的人马就追到哪里。相被追得无处可逃，最终被迫自杀。相的妻子此时已经怀孕，她趁着混乱钻墙洞躲过了追杀，逃到了自己的娘家有仍氏部落。到那里以后，她生下了一个儿子，起名少康。

少康很小的时候就从母亲那里得知了自己的身世，了解了夏朝王族失国的经过，他立志要报仇雪恨，复兴夏朝。长大以后，他在外祖父的手下担任管理畜牧的官员，并时刻学习带兵作战的本领，准备起兵复国。

后来，少康得知寒浞仍然在四处捉拿他，于是逃到了一个叫作有虞氏的部落。在那里，少康得到有虞氏部落首领的赏识，并娶了他的女儿做妻子。有虞氏给少康一块方圆十里的土地，还给了他500名士兵。少康在那里建立了自己的根据地，他一面发展农牧业，一面训练士兵，时刻准备光复夏朝。

同时，少康还四处宣扬夏朝的祖先大禹的功绩，争取人们对他复国的支持。少康又四处召集散落各地的夏朝旧臣来投奔自己，积蓄自己的力量。不少原来夏朝的臣子响应少康的召唤，带领本部落的军队来和少康会合。

夏

在夏朝的旧臣和有虞氏部落的帮助下，少康的势力变得强大了起来，他被拥立为了夏王。少康称王以后，决定攻打寒浞。少康的军队沿着黄河浩浩荡荡地挺进，一路打到了洛水地区。

虽然寒浞带兵奋力抵抗，但是少康在夏朝老臣的帮助下乘胜追击，杀死了寒浞，消灭了寒浞的残余势力。就这样，少康光复了夏朝，正式当上了夏王。

少康复国后，用心治理国家，言出必行，使所有的部落和各地的首领都很信服他。夏朝在少康的治理下，变得安定强大，渐渐兴盛了起来，于是人们称这段历史为"少康中兴"。

商

商汤伐夏

夏朝末年，从君主孔甲以后的夏王都变得不思进取，一心想着游玩打猎，不理国事。夏王桀（jié）继位以后，更是骄奢淫逸，任用奸邪小人，对国内的民众以及夏朝的属国不断进行严酷的压榨和奴役。

桀的行为引起了全国的不满，民众对桀极其憎恨，人们都诅咒桀说："是日何时丧？予与女皆亡！"意思就是说，天上的太阳什么时候灭亡啊，我们恨不得和你同归于尽。由此可见，夏朝的统治已经多么不得人心了。

就在夏朝衰落的时候，它的一个属国商却越来越强大了。商是一个历史非常悠久的部落。在发展过程中，商的农业和畜牧业逐渐发达，积累了很多财富，而且商还不断迁徙扩张。到后来，商还获得了夏朝天子的授权，有权征讨其他不服从夏朝统治的小属国。

汤继位后，部落的中心迁到了亳（bó），就是现在的河南省商丘。这时正是夏王桀残害人民和诸侯最严重的时期。汤此时的目标已经不仅仅是当夏朝的臣子，他的目标是取代夏朝自立为王。为了做准备，汤召集人马，训练军队，积蓄粮草。

在商的西面有一个小国名叫葛，它的国君被称为葛伯。商汤本来想争取葛伯一起反抗夏朝，可是葛伯却死心塌地地服从夏朝，还多次欺骗商汤。

商

为了向葛国示好，也为了防止葛伯向夏王泄露商的举动，商汤送给葛伯许多牛羊做祭祀用，可是葛伯把这些牛羊杀掉吃了。

商汤向葛伯询问原因的时候，葛伯回答说，葛国没有多余的粮食来喂养这些牛羊。于是商汤又派人帮助葛国种植农作物。为了帮助葛国，商汤又派人给葛国的百姓送去食物。可是食物被葛伯抢走了，葛伯还把送饭的小孩也给杀死了。葛伯本来就是一个懒惰残暴的君主，他的这些行为更是惹得天怒人怨。

眼看葛伯无法争取，于是商汤就带领军队消灭了葛国。就这样，先后有葛、韦、顾等小国被商汤打败，夏朝的羽翼被一点一点剪除。

商汤听说自己妻子娘家有莘氏部落有位贤人，叫作伊尹，不但道德高尚，还有能力。于是商汤几次聘请伊尹出来，辅佐自己。最终伊尹答应了，商汤委之以国政。

夏桀有个叫关龙逢（páng）的大臣，十分忠诚。他经常劝谏夏桀收敛自己的行为，免得失去民心。但他触怒了夏桀，被杀死了。商汤因为吊唁他，被夏桀囚禁了起来。

商族的人们就用重金贿赂夏桀身边的宠臣，最后把商汤赎了回来。

商汤被放出来后，走到郊外的山林中的时候，看到在树林里有一个农夫正在树上悬挂捕捉飞鸟的网。这个农夫在东、南、西、北四个方向都张开了网，准备把路过的飞鸟一网打尽。

挂好网以后，这个农夫来到网下面，跪着向天祈祷："祈求上天保佑，我的网已经张开，希望天上飞的、地上跑的都进入到我的网里来。"

商汤听到农夫的话以后，说："唉，这样的行为实在太残忍了。"于是，商汤建议那个农夫把四面的网撤掉三面，只留下一面。商汤也对天祈祷说："天地间的飞禽走兽，你们想去哪儿就去哪儿，想往左就往左，想往右就往右，想飞到高

商汤

处就去高处，想到低处就到低处。如果不听话，就往网里钻吧！"

听了他的话以后，大臣伊尹称赞他说："你真是一个有美德的人啊！"农夫也十分感动，于是把网去掉了三面，只留下一面。这就是"网开三面"的故事，后来成语用作"网开一面"。

这件事传出去以后，天下的诸侯都赞赏商汤，觉得他的仁德可以施加给禽兽，也一定可以给大家带来福利。于是纷纷和商汤结盟，积极准备反对夏朝。

尽管商已经足够强大了，但是夏朝建国已经将近400年，实力还是不可小看的。为了试探夏朝的反应，商汤在谋臣的建议下，停止了对夏朝的进贡。夏王桀立刻命令九夷族的军队征讨商。眼看夏朝还能调动九夷族的兵力，商汤就派人向夏王请罪，继续向夏朝进贡，暂时稳住了夏王，同时继续积蓄自己的力量。

没过多久，九夷族不堪忍受夏王桀的压迫，纷纷起兵反叛夏朝。商汤看到伐夏的机会已经成熟，果断下令起兵。

在战前，商汤举行了一场隆重的誓师大会。在大会上，商汤列举了夏桀盘剥民众、损害国家秩序等许多罪状，并说自己起兵是顺应了天意，目的是拯救万民于水火。

商汤说："我发动战争是因为夏王犯下了很多罪行，是上天命令我去征讨他的。只要你们辅助我，我就会加倍地赏赐你们。如果你们不服从我，我就会惩罚你们，让你们做奴隶。"

商汤在誓师大会上还制定了严格的战场纪律。大会以后，他集合了战车70辆、军队6000人，再加上其他一些盟军的队伍，一起向夏朝的首都进攻。夏王桀被打了个措手不及，连忙纠集军队，迎战商汤。

夏桀和商汤的军队最后在鸣条这个地方举行了一场大决战。在战斗中，商汤的军队作战勇敢，夏桀的军队被打得溃不成军。

夏桀的军队已经损失殆尽，他只好带着少量的残部逃到了南巢这个地方。没过多久，夏桀就病死在南巢。紧接着，夏朝就灭亡了。

随后，商汤召集天下的诸侯，举行了一个大会。在大会上，商汤得到了据说三千多诸侯的拥护，被推为天子。就这样，商朝正式建立。

盘庚西迁

商朝建立以后，虽然生产力得到了很大的发展，人民的生活有所改善，但是这个国家的内忧外患却始终没有停止过。

商汤最早把都城建在亳（今河南商丘）。由于亳靠近黄河，黄河经常泛滥，都城也因此遭受水灾。于是后来的天子就不断地迁都，前后有数次之多。

商朝建国两百多年以后，国家的内忧外患也逐渐凸显了出来。首先，这个国家是奴隶制，统治阶级对奴隶的剥削经常激起一些叛乱和反抗，这样对国家的国力影响非常大。其次，商朝周边的一些小国和少数民族也经常来侵扰。还有统治阶级内部对于王位和权力的争夺也愈演愈烈。这些人祸再加上洪水、干旱等一些天灾，使商朝的统治有些摇摇欲坠，到了崩溃的边缘。

到了盘庚继位的时候，他决定改变这个国家的现状，维持社会的安定和国家的秩序。盘庚是个非常聪明的人，他觉得应该想一个能根除这些弊病的办法来挽救商王朝。他想到的办法就是再一次迁都。

盘庚认为，迁都一方面可以避开周围叛乱势力和外敌的侵扰，另一方面可以躲过自然灾害。还有一点好处，那就是迁都以后，王室贵族离开了原来的地方，他们的特权因此会受到削弱，这样就能缓和奴隶和奴隶主之间的矛盾。

盘庚决定迁都后，就派人前往全国各地考察。最后，他派出去的人在西面发现殷（今河南省安阳西）土地肥沃，山中有猎物，水里有鱼虾，自然环境非常适合建都，比起原来的都城，在农业、经济等方面都有很大的优势。

盘庚提出自己的主张以后，大多数贵族都反对。他们都想坚守在原来的地方享受安逸，不愿意搬迁。这些贵族还煽动一些平民站出来反对，公开闹事。

面对强大的阻力，盘庚更加坚定了自己的意志。他把奴隶主和贵族们召集到一起，给大家讲了迁都的好处。他说："我这样做，是想像先王一样关心自己的臣民，我想带大家到一个安定的地方。如果你们反对我，那先王的在天之灵也会不高兴，会降灾惩罚你们的！你们别想改变我的主意！"

盘庚不但耐心地劝导大家，他还强硬地告诫那些反对他的贵族，迁都是命令，一定要服从，否则要受到严厉的制裁。

在盘庚软硬兼施的说服下，反对势力终于答应了迁都。不久，盘庚带着贵族、平民和奴隶们渡过黄河，把都城迁到了殷地。

迁都后，事情并没有顺利结束。贵族和百姓们到了一个新的地方，那里需要重新建设，很多地方都不尽如人意。于是百姓们纷纷要求返回家乡。这时，原来那些反对迁都的贵族们又趁机出来捣乱了，他们鼓动百姓们一起要求回家。

这次盘庚的态度十分强硬，他对大家发表了一次训话，警告贵族们不要捣乱，否则必将严惩。经过强硬的镇压，迁都后的混乱局面趋向安定，贵族们的权力得到了削弱，盘庚的权威得到了提高。

接下来，盘庚又大力整顿商朝的政治、农业、手工业等，使商朝重新出现了繁荣的迹象。以后的两百多年，商朝再也没有迁都。后来商朝也因为都城的所在地被称为"殷商"或者"殷朝"。

盘庚西迁是我国历史上的一个重要的里程碑，使商朝摆脱了艰难的困境，得到了重新发展的机会。商朝的生产力、生产技术、制造工艺等都取得了非常大的成就，使我国成为当时世界上最有影响力的文明古国之一。

盘庚西迁以后，又经过后来的商王武丁的治理，商朝变得繁荣无比。到了商朝中后期，殷地成为当时世界上最大、最繁荣的都城之一。商朝灭亡后，殷都就逐渐荒废了。人们考古时发现了这里，因此称它为"殷墟"，地址在今河南省安阳小屯村。

也正是由于盘庚迁都，商代的手工业发展尤为突出。制陶、制玉、制骨、纺织、制漆、酿酒、青铜等方面的技术大大提高。

商朝的青铜器铸造技艺达到了历史的一个新高度。铸铜手工业在当时来说，对战争和祭祀都是非常重要的。现代考古发现，在殷都曾经存在过许多铸铜的作坊，每处作坊的面积都在3万平方米以上。在作坊的遗址上，人们还发现了大量用陶土制作的铸铜所用的模具，还发现了许多用来加工铜器所需用到的铜刀、锥、钻等。当然还出土了很多精美的铜器，有生活日用品，有祭祀用的礼器，还有兵器等。

在殷都的旧址上，现代考古人员还发掘出许多龟甲和兽骨，上面都刻有文字。这些文字被称为"甲骨文"。甲骨文记载了很多当时的情况，对历史研究和考古有十分重要的价值。人们据此推测，我国最早的有文字记载的历史是从商朝开始的。甲骨最早是商朝人用来占卜的，然后他们把占卜的结果刻在甲骨上。这些甲骨文和现代的文字有很大的不同，后来才逐渐演变成今天的汉字。

盘庚西迁对商朝以及中国历史的影响是十分巨大的，盘庚的深谋远虑一直为后人所崇敬。

后母戊鼎

盘庚西迁以后，商朝进入了繁荣昌盛的时期。盘庚死了以后，他的弟弟小乙继位，小乙又把王位传给了自己的儿子武丁。

武丁小的时候，小乙让他在民间生活了一阵子，让他了解民众的疾苦。武丁即位以后，他治理国家十分勤奋，一点都不敢荒废，使商朝的国力得到了大大的增强。武丁在位时期，青铜器的铸造技术达到了一个很高的水平，商朝人制造出了很多精美巨大的青铜器。

在商朝的都城遗址中，人们发现了一个巨大的鼎，因为鼎身上写着"后母戊"三个字，所以这个鼎被称为"后母戊鼎"，曾被称为"司母戊鼎"。

后母戊鼎是某位商王为了祭祀自己的母亲而铸造的。

鼎最常见的形状是圆形，上面有两个耳朵，下面有三个鼎足。鼎的中间是空的，像个盆一样，在古代祭祀或者举行典礼时用来盛煮猪牛羊肉等食物，相当于现在的锅。

后母戊鼎是有四个足的，而且它非常巨大，高133厘米，长110厘米，鼎口宽79厘米。后母戊鼎四面中央是没有什么纹饰的，其他部位都有各种各样的纹饰。在鼎身的每一面的周围，都有古代传说中的怪兽饕餮（tāo tiè）的形象。在每个面的交接处，上面是牛首的形状，下面是饕餮。后母戊鼎的两个鼎耳上各有一个虎头，虎口相对，里面还咬着一个人头，这种纹饰被称为虎咬人头纹。

在古代，鼎不仅是一种炊具，也是一种祭祀用的礼器，更是国家权力的象征。在那个时候，拥有鼎的数量的多少被认为是身份尊卑的象征，天子一般有九个鼎，天子下面的诸侯国的国君有七个鼎，贵族大夫有五个鼎，再下面的贵族只能有三个或者一个鼎，平民是根本没有资格拥有鼎的。

据说大禹平定天下以后，把全国分为九个州，并铸了九个鼎来象征自己的权力。从那以后，人们就用鼎来象征天子的权力，把拥有天下叫作"定鼎"，把失去权力叫作"迁鼎"，把争夺权力叫作"问鼎"。

商朝灭亡以后，随着朝代的更替，后母戊鼎就被掩埋在了地下，就这样经过了几千年才终于被人发现。

19世纪初期，人们在河南省的安阳地区发现了商朝都城的遗址，并且从中发现了很多文物。于是，当地的村民也加入到了寻宝的队伍中。

1939年的一天上午，安阳一个名叫吴希增的农民在一处田地里试探寻找宝物的时候，突然探到了地下一块坚硬的东西。他把自己的探杆抽出来一看，发现坚硬的探杆都卷了刃。吴希增意识到自己找到了宝物，就与田地的主人吴培文一起商量，准备进行挖掘。

就在当天晚上，他们偷偷地连夜挖掘，当挖到地下十米深的时候，宝物被发现了。他们先是看到了鼎的四个足，紧接着整个鼎身也露了出来。可是这个大鼎却缺少一只耳朵，他们在附近寻找了很久都没有找到，他们猜测鼎被埋进地下之前那只耳朵就断掉并且丢失了。

虽然鼎已经露了出来，可是它实在是又大又重，根本没法把它拖出洞口。于是吴希增和吴培文决定第二天夜里带更多的人来，用绳子把鼎吊上来。第二天晚上，他们带来 40 多个人，在洞口搭起了一个架子，然后用两条粗约五厘米的麻绳吊着大鼎上升。可是鼎刚上升了两三米，麻绳就断掉了。他们一行人折腾了大半夜，也没有把鼎吊上来，于是他们就把洞口掩盖了起来，决定再想别的办法。

到了第三天夜里，吴希增和吴培文再次召集了很多村民前来。他们首先给鼎耳和鼎足绑上绳子，让一伙人在上面拉，然后让另外的一些人在鼎的下面用撬杠往上撬。同时，他们又把从洞里挖出的泥土填到鼎的下面。就这样，他们一点一点地把鼎拉出了地面。

大鼎出土的消息很快就传了出去，当时安阳附近的日本人闻风前来，想打鼎的主意。紧接着，一个名叫肖寅卿的古董商也从北京赶来了，他愿意花 20 万银元买下这个鼎。不过肖寅卿同时提出条件，要把鼎分解成几块，以方便他带走。

村民们受到金钱的诱惑，决定把鼎锯开。可是这个青铜鼎十分坚硬，钢锯条都锯不动。这时，村民们有些后悔了，他们觉得把这个鼎破坏太可惜了，就把鼎重新掩埋了起来。

没过多久，日本人就在安阳地区四处寻找这个大鼎。可是村民们早就开始防备日本人了，他们先是在原来埋藏鼎的地方埋下了另外一些文物，然后把鼎转移到了别处。就这样，虽然日本人抢走了一部分文物，但是大鼎保住了。

抗日战争胜利以后，村民们重新挖出了大鼎，交给了当地的政府。而不久之后，当地政府又把鼎当作寿礼送给了当时的国民政府主席蒋介石。后母戊鼎就被留在了南京，并公开展出，得以与公众见面。

1949 年，国民党反动派逃往台湾，他们本来想把后母戊鼎也带到台湾去，可是由于鼎太重了，他们只好作罢。新中国成立以后，后母戊鼎被保存进了中国历史博物馆，一直到今天。

由于后母戊鼎丢失的那只耳朵一直没有被找到，文物专家们只好根据留存的另一只耳朵仿造了一只，并补铸在鼎身上，这样才使我们看到了完整的后母戊鼎。

干支纪日

中国古代人是用天干地支来记录时间的。考古发现，商朝后期帝王帝乙时的一块甲骨上刻有完整的六十甲子，可能是当时的日历。这说明我国商朝已经开始使用干支纪日了。干支的意思据说来源于树木的"干枝"。

据说早在黄帝在位的时候，他手下的一个大臣发明了用天干和地支来纪日的方法。实际上干支纪日萌芽于西汉，始于王莽时期，通行于东汉后期。

天干共十个字，所以也被称为"十天干"，分别是：甲、乙、丙、丁、戊、己、庚、辛、壬、癸。地支共十二个字，分别为：子、丑、寅、卯、辰、巳、午、未、申、酉、戌、亥。天干中的甲、丙、戊、庚、壬被称为"阳干"；乙、丁、己、辛、癸被称为"阴干"。地支中的子、寅、辰、午、申、戌为"阳支"；丑、卯、巳、未、酉、亥为"阴支"。

用天干和地支表示时间时，用一个干和一个支合起来表示一年或者一天，天干在前，地支在后，按顺序成对排列来表示时间。同时，阳干和阳支成对，阴干和阴支成对，如此排列组合之后，就得到了60个分组，分别代表60年。这60年一次的轮回被称为"一甲子"或"花甲子"。所以人们在说一位老人年过花甲的时候，意思就是说这位老人的年龄已经超过60岁了。古人就是用这样的办法来表示年、月、日等时间的。

用天干和地支来纪日在古代是十分科学的。古人经过观测月亮绕地球一周的周期和地球绕太阳一周的周期发现，月亮两次圆缺的周期大概是29天，因此古人把这个周期称为一个朔望月。12个朔望月刚好是一年，大约是354天。用天干和地支纪日的历法被称为阴历，这和现代的公历是十分接近的，而且也是符合大自然运行规律的。

古人用干支来纪月的时候，把每年的正月用地支中的寅来表示，然后再结合天干，正月就是丙寅月。以此类推，二月是丁卯月，三月是戊辰月。这样的话，一个甲子总共可以用来表示60个月，正好是5年。

纪日的时候，一般是从甲子日开始，60天刚好是一个干支的周期。

纪时的时候，也是从甲子时开始。古人把每天分为12个时辰，每个时辰分别用一个地支来固定地表示。

后来，古人又给十二地支赋予了动物的形象，称为十二生肖，分别是子鼠、丑牛、寅虎、卯兔、辰龙、巳蛇、午马、未羊、申猴、酉鸡、戌狗、亥猪。因此，有人的属相之说。关于十二生肖的来历，说法有很多，但肯定不是一朝一夕形成的。

有人说，十二生肖是根据动物在一天当中的活动规律总结而来的。夜晚11时到凌晨1时是子时，此时老鼠最为活跃；凌晨1时到3时，是丑时，牛正在反刍；3时到5时是寅时，此时老虎到处游荡觅食，最为凶猛；5时到7时为卯时，这时太阳尚未升起，月亮还挂在天上，此时玉兔捣药正忙，人间的兔子也开始出来觅食；上午7时到9时为辰时，这正是神龙行雨的好时光；9时到11时为巳时，蛇开始活跃起来；上午 11 时到下午 1 时阳气正盛，为午时，正是天马行空的时候；下午 1 时到 3 时是未时，羊在这时吃草，会长得更壮；下午 3 时到 5 时为申时，这时猴子活跃起来；5 时到 7 时为酉时，夜幕降临，鸡开始归窝；晚上 7 时到 9 时为戌时，狗开始守夜；晚上 9 时到 11 时为亥时，此时万籁俱寂，猪正在酣睡。

不过这些都是传说，至于具体是如何得来的，还需要继续探寻。

古人用干支来纪年、纪月、纪日是有很大优势的。干支纪年也会有误差，因为阴历的一年是 354 天，公历的一年是 365 天。但是古人又每隔几年会增加一个闰月来弥补误差造成的缺失。闰月就是增加一个重复的月份，以此来使历法的天数正好是一年 365 天。由于干支纪日六十一甲子的周期性，所以根据干支来推断历史上的事件的日期间隔是非常容易的。

比如，某人一月癸丑出游，九月丙寅归来。根据天干地支的排列，可以得知这个人出门的时间是 9 个月，但是不知道这一年有没有增加闰月。想计算这个人出游的确切天数，可以用这样的办法：

首先，癸丑日大约是 20 号，丙寅日大约是 3 号，除去整月的天数，余出来 13 天。剩下的 9 个月大概是 270 天，而 270 不是 60 的倍数，因此我们可以知道这个人出游的时间不只 9 个月，其中还有 1 个闰月，应该是 10 个月。因此可以得出答案，这个人出游的天数应该是 313 天。

干支纪日的方法自商朝起一直沿用到清末，已经经历了大约 4000 年，干支纪年对中国人的思维和生活习惯产生了很大的影响。比如古人相信，人的属相和出生时辰可以决定一个人的性格和命运。后来，干支又被人们用来表示地理方位、天文星象等，总之干支在中国古人的生活中是非常重要的。

干支文化的内涵也是十分丰富和博大精深的。对于想了解和研究中国历史的人来说，掌握关于干支的知识是十分必要的。

太公垂钓

商朝末年，纣王在位的时候，诸侯国中的周国渐渐强大了起来。周国的祖先后稷在尧、舜时代做过农官，为原始社会向农耕社会的发展做出过很大的贡献。为了寻找肥沃的土地，周人数次迁徙。他们先来到豳（bīn）地（今陕西旬邑附近），三百多年后又来到岐（qí）山。他们此时的首领名叫古公亶（dǎn）父，他率领族人兴修水利、发展生产、开疆拓土，使周国逐渐兴旺起来。

到了周侯姬昌继位的时候，周国已经成为商朝西部的强国。姬昌为了治国安邦，广求贤能之士。后来周侯姬昌得到了一位奇才，他辅佐周国推翻了商朝。这位奇才被后人尊称为姜太公。

姜太公姓姜，名尚，字子牙。因为他祖先的封地在吕，因此也叫吕尚。他是我国历史上著名的军事家和政治家。

商纣王刚即位的时候，也是一位贤明的君主，他既聪明又勇武。后来商纣王越来越骄傲自大，开始沉迷于享乐，渐渐不理国事了。商纣王在纵情享乐的同时，还发明了许多狠毒的刑罚来惩罚背叛他或者反对他的官员、百姓。他还用酷刑折磨人作为取乐的手段。

为了镇压对他不满的诸侯，纣王把周国的姬昌囚禁起来，后来姬昌的家人用金银财宝和美女把他赎了回来。由此可见，纣王的心思早已经被物质享受所迷惑了。

商纣王的这些作为早已为商朝的灭亡埋下了伏笔。姜子牙起初直言劝谏纣王，让他重新振作。可是不想因此得罪了纣王，眼看在商朝是没有获得重用的机会了，姜子牙只好弃官逃走了。他听说周国在姬昌的治理下日渐强盛，于是来到周国。

姜子牙来到周国以后，先到渭水之滨隐居了起来，每天都到附近的磻（pán）溪去垂钓，借机观察周国的变化，准备出山。

有一次，一个打柴的年轻人经过姜子牙垂钓的溪边。他看到姜子牙钓鱼的时候不用鱼饵，而且他的鱼钩竟然是直的，甚至姜子牙的鱼钩也不沉到水里，而是悬空在离水面三尺高的地方。就这样，他还像模像样地举着鱼竿，对着水面自言自语地说："鱼儿啊鱼儿，你们要是愿意的话，就自己上钩吧！"

年轻人看到这个情况，感到十分好奇，又感到十分好笑，他对姜子牙说："老先生，你这样钓鱼，恐怕一百年也别想钓到一条。"

姜子牙笑了笑，缓缓地对他说："我这鱼竿不是为了钓鱼的，而是为了钓到王与侯。"那人听了他的话感到摸不着头脑，回去以后就把这件事告诉了别人。

磻溪边有个古怪的老人垂钓这件事情一传十，十传百，大家都听说了。

一次姬昌带着随从到磻溪边打猎，看到了一位用直钩钓鱼的老头。他派人上前一问才知道，这就是大名鼎

姜子牙

鼎的姜子牙。姬昌整理衣冠向老人行礼，邀请他上车详谈。两人交谈之后，姬昌发现姜子牙果然非常博学。于是，姬昌就请教姜子牙治国的良策。

姜子牙提出了"三常"的策略，具体是说：国君要以发掘人才、善用人才、重视人才为常。

姬昌听了以后非常高兴，说："我的先祖太公曾经预言：'会有一位圣人来到周国，使我周国得以兴盛。'您应该就是那位圣人吧！我们盼着您出现已经很久了。"

姜子牙见姬昌态度诚恳，就答应出山辅佐他。于是姬昌带着姜子牙一起回到了王宫。随后，姬昌拜姜子牙为太师。因为姜子牙是太公预言中所期望的贤者，所以他又被尊称为"太公望"。

姜子牙终于有了施展才华的机会，他辅佐姬昌使周国逐渐强大。他劝姬昌先不要攻打商朝，而是先训练兵马，攻灭了西戎（古代西北少数民族的总称），巩固了自己的后方，又派遣密使鼓动东夷造反，趁商朝派遣军队对付东夷之际，率军攻下了商朝和周国之间的崇国。这样，周国的势力就逼近商朝了。

姬昌死后，他的儿子姬发继位。姜子牙又辅佐姬发起兵伐商，最终推翻了商朝，建立了周朝。

姜太公垂钓的故事也被后世传为美谈。

西 周
武王伐纣

商朝建立 500 年后，王位传到了纣手上。纣王和夏桀一样荒淫暴虐：他让人在王宫里挖了一个大池子，然后用美酒灌满池子，叫作"酒池"；又让人在宫里种上一片树林，把肉干切成薄片，挂在树上，叫作"肉林"；还修建了一座豪华壮丽的高台楼阁，叫作"鹿台"，把各地进贡的珍宝都收藏在里面。纣王就和宫里的美女们在池子里划船，高兴了就舀池子里的酒喝；在肉林里追逐嬉戏，饿了就摘树上的肉吃；玩累了就到鹿台上休息，欣赏歌舞表演。这些游戏，纣王经常一玩就通宵。

别看纣王玩起来这么荒唐，但他还真是个聪明人。史书上记载，纣王文武双全：论武力，他力大无穷，甚至能徒手打死虎豹等猛兽；论聪明才智，他学识不浅，口才也非常好。只不过，他把自己的聪明才智都用在了歪处，他用自己绝好的口才为自己的荒唐行为辩护，很多大臣原本想要劝谏他，反而被他驳得哑口无言。

纣王还十分残暴，他设立了几种酷刑，专门用来对付不顺自己心意的人，其中最著名的一种就是"炮烙（páo luò）"：把一根铜柱放倒架起来，当作一座桥，桥下烧起熊熊炭火，让犯人在铜柱上来回行走。不一会儿，铜柱烧红，犯人双脚被烫，疼痛难忍，站立不住，就跌落到炭火中活活烧死。

炮烙之刑

纣王的统治比当年的夏桀还要残暴，与此同时，西边的一个诸侯国——周国逐渐兴盛了起来。

西伯侯姬昌是纣王手下的诸侯，封地在西岐（今陕西省岐山县）。姬昌仁慈爱民，西岐百姓安居乐业，境内一片安定繁荣的景象。姬昌的贤德和纣王的残暴形成了鲜明的对比，天下百姓纷纷逃往西岐。时间久了，姬昌的名声越来越大，纣王也对他产生了怀疑，于是把他召到都城朝歌（位于今河南省淇县北；朝 cháo），不由分说就抓了起来，打算杀头。幸亏姬昌的大臣花钱贿赂纣王的宠臣费仲，费仲为姬昌说好话，这才保住了姬昌一条命。不过，姬昌还是被关在羑里（今河南汤阴一带；羑 yǒu）。

姬昌在羑里的时候并没有闲着，而是精心研究上古流传下来的《易经》，将其中的八卦演变为六十四卦。后来，姬昌的臣子们搜集美女、名马和珍宝，送给纣王，这才换回了姬昌。

姬昌回到西岐后，深知纣王已经失去了天下民心，商朝早晚要灭亡，于是决心灭掉商朝。为了这件大事，姬昌求贤若渴。一次，他在渭水之滨的磻溪打猎的时候，巧遇怀才不遇而在那里钓鱼的隐士姜尚。经过和姜尚一番深谈之后，姬昌觉得他很有才能，于是极力请他出山。在姜尚的辅佐下，周国的国力更加强盛，势力也向东大为扩展，已经对商朝形成包围态势。

然而，就在这"天下三分，其二归周"的大好形势下，姬昌去世了。姬昌的儿子姬发追认姬昌为周文王。

西周

姬昌去世后，姬发继承了王位，这就是周武王。周武王也是一个贤明的君王，即位后依靠姜尚、周公旦、召公等人的帮助，继续推行周文王的政策，打算完成他未竟的事业。

此时的商朝已经被纣王糟蹋得不成样子，但是商朝的军事实力还比较强，周武王对能否在军事上彻底战胜商朝还没有把握。为此，周武王举行了著名的"孟津观兵"。

这次观兵实际上是周武王对周军事实力的一次检阅。他率领周军先向西到文王的陵墓前祭祀，随即向东进发，直指朝歌。当大军到达黄河南岸的孟津时，闻讯赶来会合的诸侯竟有800个。然而，周武王和姜尚十分谨慎，两人商量之后，认为商朝朝廷里仍有忠义之士，因此灭商的最佳时机还没有到。于是二人将各路诸侯劝了回去，然后率军返回了周国。

过了几年，纣王又有了新的暴行：忠臣比干和箕（jī）子向纣王进谏，结果比干被剖心而死，箕子被关进了大牢。主管商朝祭祀的太师眼看纣王已经不可救药，干脆带着商朝祭祀的宝器逃跑了。周武王得知这些后和姜尚商议，觉得此时时机已经成熟，于是毅然决定发动灭商的战争。

周武王率大军进攻朝歌，各路诸侯纷纷响应。而纣王居然还在吃喝玩乐，直到兵临城下才慌了神。商朝军队人数不够，纣王就临时组织囚徒、奴隶，发给他们兵器，把他们编入军队，七拼八凑地凑起了一支号称70万人的大军出城迎敌。双方在牧野（今河南省淇县南）展开决战。

周武王在战前向全军发表誓词，历数纣王的罪恶。战士们义愤填膺，士气高昂。而商朝军队大多是由囚徒、奴隶组成，他们早就受够了纣王的残暴统治，上阵之后根本无心恋战，一触即溃，有的甚至倒戈攻向朝歌，做了周军的先头部队。结果朝歌被攻破，纣王走投无路，自己穿戴整齐，跑到心爱的鹿台上，放了一把火，自焚而死。

周武王灭商后，建立了周朝，定都镐京（今陕西省西安市西南；镐hào），史称西周。

周公辅政

周公本来是周朝的一个爵位,但是人们一般所说的周公,都是特指周朝第一位被封在周这个地方的公爵。周公是周文王的儿子,周武王姬发的弟弟,姓姬名旦,因为他被封为公爵,所以又被人称为周公旦或者周公。

早在周文王活着的时候,周公就立下很大的功劳,对外远征东夷,对内管理国政。周文王死后,周公又和哥哥周武王一起起兵讨伐商朝。在起兵时,周朝举行了一个誓师仪式,在仪式上,周公还作了一篇名叫《牧誓》的誓词。在这篇誓词中,他首先历数了商纣王的种种罪恶,然后又表明了他们起兵的性质是正义的,最后还制定了严格的战场纪律,并鼓励士兵们勇猛杀敌。

周武王建立周朝以后,没过两年就病死了,他年幼的儿子姬诵继承了王位,后来被人称为周成王。周成王继位的时候还年幼,且周朝刚建立不久,还有很多内忧外患。于是作为周成王的叔叔和辅政大臣,周公又承担起了辅佐周成王、暂时管理国政的职责。

由于周公的尽心治理,周朝的内政被处理得井井有条,周成王在周公的教育之下,也逐渐地成熟了起来。

有一天,年幼的周成王和弟弟叔虞在王宫的花园里玩耍。周成王随手捡起地上的一片桐叶,把它剪成了一个玉圭的形状,然后又把它送给了叔虞,并对他说:"这个玉圭是我送给你的,我要把你封到唐国去当国君。"那时,玉圭是天子封赏给诸侯们的信物,而且唐国发生了内乱,正好缺少一位国君。

事后，周成王就把这件事当成一个玩笑给忘了。可是这件事传到了周公的耳朵里，他连忙赶去见周成王，问他："你要分封叔虞吗？"周成王说："没有啊，我只是跟他说着玩的。"可是周公却严肃地说："天子无戏言啊！"

于是周成王就挑选了一个时间，正式举行了仪式，把叔虞封到了唐国去当国君。这件事后来被人称为"桐叶封弟"，传为美谈，给周成王和周公带来了很高的声誉。

尽管周公位高权重，可是他非常谦逊谨慎。周公也有自己的封地，可是他要留在周朝的都城辅佐周成王，无法顾及自己的封地，于是等他的儿子伯禽长大了，他就把儿子派到了封地鲁国去当国君。

伯禽上任之前，来向周公辞行，并询问父亲还有什么嘱咐。周公对他说："我是文王的儿子，武王的弟弟，当今天子的叔叔，你觉得我的地位怎么样？"

伯禽回答说："那自然是非常高了。"

周公说："对啊，我的地位确实非常高。可是我每次洗头的时候，一听到有急事，就马上停下来，用手抓着头发就赶去了；每次听到有人来见我，哪怕我正在吃饭，我都把来不及咽下去的饭吐出来，赶紧去接见客人。我这样做，还怕天下有才能的人不肯来！你到鲁国去当国君，可一定不能高傲自大啊！"

这个故事后来被人们称为"握发吐哺"，表现周公对人才的渴求和尊重。后来，东汉时的政治家曹操曾有一句诗"周公吐哺，天下归心"，表示天下的人才都愿意跟随贤明的君主。

周公虽然尽心辅佐周成王，可是时间久了，谣言就四起了。周公的弟弟管叔和蔡叔在外面到处造谣，说周公有野心，想篡夺天子的王位。顿时关于周公的谣言就传了开来。不久，管叔和蔡叔就联合商纣王的儿子武庚，

周公

一起起兵叛乱。

此时谣言已经越传越广,整个京城的人都知道了。眼见国家突遭变乱,周公连忙去见其他两位辅政的大臣太公望和召公奭(shì),向他们表白了自己的心迹。他说:"我所做的一切都是为了国家的安定,如果我不帮助年幼的天子治理国家,国家因此遭受劫难,我怎么对得起祖先和武王对我的重托?"

周公取得了大臣们的支持,消除了大家对他的怀疑以后,又带领军队前往平定管叔和蔡叔的叛乱。经过三年的艰苦作战,周公平定了叛乱,惩罚了主要的叛乱分子。在作战中,周公还借机消灭了一些周朝的敌人,扩展了周朝的势力范围。

平叛归来以后,周公又在镐京西边的洛邑建了一座都城,便于对中原的统治。他还把商朝遗留下来的贵族迁到了洛邑(今河南洛阳),让他们集中居住,方便看管。

周公辅佐周成王七年后,把王位交还给了周成王。周成王一再挽留周公,他已经离不开周公的辅佐了。于是周公继续留了下来,不过他只是以大臣的身份帮助周成王,不再掌握权力。周公退位后,把主要精力放在制定管理国家的规章制度上,并多次告诫周成王凡事要以国家和百姓的利益为重。

周公退位三年后,就在周朝的都城养老。不久,周公生了一场重病,临死前,周公留下遗言说:"我死后一定要把我葬在都城,表示我永远忠于周朝,忠于天子。"周公死后,周成王为了表示对他的尊重,把他葬在了周武王的墓地。周成王还说:"我不敢把周公当成我的臣子。"

周公一生为了国家的利益鞠躬尽瘁,他的功绩和品德一直为后世所敬仰,他也被人们评价为伟大的政治家、军事家。周朝也由于他的治理和所制定的各种制度,变得稳定繁荣起来。周公辅政对历史产生了很深远的影响。

成康之治

周朝推翻商朝建国以后，国内外还不是很稳定。周武王执政两年就死去了，留下了年幼的儿子周成王。周成王在周公等一些大臣的辅佐之下，把周朝治理得强盛安定起来。周成王的儿子周康王继位以后，更加增强了周朝的国力。

周成王和周康王所在位的这40多年里，是周朝最为强盛的一段时期，在政治、军事、经济和文化等各个方面都非常繁盛。因此，这段时期被人称为"成康之治"。周成王在位的时候，周朝刚建立不久，面临着很多问题。辅佐周成王的周公在治国当中发挥了重要的作用。

首先，周公代行天子的权力本身就引起了周朝王族的内部矛盾。因为大家都坚持王位"父死子继"原则。尽管武王在临死前就想把王位传给自己的弟弟周公，但是周公哭泣着拒绝了。后来年幼的成王继位以后，周公为了国家的利益，暂时代天子执政。面对大家的质疑和王族夺权的斗争，周公靠着自己的才华和努力，抵制住了压力，稳定了周朝的秩序。

其次，周朝还有很多的外敌和内乱。商朝遗留下来的一些贵族中，有很多人时刻想着反叛。而且这些商朝的贵族遗民继承了商纣王的恶习，经常闹事。不久，周公的弟弟管叔和蔡叔勾结商纣王的儿子武庚，还联合其他一些反对周朝的小部落，一起发动了叛乱，史称"三监之乱"。

后来，经过三年的讨伐，三监的叛乱被平定，周朝的军队顺便消灭了一些商朝留下来的顽固部落和小国。周公杀死了叛乱的首领管叔和武庚，把罪过稍轻的蔡叔流放到了远方。紧接着，周公为了防止商朝的遗民继续作乱，就在镐京西边建了一座新的都城洛邑，把他们迁到了洛邑，并派大军驻守那里，以便监管。

平定了叛乱以后，周公又着手制定一些典章和制度，以便更好地治理国家。这些典章被称为"礼乐"。"礼"强调的是"别"，简单地说就是区分尊卑贵贱的等级制度，也就是宗法制。"乐"强调的是"和"，也就是和尊卑等级相适应的舞乐。"礼乐"包含的内容十分广泛，是等级制度、政治准则和道德规范的总和。

周公所制定的礼乐是在前人的基础上发展而来的，是为了巩固周朝的政权。比如天子可以册封同姓诸侯，并可以授权诸侯去征讨别的诸侯，这样就靠血缘关系把天下联合了起来，这样比商朝的联盟形式更进了一步。不过周朝的礼乐制度还是以血缘和等级制度为基础，为了调整中央和地方、王侯和臣民的关系，为了加强中央的统治而制定的。

周公把政权交还给周成王以后，周成王在礼乐制度的基础上，进行了一次大规模的分封，也就是把天下的土地和土地上的人民分给王族或者有功之臣进行管理。受封者在封地掌握政治、军事、经济等大权，但是同时他们要承担镇守疆土、向天子进贡、出兵协助天子征讨等义务。分封制度强化了周朝的有效统治，维护了天子以下的各个阶级的等级秩序。

周成王在位的时间里，国家安定，政治清明，人民安居乐业。后来，周成王病倒了，他准备把自己的位子传给儿子姬钊（zhāo）。可是周成王担心姬钊不能胜任，于是又下令召公和毕公两位大臣来辅佐他。

姬钊继位的时候，召公和毕公向他宣读了周成王的遗嘱，希望他能严格要求自己，勤奋治国，把祖先的基业发扬光大。后来，姬钊被人称作周康王。

　　周康王刚登上王位，就作了一篇《康王之诰》，其中有不少关于加强法律法规和治理整顿军队的国策。他还制订了一些治国的合理计划，然后按着既定的方针来实行自己治国安邦的理念。

　　军队治理整顿以后，战斗力得到了很大的提高。当时在周朝的北方有一支游牧民族叫作鬼方。他们长期在马上游牧，擅长骑术，经常来侵扰周朝的国土，并且抢掠财物，杀人放火。由于他们的机动性很强，再加上周成王在位的时候忙于平定内乱，从而使这伙西北方的敌人暂时猖獗了起来。

　　为了国家的长治久安，周康王决定派兵征伐鬼方。周康王的这个决定是经过充分考虑和准备的。一方面，国内的政治得到了稳定，经济实力和综合国力都不断上升；另一方面，军队经过整顿，战斗力也提高了。

　　周军开始进攻鬼方，鬼方也组织军队迎战。两军经过两次大规模的作战，周军获得了胜利。在大战中，周军杀死了鬼方军队 4800 多人，俘虏了 13000 多人，并且缴获了大量的车马和牛羊等战利品。这些战功后来都被周康王用文字记录，并铸在了铜鼎上。为了庆祝胜利，周康王给带兵的将领赏赐了 1700 多名俘虏作为奴隶。

　　后来，周康王还不断地派兵征服东南方各地的少数民族。这在一定程度上使周朝的边疆得到了安定，疆域得到了扩展，奴隶也使周朝的生产力得到了发展。

　　在周康王的统治下，周朝的经济、文化繁荣，社会安定，国家统一，国力强盛。周成王和周康王在位的这段时间里，天下安宁，据说连刑罚都有40多年没用过。国家的国库储备充裕，人民安居乐业，到处一片升平盛世的景象。人们的生活好了，犯罪案件也少了，可以说是"路不拾遗，夜不闭户"。

　　"成康之治"后，周朝的国力逐渐衰弱了。

厉王止谤

周朝到了第十位国君周厉王的时候,国力已经大不如前,国家的内忧外患更加严重了。在内部,逐渐强大的诸侯渐渐有些不把周天子放在眼里,南方的诸侯国楚国(原来在今湖北和湖南北部,后来扩展到今河南、安徽、江苏、浙江、江西和四川)竟然公开称王;在外部,很多少数民族由于周朝长期以来的征伐,开始大肆反攻,对周朝的经济和安定造成很大的困扰。

眼看国家衰弱,周厉王决定进行改革。首先,他不断地派兵攻打南方和北方的少数民族,同时,周厉王又开始征讨不服从中央的诸侯国,尤其是自己称王的楚国。

经过一系列的战争,国家外部的入侵被暂时击退,诸侯们也被震慑,周朝的国威也稍微有了提升。可是百姓们再也经不起连续战争的重负了。

周厉王不顾大家的反对,任用一些有军事专长的大臣。他这样的举动被贵族们批评说:"你品德不明,不知道让谁来辅佐,不知道让谁来当公卿。你不能打破旧有的秩序,应该任用王族中的旧臣和子弟才是。"

在经济方面,周厉王实行"专利"的制度,就是规定山林川泽都是周王所有,所有打柴、捉鱼的民众都必须向他缴纳专项的税赋。这样一来,普通百姓被逼得没法生存了,同时那些贵族的利益也因此受到了损失,他们纷纷站出来指责周厉王听信小人的话,变得越来越贪婪了。

大臣劝谏周厉王说:"王室恐怕要衰落了。作为一个天子,应该把各种财

西周

物分发给群臣和百姓，怎么可以独占？如果您这么做，周朝肯定要败亡了。"

可是周厉王仍然不理会大臣的劝谏。为了收集更多的财富，他竟然还出售一些官爵，这更是引起了很多人的不满。

周厉王的所作所为让大家忍无可忍，很多人都公开指责他的行为是"暴政"。大臣召公虎向周厉王报告说："百姓们再也无法忍受君王的命令了！"

周厉王十分不高兴，为了整顿法纪，继续推行自己的政策，他派人散布在国都中，监视官员和百姓的言行，一旦发现有公开反对的人，就立刻抓起来杀掉。那些负责监视百姓的人就趁机敲诈勒索平民，如果没得到满足，就进行诬告陷害，就这样冤死了很多人。

为了镇压反对自己的人，周厉王制定了十分严酷的刑罚，包括给人脸上刺字、割鼻、砍脚等。百姓们从此都不敢说话了，在道路上碰见熟人，都互相用眼神示意，一言不发，然后匆匆离去。

看到这样的情况，周厉王高兴地对召公虎说："你看，我止住大家对我的谤言了，大家都不敢说话了。"

召公虎说："你只是堵住了众人之口而已。堵百姓之口比堵住河流更加危险，一旦河流决堤，将会伤害很多人。百姓就像河水一样，治理他们要靠疏导，要放任他们，让他们讲话。只有百姓可以讲话，臣子们尽心规劝君王，官员们监督朝政，这样君王处理政事才能顺利，而且不会违背事理。百姓所说的就是他们所想的，君王应该想他们所想，你这样堵他们的嘴，能堵多久？"

周厉王根本就听不进去召公虎的话，继续我行我素。这样一来，大臣们也就不再劝谏他了。几年以后，百姓们终于无法再忍受了，于是发生了一次暴动，被称为"国人暴动"。在那个时代，国都的城内被称为"国"，城外被称为"野"，因此有了"国人"和"野人"的说法，其实就是指居住在这些地方

的平民。

公元前841年，因为不满周厉王的暴政，国都的国人手持棍棒和农具开始围攻王宫，要杀周厉王。周厉王立刻下令调遣军队。可是在那个时代，百姓们平时务农经商，打仗时就成了士兵，百姓们都暴动了，哪里还有兵可以调？

于是周厉王就带着几个随从逃走了，一直逃到彘（zhì，今山西霍州东北）才停了下来。国人们不久后就攻进了王宫里，可是他们没有找到周厉王。

于是国人又把仇恨转嫁到了太子姬静的身上。召公虎早就把太子藏了起来。国人得到了风声，就前往大臣召公虎家，把他的家围了起来，要求召公虎交出姬静。

召公虎无奈，只好忍痛把自己的儿子交了出去，声称是太子。国人也没见过太子，不知道太子是什么模样，就把召公虎的儿子杀了。国人平息了愤怒，渐渐地散去了。

虽然暴动平息了，可是国家却没了君王。于是召公虎以周厉王旧臣的名义请卫武公代行执政，又召集贵族组成议会，一起处理国家政务。因为卫武公的封地在共（今河南辉县），名叫和，所以这种执政方式被称作"共和执政"。这一年也被称作共和元年，从那一年开始，中国的历史才有了确切的纪年。

共和执政14年以后，周厉王在彘病死。于是大臣们就把太子静拥立为新的周王，这就是后来的周宣王。周宣王继位以后，在政治上比较开明，大家都很支持他。他执政的时期被称为"宣王中兴"。

可是经过"国人暴动"以后，周朝的国力就大大衰弱，再也强盛不起来了。周厉王止谤的故事也常常被后人引用，用来劝谏君主要广开言路。这个故事也被人认为是"得人心者得天下，失人心者失天下"的一个典型例子。

烽火戏诸侯

历史总是惊人的相似，西周末年，周朝也出现了一位不亚于夏桀和商纣的昏君，那就是周幽王。

周幽王即位后，和夏桀一样昏庸无道，只知道搜罗珍玩美女，对国家大事根本不管。诸侯国褒国的国君得罪了周幽王，被关进了大牢，一关就是三年。

褒国人到处搜集珍宝、美女，打算献给周幽王，为国君求情。褒家在乡下寻访到一位绝世美女，于是花钱把她买了下来，当作自己家的女儿养，起名褒姒（sì）。

经过褒家的一番调教，褒姒出落得千娇百媚。后来，褒家人花重金买通周幽王身边的人，瞅准机会将她和各种珍宝献给周幽王。

各种珍宝周幽王见得多了，并不太在意，但褒姒却让周幽王惊为天人，只觉得自己宫里原来的那些美女都被比下去了。周幽王大喜，马上释放了褒君。

从此，周幽王和褒姒形影不离，更把国事抛到九霄云外了。周幽王的王后申后是个贤淑的人，几次劝谏，周幽王也全当耳边风，反而跟申后感情疏远了。

不久，褒姒给周幽王生下一个儿子，起名伯服。周幽王爱屋及乌，对伯服也倍加疼爱，想把王位传给他。不过，周幽王原本有一个太子，就是申后的儿子宜臼（jiù）。宜臼对父王的所作所为非常不满，周幽王早就看他不顺眼了。于是，周幽王先把宜臼远远地支开，派他镇守边疆，不久之后就废掉了申后，也废掉了宜臼的太子之位，立褒姒为后，伯服为太子。

没有了申后和宜臼的劝谏和制约，周幽王变本加厉。他把国事交给一个叫虢（guó）石父的人。虢石父是个谄媚小人，只知道讨好周幽王，哄住了周幽王，自己就可以贪污受贿了。周幽王根本不管虢石父的事，只要自己能和褒姒享乐，就什么事都不闻不问。

不久，周幽王忽然有了一件烦心事。原来褒姒是个冰山美人，整天冷冷的，不爱说话，更不爱笑。进宫之初，她见识了不少新鲜事物，心情好了点。可是时间久了，宫里也没有什么新玩意能引起她的兴趣了。褒姒又恢复了冰山美人的本色，成天不说不笑，心情也不好。这可急坏了周幽王，虽说冰山美人自有一种冷艳的美，但是褒姒长期这样心情郁闷，肯定会影响她的美貌和健康。

于是，周幽王想尽办法要逗褒姒一笑。他让宫廷里的乐师、优伶、侏儒各显其能，有的奏乐，有的表演歌舞戏剧，有的表演滑稽戏。但是褒姒进宫这几年，这些早就见得多了，根本不觉得新奇，因此一直没有笑过。

周幽王急了，就下了一道命令：全国上下任何人，只要能逗王后一笑，就赏千金。这就是成语"千金一笑"的来历。

周幽王的悬赏一出，全国有好多人前来应征。结果无论是谁，都无法逗褒姒一笑。好多人还拍马屁拍到马腿上，惹怒了周幽王，结果掉了脑袋。这下周幽王可郁闷了，不知道该怎么办才好。

一天，虢石父忽然想到一个点子，于是赶紧去见周幽王，向他建议说："镐京城外的骊山（在今陕西省）上修建了许多烽火台，原本是为防范犬戎（古代活跃在周朝西部的少数民族部落）入侵用的，只要点燃，各地的诸侯

周幽王

褒姒

西周

就会带兵来勤王。如今天下太平，这烽火台也没什么用。不如您和娘娘一起去骊山游玩，点一把火，把诸侯们骗来。娘娘见诸侯们心急火燎地带兵赶来，却扑了个空，被咱们戏弄了，肯定很高兴，说不定就笑出来了。"

周幽王听了连声说好，命令虢石父马上去准备。第二天一早，周幽王就带着褒姒，由仪仗队簇拥着，率领大臣和随从们浩浩荡荡地向骊山进发。

到了骊山之后，虢石父早已经在那里等候。见周幽王和褒姒一到，虢石父急忙上前，说点火要用的东西全都准备好了。于是周幽王下令，马上点火。

这下可急坏了跟随来的大臣们，他们纷纷跪下劝谏说，烽火台是保卫镐京的警报站，非有紧急情况不得使用，如果点起烽火，天下诸侯会以为犬戎进犯，率大军前来救援，到时候发现没有敌情，会失信于天下，万万不可开这个玩笑。

可是周幽王根本听不进去，反而说："如今天下太平，哪里会有什么战事？烽火台闲着也是闲着，用来让寡人娱乐一下，逗娘娘开开心，不是很好吗？"

于是周幽王一意孤行，下令点燃了烽火。

点燃烽火之后，周幽王和褒姒就在骊山上摆开酒宴，玩乐起来。大臣们都看出周幽王是不可救药了，于是纷纷下山，不少人下山之后就逃走了。

没过多久，看到骊山烽火的诸侯们以为犬戎打过来了，纷纷急急忙忙地率军从各地赶来救援。到了骊山脚下，却发现一个敌人也没有，只听见山上鼓乐齐鸣！诸侯们一打听，才知道原来大家都上了当。诸侯们这个气呀！一个个比吃了苍蝇还难受！褒姒从没有见过这么多军马乱哄哄的样子，一下子骗了这么多人，看着他们气急败坏的样子，高兴得拍手笑了起来。

周幽王见这一招果然管用，大喜，重赏了虢石父，然后派人打发诸侯们回去。

一连好几天,陆续赶到的诸侯们都知道自己上了大当,人人怨气冲天,纷纷带兵离去。经过这么一折腾,周幽王彻底失去了诸侯的信任,而他自己满不在乎,继续和褒姒寻欢作乐。

可惜好景不长,过了一段日子,犬戎居然真的带兵打过来了!这下周幽王可慌了神儿,赶紧派人去烽火台点火求救。可是烽火点起来了,诸侯们却一个也没有来。

周幽王后悔已经来不及了,只好派大将郑伯友率军出城抵挡。郑伯友十分勇猛,但是镐京的士兵不多,郑伯友打了一阵子,抵挡不住,战死沙场了。周幽王没了办法,急忙问虢石父怎么办,可虢石父只懂得花言巧语,哪里懂得带兵打仗,他早就吓破了胆,根本没有主意。结果,镐京被攻破,周幽王和虢石父都被杀了,褒姒也被犬戎掳走。

犬戎退走之后,诸侯及大臣们共同拥立被废的太子宜臼为天子,这就是周平王。公元前770年,周平王把都城从镐京迁到了洛阳,因为洛阳在镐京东边,所以史称"东周"。

春 秋

管仲拜相

随着周朝的东迁,其建国之初所制定的礼乐制度也开始全面崩溃。周朝的礼乐制度维护了中央与地方、君与臣之间的等级关系。在这个制度之下,地方服从中央,臣子服从君主,礼乐征伐从天子出,天子说了算。而礼崩乐坏的后果,就是天子的权威消失了,礼乐征伐从诸侯或者大臣出。天子无法控制各路诸侯,诸侯也不能控制大臣,各路诸侯大国侵犯小国,各国臣子弑杀君主,君不君,臣不臣,父不父,子不子,全天下都乱套了。

孔子看到自周王东迁以后礼崩乐坏的现状,十分悲哀,根据鲁国的史书,编写了《春秋》。孔子鞭挞那些乱臣贼子,希望重新恢复周朝的礼乐。这部书影响很大,由此人们将公元前 770 年到公元前 476 年这段时间称为春秋,把公元前 475 年到公元前 221 年这段时期叫作战国。

春秋时期,大国兼并小国,一些国家,如齐、晋、楚、秦等相继崛起,这些国家的君主成就了一时的霸业,左右着天下的命运。

最先成就霸业的是齐桓公,他是齐国(在今山东北部和河北东南部)开国君主姜尚的后代。而齐桓公之所以能成就霸业,全依赖于他的一个仇人的鼎力相助。这个人就是管仲。

管仲,名叫夷吾,是齐国公子纠的家臣。他有一个好朋友,名叫鲍叔牙，是公子小白的家臣。鲍叔牙非常了解管仲的贤能，经常和他在一起。二人曾一起做生意，鲍叔牙出的本钱多。当赚了钱以后，管仲拿的却比鲍叔牙多。鲍叔牙的仆人看不惯，就说管仲这个人贪心。鲍叔牙却对仆人说："不可以这么说！管仲家里穷又要奉养母亲，多拿一点没有关系。"有一次，管仲和鲍叔牙一起去打仗，每次进攻的时候，管仲都躲在最后面，大家就骂管仲说："管仲是一个贪生怕死的人！"鲍叔牙马上替管仲说话："你们误会管仲了，他不是怕死，他得留着他的命去照顾老母亲呀！"管仲听到后感动地说："生我者父母，知我者鲍叔牙啊！"

齐国的开国君主是姜太公，当年武王灭商后，封姜尚于齐。此时的齐国，襄公在位。襄公沉溺于美酒女色，欺瞒大臣，滥杀无辜，大臣人人自危，国家政局不安。襄公有两个弟弟，一个是公子纠，一个是公子小白。他俩看到了潜在的危机，为了躲避祸患，公子纠逃往鲁国，公子小白逃往莒（jǔ）国（都城在今山东莒县）。管仲与鲍叔牙也分道扬镳，各自跟随自己的主公一同逃亡。

后来，齐襄公被大臣杀害。国不可一日无主，大臣们商议，决定在襄公的弟弟当中推选一个人来担任齐国之主。

公子纠和公子小白在这场权力角逐中，谁能取得最后胜利呢？

公子小白在齐国朝廷中有内线，率先得到消息，迅速归国即位。消息传到鲁国后，鲁国国君集合大军，兵分两路，一路护送公子纠归国即位，另一路由管仲率领，负责拦截和刺杀公子小白。

管仲与公子小白狭路相逢，一场恶战展开。公子小白在逃跑之时，管仲拉弓射中小白。好在这冷箭只是射在小白的玉钩上。小白急中生智，咬破舌头，吐血装死，这才骗过了管仲。管仲以为小白真死了，高高兴兴地回去复命。

公子纠在管仲那里得到了错误的信息，以为小白已经死了，竞争对手没有了，就变得散漫起来。自以为胜券在握的公子纠，一路上慢慢悠悠地前行。而这时，小白已经到达齐国都城，在大臣们的拥戴下，当上了齐国国君。这就是后来"九合诸侯，一匡天下"的齐桓公。

齐桓公即位以后，立即发兵抵御鲁军。鲁军大败。齐桓公传信给鲁国国君，要他杀死公子纠，将召忽、管仲等随从押送齐国接受极刑，否则，齐军将进一步攻打鲁国。鲁国国君不敢违命，只好杀死公子纠。召忽自杀，以死殉主。管仲忍辱偷生，愿意归国服刑。

齐桓公痛恨管仲，想要处死他。鲍叔牙劝阻说："主公如果只想治理齐国，手下大臣足以胜任；主公若想称霸天下，不可没有管仲。管仲乃天下奇才，万万杀不得！"齐桓公听从鲍叔牙之计，假装恼恨管仲，要鲁国派重兵押送他归国服刑。管仲也知道桓公的心意，所以没有以死殉主。管仲回到齐国，鲍叔牙亲自迎接，亲手为他解开束缚。齐桓公不但不计前嫌，反而以最盛大的礼节接待管仲，拜管仲为大夫，总管全国军政大事。

齐桓公因为有了管仲的辅佐，建立了不朽的功业，成为春秋五霸（指我国春秋时期的五位霸主，包括齐桓公、宋襄公、晋文公、秦穆公和楚庄王，一说为齐桓公、晋文公、楚庄王、吴王阖闾和越王勾践）之首。

管仲主政齐国后，选举贤能治理国家，大力发展商品经济，增强国家经济实力。齐国百姓富裕，国力强盛，为齐桓公建立霸业奠定了雄厚的基础。

齐桓公九合诸侯

齐桓公即位以后,以管仲为相,以鲍叔牙、隰(xí)朋、高傒(xī)等为辅佐,大力发展齐国经济,使百姓富裕,国家富强。

齐国经过几年的积累,国力大为增强,不甘平凡的齐桓公决定称霸诸侯,畅遂其志。而实现霸业,最主要的手段就是武力。

因为鲁国曾经帮助公子纠和小白争夺齐国君位,所以齐桓公决定攻打鲁国。

鲁国是诗书礼仪之邦,其国力、军力无法与齐国抗衡。鲁国派遣最能征善战的将军曹沫去抵挡齐国,结果,曹沫屡战屡败。为了求和,鲁庄公决定将遂邑割让给齐国。齐鲁两国君主在柯地会盟,达成了和平协议。

正当齐桓公与鲁庄公登上坛场,要对天盟誓的时候,曹沫挺身而出,抽出匕首,劫持了齐桓公,要齐桓公归还其所侵占的鲁国土地。齐桓公不得已,只好答应将侵占的土地全部归还。曹沫这才放下匕首,回到原来的位置。齐桓公很恼火,想要毁约。管仲说:"不可,贪图小利,食言而肥,只会失信于天下,不如答应他。"齐桓公只好将鲁国土地全部归还。天下诸侯听说此事,对齐桓公敬佩不已,齐桓公威信大增。公元前679年,诸侯与齐桓公会盟,齐桓公的霸业开始形成。

公元前663年,北方游牧民族山戎侵犯燕国,燕庄公向齐桓公求救。齐桓公率兵赶走了山戎。燕庄公十分感激,一路陪伴齐桓公回国。他们一路上谈笑风生，忘记了时间和路程，等到明白过来时，他们已经走出了燕国国境，来到了齐国。

按照周朝的礼仪，诸侯只有送天子时，才能走出国境，燕庄公无意中送齐桓公走出了国境，等于把齐桓公放在天子的位置上对待了。当时的场面非常尴尬。齐桓公十分慷慨大度，说："我不能对燕君无礼！"于是，他命人挖出一条沟来，把燕庄公走过的地方割让给燕国。

各国诸侯听说此事，更加钦佩齐桓公。从此以后，愿意听从齐桓公号令的诸侯更多了。

公元前657年，齐桓公率领诸侯联军讨伐蔡国（在今河南上蔡县西南）。蔡军溃败。当时，楚国强盛，不向周王朝称臣献贡，齐桓公又乘势讨伐与蔡相邻的楚国。面对齐桓公的强大威势，楚成王起兵反抗，派使者问管仲："你们在北方，我们在南方，彼此距离那么远，风马牛不相及，为什么要来攻打我们呢？"

管仲回答说："你们的贡品包茅不上供，我们无法祭天，所以就来讨伐你们；我们的昭王向南征讨一去不回，所以我来问你。"

楚使说："贡品没有上供，确实有这件事，是我们的罪过，怎么敢不给呢？至于昭王没有返回这件事，你还是到汉水边上去问问吧。"于是管仲带着大军继续前进，驻扎在陉地。

楚王又派屈完领兵去抵抗齐军，齐军只好退驻到了召陵。齐桓公向屈完夸耀自己兵将数量众多，屈完问他说："您得以道义服人才行。要是不这样的话，楚国能以方城作为城防，以长江和汉水作为壕沟，您还怎么能够前进呢？"齐桓公看到了屈完的才能，就和他订立完盟约而离去。

齐桓公一系列文治武功，使齐国的霸业走向了顶峰。当时，周王朝衰微，唯独齐、楚、秦、晋强盛，楚国在南方，自称蛮夷，不肯过问中原之

齐桓公　管仲

事，秦国远在西方，也不与中原诸侯会盟，晋国虽然强大，但是晋献公死后，国家动乱不安，也无暇与诸侯会盟。所以能够号令华夏诸侯的，只有齐桓公一人。在齐国霸业走向巅峰时，齐桓公不免沾沾自喜，他说："寡人南伐荆楚，北伐山戎，西伐大夏，天下诸侯无不听命。寡人兵车之会三，乘车之会六，九合诸侯，一匡天下。从夏禹至商汤至周武，不过如此！寡人奉天承运，应该封禅泰山！"

"封"是指在泰山之顶祭祀上天；"禅"是指在泰山脚下的小山丘上祭拜"地"。自古只有功勋卓越的天子才有资格封禅。齐桓公有封禅的念头，说明他内心之中已经开始骄傲了。经过管仲的极力劝谏，齐桓公这才暂时打消了这个念头。

公元前651年，齐桓公与诸侯在葵丘会盟。在这次大会上，齐桓公傲慢地对待前来会盟的诸侯。一些诸侯无法忍受齐桓公居高临下的姿态，开始产生叛离之心。从此以后，齐桓公的霸业开始走向衰落。

齐桓公晚年亲近三个小臣，分别叫易牙、竖刁和开方。

公元前645年，管仲病逝。管仲临死前，齐桓公亲自到病榻前，问道："仲父如有不测，谁可以接任宰相？"管仲说："知臣莫若君。"桓公说："易牙如何？"易牙为了讨好齐桓公，曾杀死自己幼小的儿子，做成肉饼给他吃。管仲说："为迎合君主，不惜杀死儿子，不近人情之人，不可为相！"齐桓公又问："竖刁如何？"竖刁为了接近齐桓公，亲手阉割了自己。管仲说："为迎合君主，不惜自宫，不近人情之人，不可为相！"齐桓公又问："开方如何？"开方本是卫国太子，为了接近齐桓公，15年不曾回家，即使父母去世，也不肯回去奔丧。管仲说："开方背离父母，不近人情，不可为相！"

管仲去世后，齐桓公继续亲信这三个人。两年后，齐桓公去世。这三个人发起叛乱，赶走了太子。齐国无主，齐桓公的五个儿子争夺君位，攻战不休。齐桓公的尸体在床上躺了 67 天，等到叛乱稍稍平息后，才得以殡殓。

可是争夺君位的动乱还没有停止，安葬齐桓公的事被一再拖延。第二年，齐国太子在宋襄公的帮助下登上了君位以后，齐桓公这才入土为安。从齐桓公去世到下葬，已经过去 10 个月了。

宋襄公之仁

在春秋霸主当中，宋襄公是最特殊的。他的霸业不但远远比不上齐桓公、晋文王那么辉煌，而且他还给后世留下了许多笑柄。

宋襄公名叫兹甫，是宋桓公的太子，这个宋太子一直想要成为一个有道德的人，依靠道德来成为世人的楷模、诸侯的霸主。

宋桓公去世，太子是合法的继承人。按常理说，如果没有人争夺君位，太子一定会顺利地成为国君。可是，兹甫想谦让一下，效仿一下吴太伯以及伯夷、叔齐，塑造自己的道德形象。吴太伯是周文王的伯父，本可以继承君位，但是他谦让，将王位让给了弟弟季历，以便季历将君位传给儿子姬昌。太伯后来到吴地另外开拓了基业。伯夷本来是孤竹国的太子，要把君位让给弟弟叔齐，叔齐也很谦让，结果兄弟两人丢下国家跑掉了。这三个人都是后世所尊奉的道德楷模。宋太子兹甫想要来个模仿秀，建立自己道德楷模的光辉形象。

兹甫要把君位让给庶兄目夷。目夷确实比兹甫更有治国理军之才。但是，宋桓公没有答应兹甫的请求，还是让他继承了君位。兹甫如果下定了决心要谦让到底的话，应该像太伯、伯夷、叔齐那样逃跑，但是他没有。兹甫谦让了几次，将美名赚足了之后，就不谦让了，他还是做了宋国君主。

当上小诸侯国的君主之后，宋襄公下一个目标就是建立霸业，号令天下诸侯。别人称霸用实力和威信。宋襄公国力太小，没有实力；至于威信，宋襄公觉得自己的道德水准足以令天下诸侯服从自己。

当时，宋襄公的兄长目夷劝说道："小国争盟，取祸之道！"但是宋襄公不顾目夷的劝告，一定要召集诸侯会盟。楚成王得到邀请后，十分恼怒，他对大臣说："召我？我正好前去羞辱他！"

各路诸侯到达后，宋襄公正高兴不已，目夷却说："大祸恐怕要临头了，君上欲望太大，我们小小宋国如何承受得起呢？"宋襄公不听。

不久，楚成王带着一支护卫部队前来会盟，宋襄公前去迎接，楚成王发动突袭，立刻将宋襄公拿住。楚王以宋襄公为人质，攻打宋国，宋军大败。到了冬天，楚成王召集诸侯会盟以后，才放走宋襄公。

宋襄公能平安归来，已经是不幸中的大幸，可是宋国的灾难还只是刚刚开始。

归国后，宋襄公不愿保持低调，又耀武扬威地准备讨伐郑国。宋国大夫子鱼劝谏，说如果这样，宋国又要大祸临头了。宋襄公不听，坚持伐郑。

公元前638年，宋军讨伐郑国。到了秋天，楚国发兵包围宋国。宋襄公不得已，只好放弃郑国，归国驱逐楚军。

宋国大夫劝宋襄公不要与楚国正面交锋，宋襄公不听。宋、楚两军在泓水相遇，两军即将展开大战。宋襄公很想一举歼灭楚军，一来可以雪楚王曾让他经受过的奇耻大辱，二来如果宋军能以少胜多，打败强大的楚国，宋襄公的霸主地位就再也没有人敢否定了。

楚军在河对岸。宋军摆好阵势，等待楚军渡河。楚军在渡河之时，队伍大乱。相国目夷见了，对宋襄公说："天赐良机！敌军渡河，队伍大乱，可在此时袭击！"可是宋襄公一向以道德君子自居，不愿意做乘人之危的事情，他说："等他们过了河再说！攻击正在渡河的敌军，这是仁义之师所为吗？"

楚军已经渡河，开始列队摆阵。目夷急忙建议说："敌军阵形未成，可在此时突袭！"

宋襄公摇头，觉得这样做不道德，说："等他们摆好阵势再说！"

等楚军摆好阵势以后，宋襄公这才挥师向前。

两军交战，宋军大败，不但损兵折将，就连宋襄公也被楚军一箭射中了屁股。

宋军都埋怨宋襄公指挥失当，大好的战机没有把握住，可是宋襄公振振有词："作为君子，岂可乘人不备？"

子鱼说："兵者，诈也！岂能遵循平常道德？"

这一年，晋国公子重耳来到宋国。宋国因为与楚国关系破裂，就想结交晋国，好为自己找一个靠山。于是，宋襄公送给重耳马匹20乘。这是宋襄公一生做得最正确的一件事情。

第二年夏天，宋襄公因为伤势恶化，一命呜呼了。

晋文公流亡

就在齐桓公开始称霸的时候,中原最强大的诸侯国晋国发生了政变。晋国大夫曲沃武公弑杀晋侯缗(mín)公,将夺取的国宝全部献给周釐(xī)王。周釐王得到贿赂,封曲沃武公为晋侯,这就是晋武公。晋武公是以不正当手段成为诸侯的。

晋武公死后,晋献公继位。晋国讨伐骊戎,俘虏了骊姬两姐妹。这两人都是美女,都得到晋献公的宠爱。过了七年,骊姬为晋献公生下一个儿子,名叫奚齐。

晋献公本来有太子名叫申生,母亲乃齐桓公之女,可惜早死。献公十分宠爱骊姬,就想废掉太子申生,另立奚齐为太子。可是奚齐年纪小,除了申生以外,还有重耳、夷吾这两位哥哥,按照立长不立幼的规矩,很难轮到奚齐当太子。于是,晋献公将申生派遣到曲沃,将重耳赶到蒲城,将夷吾赶到屈城。

公元前656年,晋献公年老后,废立太子的想法比以前更为迫切。骊姬在晋献公面前称赞申生,拥护申生,以便迷惑晋献公,暗地里却不停地寻找机会害死申生。

一天,骊姬对太子申生说:"等祭奠过后,别忘了将祭品献上一份来,孝敬父亲。"申生果然照办,等祭奠以后,特地将胙(zuò)肉献给晋献公。

此时晋献公出宫狩猎,骊姬接过胙肉,并且下了毒。晋献公回来以后,听说太子献来胙肉，很高兴，正要品尝，被骊姬制止。骊姬说："这胙肉从曲沃带来，要试一试才能吃。"骊姬将胙肉喂狗，狗立刻毙命。晋献公大惊失色。

申生听说此事，十分惶恐，他没有选择分辩，而是选择了逃亡。晋献公大怒，以为申生是畏罪潜逃，杀死了申生的师傅。申生无可奈何，只好拔剑自杀。

公子重耳、夷吾听说此事，也很害怕，连忙逃走。两位公子的不辞而别，令晋献公对骊姬的话更加深信不疑。晋献公大怒，发兵捉拿这两个不肖之子。公子重耳逃往翟国，夷吾逃往梁国。这就是历史上的"骊姬之乱"。

晋献公死后，奚齐继位。不久，大臣里克等人作乱，杀死奚齐，迎接重耳归国继位。重耳不肯，大臣们只好迎接夷吾。夷吾向秦穆公求援，承诺只要秦军护送自己登位，就把晋国方圆千里的河西之地割让给秦国。秦穆公见有利可图，就爽快地派出军队护送夷吾。夷吾顺利当上晋国国君，史称晋惠公。

可是，登上国君宝座的晋惠公立刻反悔。他担心里克等大臣继续作乱，帮助重耳夺取君位，便赐死了里克，诛杀一群有功大臣，然后又拒绝割让土地给秦国。晋惠公担心重耳回国与自己争夺君位，想要派遣刺客到翟国刺杀重耳。

重耳不得已，只好离开生活了12年的翟国，前往齐国。

跟随重耳一起逃亡的，还有数十名随从，其中赵衰、狐偃（yàn）、贾佗（tuó）、先轸（zhěn）、魏武子这五人最为贤德。

重耳一行经过卫国，没有得到卫文公的礼遇。他们的粮食早已吃光，饥肠辘辘。在卫国郊外，见到一位种地的老农，重耳向老农讨吃的。老农捧了一抔土，献给重耳，重耳大怒。赵衰劝解说："主上息怒，土是吉兆啊！上天

姬重耳

要赐给您国土了,您还不拜谢?"重耳依言拜谢老农。

重耳在齐国得到了齐桓公的厚待,齐桓公把公主齐姜许配给他,重耳从此过上了安乐日子。齐桓公去世后,齐国发生动乱。赵衰劝重耳离开,重耳舍不得放弃这种安乐的生活。于是赵衰等人在桑树底下聚会,商议带重耳离开的办法。

哪知他们的对话被一名女仆偷听了去,并将听到的事告诉了齐姜。齐姜深明大义,不但不留重耳,反而还劝重耳离开。重耳不听。齐姜说:"你是晋国公子,因为国家动乱才来到这里。你应该胸怀大志,回到故国,夺取君位。怎么能贪念安逸,守着妻子儿女做个平庸之人呢?"

重耳仍然不同意。夫人就与狐偃等人将重耳灌醉,然后叫他们带着重耳上路。等到重耳醒来时,已经离开齐国很远了。重耳大怒,拿起戈矛,想要杀死狐偃。狐偃大喊道:"只要你大功告成,我死了也乐意!"

重耳这才放过狐偃,踏上征途。

重耳一路南下,寻找能帮助他回国即位的盟友。他到了曹国,曹共公对他很冷淡。他到了宋国,宋襄公刚被楚国打败,国小民贫,但是宋襄公为了将来得到晋国援助,特意以国礼款待重耳,以厚礼为他送行。重耳来到郑国,郑国对重耳也很冷淡。然后,重耳来到强大的楚国。

楚成王有心要护送重耳回国,想以此为条件,得到重耳的某种许诺。宴饮间,楚成王问重耳:"公子归国成了晋国之主,如何报答寡人?"重耳说:"楚国富甲天下,重耳实在不知道如何报答君王!"

楚成王说:"虽然如此,你总要报答我呀!"重耳不得已,说:"将来两国交战,我与君王相遇在平原广泽之中,那时,我一定退避三舍(古代一舍为30里)。"楚成王听了这话有些不高兴。楚将子玉大怒,说:"晋公子对君王无礼,请杀之!"楚成王说:"晋公子贤,而又久居外国,历经世态炎凉。随从者都是国家栋梁。天将降大任于此人，我们怎可杀他。"

重耳在楚国过了几个月，此时晋惠公去世，晋太子从秦国逃到晋国继承君位，这就是晋怀公。秦国本来恼恨晋惠公言而无信，打算帮助重耳归国继承君位。秦穆公听说重耳在楚，就派人去迎接重耳。

重耳来到秦国，秦穆公大喜，将宗族之女嫁给他为妻，等待时机成熟以后，送重耳归国。不久，晋国大夫听说重耳在秦，也都纷纷派人送来密信，要重耳归国继位，他们做内应。秦穆公见时机成熟，就发兵送重耳归国。

晋怀公听说秦兵送重耳归国，也发兵抵挡。可是晋国将士听说回来的是公子重耳，都放下了武器。重耳顺利回国，在大臣们的拥戴下继承君位，这就是晋文公。晋怀公见大势已去，只好自杀。

重耳在外流亡19年，终于回国当上晋国之君。他凭借卓越的智慧和胆识，依靠强大的晋国，建立了赫赫功业，成为春秋五霸之一。

城濮之战

晋文公即位以后,他要做的,就是像齐桓公那样,尊王攘夷,称霸诸侯。称霸是目的,尊王攘夷是手段,那么,如何尊王、如何攘夷呢?晋文公抓住了两次重要的机会,成就了一番霸业。

当时周王朝发生了"太叔带之乱"。太叔带是周襄王的弟弟,为了争夺王位,太叔带勾结北方游牧民族,带领翟人、戎人讨伐周襄王。周襄王逃到郑国,向秦、晋求援。

秦穆公调集兵马,准备送周襄王归国,结果被晋文公抢先一步。原来,晋文公正犹豫不决之时,赵衰进谏说:"要想称霸,必先尊王。周与晋本是同姓。护送天子归国,晋国义不容辞。如果被秦国抢先一步,晋国如何号令天下?拥戴天子,正是霸业之基。"

晋文公恍然大悟,发兵诛灭太叔带,拥戴周襄王归国。周襄王感激晋文公,将河内、阳樊之地割让给晋国。晋文公抢占先机,取得了挟天子以令诸侯的资本。

晋文公诛灭太叔带,打击了北方戎翟,又面对着南方以蛮夷自居的强大国家——楚国。

此时楚国的君主是成王,成王之时,楚国强盛。周天子曾告诫楚成王,要他镇抚南方蛮夷,不要侵略中原诸侯。可是,随着国力的增强,楚军屡屡侵犯中原,吞并弱小国家。

公元前 634 年，楚成王率领诸侯之兵攻打宋国。宋国向晋国求援。宋襄公曾有恩于重耳，先轸要求晋文公出兵，认为这样可以一举两得：一方面可以打击楚国，确立霸业；另一方面可以报答宋国的恩德。他说："报恩定霸，正在此时！"

但是，救宋国并非易事，因为要面对的敌人是强大的楚。晋楚相争，如果硬碰硬的话，必然会伏尸百万、血流成河。如何以最小的代价取得最大的胜利呢？这是考验晋国君臣的大问题。

答案有了，狐偃说："楚国刚刚降服了曹、卫，若兴兵讨伐这两个小国，楚国必然要放弃宋国，前来相救。"

晋文公听从狐偃的建议，率领三军包围了曹国，攻入卫国。楚成王只好留子玉继续攻打宋国，自己率军救援卫国。军队走到半路上，楚成王得知曹国已经被攻克，于是准备撤军归国。

子玉十分恼怒，对楚成王说："大王待晋侯不薄，晋侯明知曹、卫是楚国的属国，还要侵犯，是轻视楚国，请伐之！"楚王说："晋侯流亡在外多年，艰难险阻无不尝遍，又深得人心，正所谓天命所归，不可阻挡。"子玉说："臣并不奢望建立战功，只想要堵住那些奸臣的嘴！"

原来，子玉作为楚国令尹，卓有才能。可是他因为带兵太严，被人嘲讽。其中有位大臣说子玉既无治国之才，也无带兵之能，不能胜任令尹之职。子玉听了这话，十分恼火，总想找机会来展现一番，挽回面子。

子玉想要借助国家的军队，挽回个人的颜面，这种想法本来就是错误的。楚成王听了这话，很是恼怒，但是也没有拒绝子玉，只是分拨给他很少的部队。

子玉一旦权在手，就把令来行。他先派使者告诉晋文公："君侯归还曹、卫国土，臣也将放弃宋国！"

春秋

晋臣子犯说:"子玉无礼,他要我君放弃两个国家,而他只放弃一个国家,条件不公平,分明是藐视我主!"

先轸说:"何为礼?安定众人才叫礼。楚国一句话,就使三个国家得到安定,而你一句话,让三个国家都灭亡。谁的话更得人心?依我之见,不如假装许诺曹、卫退兵,曹、卫必当感谢我们,不肯接应楚军。然后,我们扣留楚国使臣,激怒楚军,两军交战,必然对我军有利。"

晋文公果然将楚国使臣扣留下来,然后答应归还曹、卫土地。曹、卫大喜,果然宣布与楚国断交,投靠晋国。子玉大怒,领军攻晋。晋军连连退避,

一直退了三舍之地。将士们不解，纷纷惊问："为何无故退兵，难道我们打不过楚军吗？"晋军群情激奋，纷纷请战，要与楚军决一胜负。晋文公安抚将士们说："当年寡人在楚国时，答应要退避三舍，怎么可以言而无信？"这才平息了将士们的怒气。

楚军连连挑战，都没有成功，军心松懈，纷纷要求归国。子玉不肯。楚军将士对子玉十分不满。

公元前632年，晋国联合宋、齐、秦三国军队，在城濮（今山东鄄城西南）与楚军交战。楚军大败，子玉收拾残兵败将逃回楚国。归国后的子玉受到楚国上下的责备，自杀谢罪。

城濮之战以后，晋国声威大震。周天子召集诸侯，册封晋文公为伯爵。晋文公通过尊王攘夷，确立了在诸侯中的霸主地位。从此以后，一个强大的国家傲然屹立于中原。

崤山之战

春秋中期,地处华夏西陲的秦国开始强大起来,当时秦穆公在位。秦穆公帮助晋公子重耳归国即位,使晋国从动乱走向太平,还把五位公主同时许配给重耳,秦晋之好的佳话流传千古。

可是国与国之间,没有永远的朋友,只有利益关系。随着秦国实力的增强,秦穆公很想在中原一带大展身手,取代晋国,成为号令天下的诸侯盟主。

郑国地处晋国和楚国两个大国之间,虽然名义上加入中原联盟,但是不敢得罪楚国。晋国联合秦国讨伐郑国,两国军队分别驻扎在郑国都城的城门外。

郑国派人游说秦穆公,说服他和郑国讲和。秦穆公只留下2000人守城,率领大军回国。

公元前628年,郑文公、晋文公相继去世。在郑国守卫城门的秦军将领传信给秦穆公,说:"我掌管城门,秦军若来,我为内应。"秦穆公大喜,向百里奚、蹇(jiǎn)叔问计,结果他们都反对说:"不行。行军千里,跨越数国去袭击他国,别人怎么会不知道,又怎么可能不设防?孤军奋战,很少得胜。"

穆公不听,说:"两位有所不知,我意已决,不用多言!"

秦穆公挑选精锐部队,由百里奚之子孟明视、蹇叔之子西乞术以及白乙丙三人带领,前去袭击郑国。部队出发之日,将士亲属都来欢送,只有百里奚、蹇叔两人痛哭不止。秦穆公听说后大怒，责问道："寡人发兵，你们痛哭，这是在动摇军心吗？"百里奚、蹇叔说："臣不敢动摇军心，只是儿子都在军中。臣等年迈体衰，这一别恐怕再也不能见面了。臣等为此而哭。"

百里奚、蹇叔送别儿子时叮嘱说："大军若败，必然在崤山关隘。千万小心！"

第二年，秦军东征，经过晋国、周国，来到晋郑交界的滑国，遇到郑国商人弦高。弦高正赶着一群牛要到周国出售，见到秦兵，知道他们是想要袭击自己的国家。他灵机一动，一面派人回国报信，一面拜见秦军将领孟明视等人，说："在下郑国人，奉郑君之命前来犒劳各位。各位不远千里，前来兴师问罪，郑国上下无不惶恐，早已关闭城门，严加戒备，准备迎接挑战。各位一路辛苦，我君十分不安，特派我送来肥牛12头犒赏将士，还请笑纳！"

孟明视、西乞术、白乙丙三人听了弦高的话，都很惊讶，说："我们要偷袭郑国，郑国却早已做好准备，偷袭必定要失败。"他们经过商议，决定放弃偷袭郑国，转而攻打滑国。不久，滑国被秦军攻克。秦军大胜，班师凯旋。

秦军要归国必须借道晋国，但是他们冒犯了晋国，令晋国君臣十分恼怒。

秦晋之好之所以会破裂，跟秦国要去攻打的郑国有很大关系。郑国是晋国旁边的小国，是晋国盘子里的一块肥肉。而秦穆公却盯着晋国盘子里的肥肉垂涎不已，伸手去抢，晋国如何能容忍？

晋文公尸骨未寒，晋襄公说："秦国欺人太甚，趁我国丧之时，发兵犯我！"

晋大臣先轸说："秦君不听老臣建议，发兵远征，致使精锐部队孤悬千里，这正是天赐良机。机不可失，时不再来，臣请发兵拦截秦军，打击秦国嚣张气焰，令他们永远不敢东窥我国！"

大臣栾枝说："秦国对我有大恩，恩将仇报于理不合！"

先轸说："秦国无礼在前，我国新遭国丧，秦君不来慰问体恤，却要发兵犯我，这就是无礼。而且，放虎归山，后患无穷。秦是邻国，越是强大，越要侵犯晋国边界，今日给他迎头痛击，可保子孙长享太平！"

最终晋国主战派占据了上风，于是晋襄公亲自戴孝出征，晋国将士无不奋勇，他们在崤山埋伏起来，专等秦军经过此地。崤山地势险要，有一条狭隘的通道连接秦晋，适合伏击作战。

秦军进入崤山隘道，毫无防备。此时一通鼓响，山上顿时亮出无数晋国旗帜，涌现出无数晋国士兵。秦军大为惊慌，正要后退，然而后面已经有一路晋军，个个穿着孝服，气势汹汹地杀了过来。

正所谓哀兵必胜，这次交战，秦军全部覆没，孟明视等三名将领也成了俘虏。

晋文公夫人是秦国宗室之女，她有心挽救三位秦军将领，就对晋襄公说："秦君对这三人恨之入骨，如果将他们处死，太便宜了。不如将他们送到秦国，好让秦君痛痛快快地烹了他们！"晋襄公同意了，将孟明视三人送往秦国。

孟明视三人回到秦国，以为必死无疑。谁知，秦穆公非但没有杀他们，还穿着孝服，到郊外迎接他们。秦穆公流泪对他们说："寡人不听百里奚、蹇叔之言，致使丧师辱国。将军何罪，罪在寡人！请三位努力自强，将来报仇雪恨！"

孟明视三人不但没有被降职，反而更加受到重用。

这一次秦晋崤之战，秦的国力被大大挫伤，但是，秦穆公的志气和决心有增无减。他访求贤才治理国家，督促将士加紧训练。秦国走出了失败的阴影，君臣上下都有着一股奋发图强的豪情。

公元前 624 年，秦穆公拨给孟明视等人 500 辆兵车，令他们再次讨伐晋国。这一次，孟明视等人下定了必死的决心。他们渡过黄河，烧毁全部渡船，拿起武器，拼命向前。秦军如同饥饿的虎狼，攻城略地，勇不可当。晋军大败，纷纷逃回营垒，不敢出来迎战。

这时，秦穆公渡过黄河，来到崤山战场，为三年前牺牲在这里的将士们发丧。秦穆公哭了三天，然后举行誓师大会。

此后，秦国更加强盛。秦穆公听从由余之谋，讨伐戎王，一举将戎国消灭，拓展千里疆界，称霸西戎。周天子派人送来金鼓，庆贺秦穆公的霸业。

楚庄王一鸣惊人

春秋时，楚国出了一位很奇怪的君主。他拥有强大的国家，却任凭外敌屡次犯边；他拥有过人的智慧，却不理朝政；他精力充沛，却沉溺于酒色。他就是楚庄王。

楚庄王是楚成王的孙子，从楚武王到楚文王再到楚成王，正是齐桓公称霸前后，楚国国力膨胀，不断欺凌江淮弱小诸侯，开拓了千里疆土。华夏诸侯都很害怕这个南方猛兽。楚成王时，周天子赐来腊肉，并且无可奈何地告诫楚成王道："镇尔南方夷越，不要侵犯中原。"

楚庄王继位三年以来，不理朝政，不出号令，只是饮酒作乐，而且不许别人劝谏，下令说："有敢谏者，杀无赦！"

国事一团乱麻，大臣心急如焚。伍举实在看不过去，决定冒死劝谏楚庄王。伍举走进宫廷，见楚庄王正与后宫美女饮酒作乐。楚庄王也看到了伍举，立刻露出不悦的神情，问道："来此何为？"伍举笑着说："没有什么，只是有一个谜语，臣实在破解不出来，大王圣明，定能替我解答！"庄王大喜，说："快快说来！"

伍举说："有一只鸟，歇在土山，三年不鸣，三年不飞，是何鸟也？"

楚庄王听了哈哈大笑，豪情冲天地说："此乃冲天鸟，三年不鸣，一鸣惊人；三年不飞，一飞冲天！"伍举听了，大声说："既然如此，臣不胜喜悦！"

过了几个月，楚庄王依然故我，甚至比过去还要过分。大夫苏从进谏，

楚莊王

楚王说:"你不知道我的命令吗?"苏从说:"如果死能让我君改邪归正,虽死无憾!"

于是,楚庄王撤掉燕乐,开始听政,诛杀玩忽职守、溜须拍马之徒,提拔尽职尽责、秉公办事之人。伍举、苏从、孙叔敖等都受到重用。楚国大治,国人欢喜。这一年,楚国灭庸。又过了两年,楚伐宋,大胜。

楚庄王不会满足于这点小小的胜利,他的理想是上为天子,下称霸主。

公元前606年,楚军讨伐陆浑的戎族,大军抵达洛阳,在郊外列队阅兵。楚军阵容整齐,令周定王大为震撼。而且楚军兵临城下,大有吞并周朝,取而代之的气势,这令周定王极为不安。周定王派王孙满前去犒劳楚军,顺便打探楚军的真正意图。

楚庄王接待王孙满,得意扬扬,不经意间问起周朝九鼎的大小轻重。九鼎乃夏禹所铸,夏禹将天下分为九州,并铸造九鼎来象征天下。从夏朝到周朝,九鼎为传国之宝,拥有九鼎就是拥有天下。楚庄王问九鼎大小轻重,分明是有夺取天下的野心。王孙满也不是不知道,他从容回答说:"王之所以为王,在德不在鼎。鼎只是器物,统治天下依靠的是'德'。有德之国,虽小必大;无德之国,虽大必亡。要问鼎之大小轻重,为时尚早!"

楚庄王听了王孙满的话,这才罢兵归国。

楚庄王问鼎中原以后,认识到周朝气数未尽,要想取而代之肯定不行。于是,他打算实现自己的第二志愿——称霸中原,饮马黄河。

公元前597年,陈国(今河南淮阳一带)发生政变,夏征舒弑杀陈国君主。楚庄王兴师问罪,攻破陈国,将它设置为陈县,隶属楚国。楚国取得如此大的胜利,群臣齐来庆贺,唯有申叔不悦。楚庄王问他为何不悦,申叔回答说:"譬如有个人,牵牛踩坏别人庄稼,田主人将牛扣下,这未免太过分了。夏征舒弑杀君主,固然该死,但是君王灭掉陈国,也未免过分了!"楚庄王听了，就让陈复国了。

楚庄王两次在黄河边用兵，他所显示的国力，足以让中原诸侯不安。但是楚庄王真正要取得霸主地位，必须要与中原最大的霸主晋国一决雌雄。

晋楚之间有一个国家，那就是郑国。郑是晋楚争夺的焦点：如果它臣服于楚，楚国就可以利用它来威胁晋；如果它臣服于晋，晋就可以利用它来牵制楚。

公元前597年，楚军攻克晋的邻邦郑国。楚庄王进入郑国，郑君肉袒牵羊前来谢罪，说："寡人无德，不能服侍君王，君王大怒，攻破敝国，这都是寡人罪过。寡人岂敢不唯命是从？君王若要将寡人流放到南海，将寡人妻妾赐予诸侯，寡人也唯命是从！只是，如果大王能看在寡人先君分上，保全我国社稷，使寡人退可以侍奉先祖，进可以侍奉大王，则不胜感激！"楚国群臣都不答应，楚庄王说："郑君能够屈尊降贵，必定能亲附百姓，这样的国家怎么可以消灭呢？"楚庄王下令军队后退30里，与郑君讲和。

但是楚庄王并没有退兵，他在等待与晋国展开大战。

晋国当然不能忍受楚国降服郑国，便在这年发动三军前来救郑。当晋军抵达郑国，听说郑国已经与楚国议和之后，晋军将领内部发生了分歧。统帅荀林父主张退兵，而副统帅先縠（hú）力主作战。晋军与楚军在邲（bì，今河南荥阳东北）大战一场。

在与楚国交战之前，晋军仍然在争论战还是和的问题，因为无法形成凝聚力，很快被楚军击败。从前线败退下来的晋军纷纷拥向渡口，争抢船只渡河。先上船的士兵怕船被弄翻，抽出刀来砍断后来者的手指。根据《左传》记载："舟中之指可掬。"可见当时战况的惨烈。

这就是著名的邲之战。这次战争，让晋军损失惨重，此后很长一段时间里再也无法与楚国抗衡。

通过这次战争，楚庄王实现了饮马黄河、称霸中原的愿望。

老子出关

在中国古代的思想家中，老子与孔子，是并峙的两座高峰。而老子年长于孔子，孔子曾经向老子问道，可以说，孔子还是老子的学生。

老子，名叫李耳，又称老聃（dān），是楚国苦县（今河南鹿邑东）人。相传，他是周国守藏室的史官。周朝的守藏室，包括天、地、人一切的知识，因为公务之便，老子可以接触这些文献资料。在宁静的守藏室中，他可以思接千载，视通万里，窥探宇宙与人世运行的秘密。

孔子对老子十分佩服，特意从鲁国出发去拜访老子。关于孔子与老子的对话，历史上留下了几则公案，可以让人们看出老子治学处世的方法和态度。

据说孔子20多岁时，去见老子。孔子来到周国，向老子问礼。孔子具体说了些什么，史料没有记载。根据后人推测，孔子向老子问的是殷礼、周礼的情况。所谓礼，就是政治制度、行为准则。殷商有殷商的礼制，主要制定者是伊尹；周礼是周朝的礼制，主要制定者是周公。老子没有告诉孔子殷礼、周礼是什么，只是回答说："你所说的这些人，他们早已作古了，只有他们的言论保存了下来。"

老子所说的这句话，我们可以这么理解：第一，伊尹、周公都已作古，你要了解他们所制定的宪章制度，可以查看史料，不用我回答；第二，这些人已经作古了，他们的时代也一去不复返。礼乐制度都是根据当时的形势制定的，既然那个时代都已经不存在了,那么,他们的制度也失去了应用的价值。

孔子告别了老子之后,对弟子说:"鸟,我知道它能飞;鱼,我知道它能游;兽,我知道它能奔走。至于龙,我就不知道了。只有龙变幻莫测,它可以乘着风,直上九天。我今日见到老子,好比见到了龙。"

关于老子与孔子见面的情形,还有其他的几则公案,大致的意思都是他要孔子学会清静无为。清静是内心的清静,无为是要乘势施为,顺应自然。

老子见周王室衰微,就决定离开周朝。他骑着青牛独向西行,想要在西方找到一个安静的地方度过晚年。函谷关的关长叫尹喜,据说,他见到东方有一团紫气,缓缓向西方移动,十分惊讶,知道即将有圣人前来。等到老子来到关口,尹喜见了,才知道圣人就是他。尹喜盛情接待了老子,对老子说:"您就要去西方隐居了,请您为我写一本书吧!"老子答应了,就为他写了《道德经》。道德经分上下两篇,一共 5000 字。写完之后,老子就离开了,人们也不知道他去了何处。

历史上关于老子的资料少之又少,使得老子的生平更加神秘。有人说老子就是楚国的老莱子。老莱子著书 15 篇,其思想与道家相合。而老莱子与孔子同时。

关于老子是谁的传说还有很多,众说纷纭。其实老子到底是谁并不重要,重要的是他的思想、智慧能够被后人所继承。其中首推《道德经》。《道德经》是道家哲学思想的一个重要来源。原文上篇是《道经》,下篇是《德经》,并不分章。

《道德经》开篇说:"道可道,非常道。名可名,非常名。无名,万物之始也;有名,万物之母也……玄之又玄,众妙之门。"这段话很玄妙,大意是说,道这个东西是无法名状的,它可以描述,但它不是一般所指的道。它是天地之始,是万物之母。它让世界从"无"到"有"。"道"是动的,它能使"无"

老子

尹喜

发展到"有"，又能使"有"回归到"无"。世界万物，都是从它的一面转向相反的另一面。能明白这一点，就可以明白天地间的所有奥妙。

明白了道的特点，那么人类应该如何行动呢？老子在《德经》中指出："反者道之动，弱者道之用。"也就是说，道运行起来，能让事物从一种状态运行到相反的另一种状态。那么，人如果要想"强"，就必须要"弱"，从"弱"发展到"强"。老子明确地指出："人最厌恶的是孤寡、不谷，而尊贵的王公们，却自称为孤、寡人、不谷。所以人们处世有这样的情况：越是自我贬损、谦让，越能获益；越是争夺、自私自利，越会损害自身。因为道，总是让一种事物，从一种状态发展到相反的状态。强到一定程度，必然变弱；弱到一定程度，必然变强。"

根据道运行的规律，老子提出了一套独特的修身、齐家、治国、平天下的方法。

老子在治国的方法上崇尚"无为而治"。所谓无为，并不是无所作为，而是去除奢侈华丽，清心寡欲。统治者自己率先"无为"了，天下人也就跟着做到"无为"了，天下人"无为"之后，世界自然太平。所以圣人要平定天下，要通过无为达到无不为。

老子的《道德经》博大精深，揭示了宇宙的奥妙、人世的规律，是一座巨大的智慧宝藏。这部书，对世界的影响十分巨大。数百年来，随着世界文化交流的日益频繁，这部书已经传播到世界各地，被翻译成各种文字，成为世界上被翻译成外文最多、流传最广的一部名著。

到了汉朝时，道教正式创立，道教将老子奉为教主，称老子为太上老君。老子一跃，由圣人变成了神。

老子论述道德，建立了道家学说，后来，人们将老子和庄子一起称为道家学派。道家学派与儒家学派相辅相成，成为中华民族的思想文化之源。

孙武练兵

这时候的楚国,是楚平王在位。楚平王的长子名建,已经长大,被立为太子。有个叫费无极的人善于谄媚,一直侍奉楚平王,楚平王很喜欢他。楚平王派费无极去秦国下聘礼,为太子建求婚。秦哀公答应把妹妹孟嬴嫁给太子建。

费无极知道楚平王是好色之徒,回到楚国后,极力向楚平王夸赞孟嬴的美貌。

于是楚平王自己娶了孟嬴,而另选了一个女子给太子。楚平王担心太子早晚会知道妻子被调包的事,于是采纳费无极的计策,令太子建远远地驻守北方城市城父,远离都城。同时,他命令太子的老师伍奢也随同前往。时间一久,太子建果然发觉了调包计的事,但无可奈何。

费无极担心太子建以后当了楚王饶不了自己,于是在楚平王面前诋毁太子建:"听说太子和伍奢有反叛之心,与齐国、晋国勾结,大王不能不防备啊!"楚平王不相信,说:"我儿一向温和顺从,怎么会谋反?"费无极说:"他因为秦女的缘故一直心怀怨恨,如今在城父招兵买马很久了!"楚平王本来就想立小儿子珍为太子,于是顺水推舟,先把伍奢召回,然后下令捉拿太子建。

伍奢心知楚平王有诈,说道:"臣的大儿子温和仁义,见信必来;次子伍员(字子胥)文武双全,能忍辱负重,只怕不会来。"楚平王假意道:"你只管写信，来不来和你没关系。"伍奢只得写下书信，由使者送往城父。伍尚接到父亲的信，找来弟弟商议。

伍尚说："如果还能见父亲一面，死了也甘心！"伍子胥仰天长叹道："和父亲一起死，无济于事！兄长如果一定要去的话，小弟就告辞了！"伍尚哭着问："你要到哪里去？"伍子胥回答："能帮我们报仇的，我就去投奔！"伍尚说："我以陪父亲死为孝顺，你以复仇为孝顺。我们各行其志吧！"兄弟俩洒泪而别。

此时，伍子胥早就乘乱逃出昭关（今安徽含山北）去了。

到了吴国以后，伍子胥举荐专诸刺杀了吴王僚，得到了重用，辅佐吴王阖闾（hé lú）修法制，任命贤能，奖励农商，充实仓廪，修建城郭，还为吴王举荐了深通兵法的大将孙武。

在孙武和伍子胥的共同努力下，吴国选练兵将，整顿军纪，很快就成为东南地区的一大强国。根据吴国和周边各国的强弱形势以及利害关系，伍子胥和孙武等人还制定了西破强楚的战术，用以解除楚国这个对吴最大的威胁，然后向南征服越国，以绝后患。

孙武原本是齐国人，因为齐国内乱，逃到吴国。孙武在吴国隐居，完成辉煌巨著《孙子兵法》。这本书一共有十三篇，吴王阖闾一一读过，十分佩服，便召见孙武。

阖闾问道："卿所著的兵书，寡人全部读过了，可以演习一番吗？"

孙武说："可以！"

阖闾说："可以训练妇女吗？"

孙武说："可以！"

吴王派出宫中美女，交给孙武，要他将她们训练成合格的士兵。

孙武将她们编成两队，以吴王最宠爱的两名姬妾为队长，然后，将她们全副武装起来。一切准备就绪，孙武发布号令："你们知道什么是前、后、左、右吗？"

妇人们都笑着说知道。孙武说："那么听我号令，我要你们向前，你们就向前看；要你们向左，你们就向左看；要你们向右，你们就向右看；要你们向后，你们就向后转。听明白没有？"妇人们都笑着说听明白了。

孙武详细说明了军法，设立了斧钺，然后说："如果不听将令，即以军法从事！"说完，孙武击鼓，号令"士兵"向左。妇人们再次大笑起来，队伍一片混乱。

孙武说："约束不明，将令不熟，责任在将！"于是，孙武再次耐心地向"士兵"们解释各种命令。三令五申之后，孙武重新击鼓，命军队向右。妇人们再次大笑起来。

孙武说："约束不明，将令不熟，责任在将；约束已明，仍然不遵从法令者，军吏之罪也！"于是，孙武要斩左右两队队长。

这两位队长可是吴王的宠姬，吴王见孙武要斩自己的爱姬，十分慌张，连忙传令说："寡人知道将军能用兵了，寡人没有这两位爱姬，食不甘味，还请将军刀下留人！"孙武说："臣已经受命为将，将在军，君命有所不受。"于是，孙武下令

斩杀两位队长，另设置两位新队长。

孙武登上指挥台，重新击鼓，发号施令。妇人们再也不敢喧哗，都按照命令行进，不敢有丝毫差错。

于是孙武派人报告吴王，说："训练已成，部队行列整齐，令行禁止，即使赴汤蹈火也在所不辞。请大王前去检阅！"

吴王正为失去两个爱姬而伤心不已，哪里有心情去检阅？

吴王阖闾从此以后知道孙武善于用兵了，便拜孙武为将。孙武为吴国训练出一支强大的军队，这支军队西破楚国，攻占楚国都城郢，令强大的楚国几乎灭亡，又北伐齐国、晋国，令这两个大国闻风丧胆。吴王阖闾威震华夏，称霸中原，都因为有孙武、伍子胥的辅佐。

孔子周游列国

春秋时期,各地诸侯争霸天下,战事不断。诸侯之间的争霸战争名义上是为了匡扶周王室、维护社会秩序,实际上都是为了各自的私利。所以古人说"春秋无义战",就是说当时没有正义的战争。

混乱的局势给人民带来了痛苦,也带来了社会思想的繁荣。春秋战国时期,我国涌现出许多思想家,儒家的创始人孔子就是其中之一。

孔子(公元前551—前479),名丘,字仲尼,鲁国人,是我国春秋末期的思想家和教育家。他文武双全,才智过人,有匡扶正义、治理天下的志向。孔子认为,只有恢复西周时的礼乐制度,才能挽救当时的社会,使天下重新安定繁荣。为了实现这个目标,他积极从政做官。

青年时期,孔子在鲁国先后做过管理仓库和管理畜牧的小官。由于孔子能力和学识都超出常人,很快就取得了成绩,得到了升迁。孔子51岁的时候,担任了中都宰(相当于市长)。在中都宰任上,孔子政绩卓著,一年后又升为司空(官名,管理生产建设),不久又升为大司寇,主管刑法律令。后来,孔子又行使宰相的职权,杀掉了扰乱朝政的大臣少正卯以严肃法纪,因此名动一时。在孔子当政时期,鲁国得到了很好的治理,路不拾遗,夜不闭户,奸佞小人纷纷出逃;在外交方面,孔子还迫使齐国归还了原先侵占的鲁国土地,维护了鲁国的尊严和利益。孔子的从政之路,到这个时期,还是十分顺利的。

然而，接下来孔子的仕途就不那么平坦了，而是充满了坎坷。主要原因就在于，孔子不仅是一个想要建功立业的政治家，还是一个伟大的思想家，他希望能够按照自己的理想去改造社会，并不是把短期效果和利益放在第一位。为了实现自己恢复周礼的理想，孔子发誓要改变鲁国尊卑不分、长幼无序的状态。当时鲁国的实际权力并不在国君手里，而是掌握在三位大夫（dà fū，古代官名）——三桓的手中。三桓是当年鲁桓公的三支后裔，掌握了鲁国的实际权力，而在三桓内部的一些家臣又不同程度地控制了三桓。在孔子看来，这绝对是乾坤颠倒的大错误。于是，孔子采取了"堕三都"的策略，试图拆毁三桓各自修建的城堡，借此打击三桓的势力。结果，"堕三都"的策略虽然打击了三桓，却引起了三桓的叛乱。虽然后来叛乱被平定，但这使得孔子在鲁国国内四面树敌。

不久，齐国为了迷惑鲁国君臣，派人给鲁定公送来了120匹良马和80名女乐。鲁定公沉溺在享乐之中无法自拔，连续多日不上朝，甚至到了祭祀的时候，忘记了分祭肉。孔子对这种违反周礼的行为深恶痛绝，对鲁国君臣上下沉溺于歌舞女色更是不满。于是，孔子辞去官职，离开鲁国，带着一批追随自己的弟子，开始周游列国，希望实现自己的政治主张。这一年，孔子55岁。

孔子先来到卫国（今河北南部与河南北部一带），卫国国君卫灵公早就听说过孔子的大名，对他十分敬重，按照孔子当初在鲁国时的俸禄标准，发给孔子俸禄。孔子起初很高兴，以为自己有了施展拳脚的地方，但是卫灵公并没有任用他为什么具体官职，也没有给他实际权力，这让孔子十分失望。在卫国住了大半年之后，有人向卫灵公进谗言，说孔子要对卫国不利，于是卫灵公派人监视孔子的行动。孔子见自己已经不被卫灵公信任，就带领弟子离开了。

春秋

　　孔子打算去陈国，路过匡城的时候，因为长相酷似鲁国人杨虎，遭到围攻。后来误会解除，孔子带着弟子辗转经曹、宋、郑国后到达陈国，都没有受到重用，想要去蔡国。楚国人听说孔子在陈、蔡之间，于是派人来迎接他。陈、蔡两国的大夫怕楚国重用孔子对自己不利，因此千方百计阻挠孔子

到楚国。他们派了许多服苦役的人将孔子及弟子围困在陈、蔡之间。孔子等人前不着村，后不着店，绝粮达七日之久。后来，幸亏孔子的弟子子贡到楚国搬来了救兵，才救了孔子等人。

　　孔子63岁的时候，又从楚国返回卫国。68岁时，他才回到故乡鲁国。从此孔子专心教学，开创了私学。孔子有弟子3000名，其中贤达者有颜回、子路等72人，还有很多都成为各国的栋梁。在做人方面，孔子主张"忠恕

之道"：忠，就是忠诚，对人忠诚，对自己的事业忠诚；恕就是"己所不欲，勿施于人"。在政治上，他主张施行"仁政"，君主要爱民，建立一个有秩序的社会，君臣父子各自谨守自己的本职，讲究礼仪。

孔子晚年的一项重要贡献是编订了《春秋》，它记载了从鲁隐公元年（公元前722年）到鲁哀公十四年（公元前481年）间两百多年的历史，它是我国古代一部重要的编年体史书。

孔子的思想对后世产生了深远的影响，他所创建的儒家学派的思想后来被孟子和荀子等人所继承，在汉代董仲舒的大力倡导下，儒家学派的思想被作为正统思想确定下来，并且一直延续了两千多年，对中国的政治、文化和中国人的思想影响深远，并且传播到世界范围。

卧薪尝胆

越王勾践，本是大禹后裔。大禹在会稽去世，勾践祖先被封于此地，负责守护大禹陵墓，如此世代相传，到了勾践父亲允常。越王允常与吴王阖闾因为一些小事而交战。

公元前496年，允常去世，其子勾践继位。吴王阖闾认为有机可乘，发兵伐越。越王勾践召集敢死之士，编成三队，向吴军挑战。一个奇怪的现象发生了！只见越军第一组敢死队来到吴军阵前，大声叫骂，然后拔出宝剑自刎。然后，第二组、第三组也依次来到吴军阵前，齐刷刷拔出佩剑，刎颈自杀。吴军大为惊奇，纷纷围观，看得心惊胆战。就在这时，越军发动突然袭击，吴军大败，就连吴王阖闾也不免被流矢射伤。阖闾死前，叮嘱儿子夫差："一定不要忘记越仇……"

过了两年，勾践听说吴王夫差加紧训练士卒，旨在报仇雪恨，就想先发制人，讨伐吴国。大夫范蠡（lí）制止道："兵者凶器，上天所禁，不可轻易动武。"越王不听，他说："我意已决！"于是，勾践大举兴兵。吴王听说后，倾尽全国精锐抵挡越国。越军大败，勾践带着5000名将士退守会稽。吴王引兵将越王包围。

面对窘境，勾践后悔不已，他对范蠡说："因为没有听大夫的话，才有今日之祸，如之奈何？"范蠡说："只有卑辞厚礼，向吴王求饶。如果还不能获许，只好舍身为奴，再做打算了！"

勾践听了这话，便命文种向吴王求饶。文种见到吴王，跪倒在地，膝行而前，磕头不已，对吴王说："亡命之臣勾践命陪臣文种冒死进言：勾践恳请为臣，勾践之妻恳请为仆！"吴王很高兴，正要答应。伍子胥进言道："不可，这是上天将越国赐给吴国，岂能不取？请发兵灭之！"

文种将情况报告勾践，勾践大为绝望，正要杀死妻子，焚烧国宝，召集将士，与吴军拼个鱼死网破。文种制止道："臣在吴国，见太宰伯嚭（pǐ）贪财重利。不如以重金贿赂他，要他劝吴王允许求和。"于是，勾践派文种带着美女与宝器财物贿赂伯嚭。伯嚭得到贿赂，立刻为越国说好话，劝吴王同意求和，赦免勾践。吴王居然答应了。

吴王赦免越国，勾践回到国中。从此以后，勾践苦心孤诣，思考如何报仇。他在座前放置了一枚苦胆，无论坐卧还是饮食，总要尝一尝它，尝过之后，就问自己道："你难道忘记了会稽之耻吗？"

他亲自耕作，他的夫人也亲自养蚕织布。他食不加肉，衣不纹绣，折节下士，厚待宾客，吊死问丧，与百姓同甘共苦。他用文种治理国家，用范蠡治理军队，举国大治，越国从一片残破景象中悄然复苏。

勾践从会稽回国后第七年，他见百姓亲附，国家富强，便打算向吴国报仇。大夫逢同进谏说："国家遭受大难，至今才得以恢复，如果兴兵动武，吴国必然震动。

春秋

如今，吴国连连攻打齐、晋，结怨楚、越。名高天下，骄傲自大。不如讨好吴国，暗自联合齐、楚、晋。吴王见我们归顺臣服，必然专心对付齐、楚、晋三国。等三国联合起来攻打吴国时，我们乘其不备，可一举将吴国消灭！"勾践说："妙！"

过了两年，吴王打算讨伐齐国。伍子胥劝阻说："不可，我听说越王勾践卧薪尝胆，与百姓同甘共苦，打算报仇，此人不死，是我心腹大患。愿大王先伐越。"吴王不听，继续攻打齐国，俘虏齐国大臣，得胜而归，然后责怪伍子胥。伍子胥说："大王不要高兴过早，越国是心腹大患，只是还没有发作！"吴王大怒，伍子胥见劝说无效，想要自杀，被吴王制止。

大夫文种对越王说："我看吴王已经骄傲了。臣请尝试向吴国借粮，看看时机是否成熟！"

文种向吴王借粮，吴王正要借，伍子胥前来制止，吴王不听，还是将粮食借给越国。越国君臣无不偷偷高兴，因为吴国将粮食借给越国，说明吴王骄傲了，根本没有防备越国。

伍子胥感叹道："君王不听劝谏，不出三年，吴国就要化成废墟了！"太宰伯嚭得到越国贿赂，就在吴王面前毁谤伍子胥说："伍员外表忠厚，而内心残忍。君王前次伐齐，伍员劝阻，结果伐齐大胜。伍员因此而怨恨大王，要加害大王！"吴王不听。后来伍子胥被派往齐国，便将儿子留在那里，以免吴国灭亡之后儿子受到连累。吴王闻听此事，大怒，说："伍员果然有异心！"他将属镂之剑赐给伍子胥，命他自杀。伍子胥悲愤不已，果然自刎而死。伍子胥临死之前，要人将自己的双眼挖下来，悬挂于吴国东门之上，说："好让我亲眼看见越兵侵入吴国！"

伍子胥死后，太宰伯嚭掌握了吴国朝政大权。

过了三年，勾践问范蠡："吴国杀死伍子胥以后，进献谗言的更多了。吴国可伐乎？"范蠡说："尚需等待！"

第二年，吴王带领全国精锐部队在黄池（今河南封丘西南）召集诸侯会盟，只派太子率领老弱病残士兵守卫国土。勾践再次问范蠡："吴可伐乎？"范蠡说："可以！"于是，勾践调遣全国的精锐，讨伐吴国。吴军大败，连太子也被越军诛杀。吴王正在黄池会盟诸侯，听说此事，不敢声张，草草会盟之后，才派人以厚礼向越王求和。勾践考虑到还不能消灭吴国，就答应了。

又过了四年，越国再次伐吴。吴国兵民疲惫，精锐尽死在齐、晋战场上，这次又受到强大攻击，吴军大败。越王勾践将吴王夫差包围在姑苏山附近。吴王派使者向越王求和。勾践不忍心消灭吴国，正要答应吴王的请求。范蠡进谏说："当年天赐越给吴，吴国不取，天与不取，反受其咎。今日天将吴赐予越，越国可以违背天意吗？君王处心积虑二十余年，为的就是消灭吴国，怎么可以一朝放弃呢？"勾践说："你说得有理，可是我不忍心面对吴国使者！"

范蠡高声叫道："将在外，君命有所不受！"于是，范蠡敲响战鼓，挥师直进。

吴国使臣流着眼泪，失望而归。勾践实在不忍心，要使者传话给吴王夫差说："我将君王安置在甬东，统领百户人家！"吴王听说此言，泪流满面，说："感谢越王厚意，我年事已高，再也不能侍候君王了！"说完，吴王夫差自杀了。他临死前命人蒙住自己的脸，说："九泉之下，我无颜去见伍子胥了！"

越王安葬了吴王，然后诛杀了吴国奸臣伯嚭。

勾践消灭吴国以后，引兵渡过淮河，与齐、晋列国会盟，率领诸侯向周王进贡。周天子派来使者封勾践为伯爵。一时间，越王勾践号称霸主。

战　国

墨子守城

在中国先秦时期,能够将科学家、思想家、社会活动家三者合为一体的,只有墨子一人。

墨子名翟(dí),生活在战国时期,宋国人,出身于农民阶层。在思想方面,墨子主张"兼爱""非攻"。

何为兼爱呢?墨子认为,社会的混乱、纷争,都是由于人与人之间不能互爱。儿子不爱父亲,就会不孝;君主不爱臣民,就会暴虐;一个家庭只爱自己,就会侵占;一个诸侯只爱自己,就会征伐。人世间的所有纷争,都是人们只爱自己,不懂得爱别人造成的。如果人与人之间能兼爱,对别人如同对自己一样,世界就安定太平。墨子认为,解决世间纷争的关键,是要让人与人之间互爱,家与家之间互爱,国与国之间互爱。

何为非攻?墨子认为发动战争是不义的。一个人偷窃人家园中的桃李,当然要受惩罚,原因是他侵占别人财物,损人利己。那么,偷窃别人鸡犬应该怎样呢?当然也要受惩罚。进而,偷窃别人的牛马怎样呢?当然也是不义的。再放大一些,杀人抢劫呢?当然更加不义。而春秋战国时期,各国相互征伐,杀人无数之后,占领别人土地,抢夺别人财物,是否不义呢?肯定是不义的。墨子通过逐步放大,让为政之人看到侵略战争的不义,达到劝阻侵略的目的。

除了提出以上思想之外,墨子还是个科学家。墨子在光学、几何学、物理学方面都有独到的发现。

墨子通过小孔成像的实验,发现了光的直线传播原理。在世界光学研究历史上,墨子的实验和发现是最早的。现代照相机的发明,就是依靠小孔成像的原理。墨子比阿基米德更早提出杠杆原理,阿基米德说:"如果宇宙给我一个支点,我可以用它撬动整个地球。"墨子说,秤之所以能称量重物,是因为"本小而标大"。"本"和"标",在现代物理学上分别称为"重臂"和"力臂"。墨子在几何学上,提出了空间、端点、中点、有限、无限等概念。

由于墨子是农民出身,擅长手工制作,对木工、建筑等都有研究,曾经制作过云梯、修筑过城墙,堪称战国初期的大工程师。由于劳动实践丰富,墨子得以继承前辈的智慧,将之发扬光大。

与墨子同时的另外一个伟大的工匠和发明家名叫鲁班。鲁班是鲁国人,他聪明过人,善于思考,发明了大量生产生活用品,如锯子、刨子、钻子、曲尺、雨伞等。据说,他能用竹木制作木鹊,将木鹊放到天上,飞行三天三夜不下地。由于鲁班所取得的杰出成就,他被后世尊为工程建筑的祖师。

鲁班曾经为楚国制造云梯,准备攻打宋国。墨子是反对侵略战争的,听说此事,就从齐国赶到楚国来制止战争。墨子见到鲁班,说:"北方有人侮辱我,请你替我杀掉他。"鲁班听了很不高兴。墨子又说:"我给你十金作为酬劳。"鲁班连连摇头,说:"我义不杀人。"墨子朝鲁班拜了两拜,说:"我在北方,听说你为楚王制作云梯,将要攻打宋国,宋国何罪之有?楚国地方千里,缺乏的是人民,杀掉自己所缺乏的,占有自己所富余的,这算是聪明之举吗?宋国无罪,楚国要侵略它,这算是仁义吗?楚王借助你的云梯,将要杀死成千上万的人,你不愿意替我杀掉一个人,而愿意替楚王杀掉千万人,

战国

能算是仁义、智慧吗？"鲁班听了，十分愧疚，承认自己错了。墨子问道："既然如此，何不拒绝楚王呢？"鲁班说："我已经答应了楚王，不能拒绝。"墨子说："那好，我去见楚王。"

墨子见到楚王，说："我认识一个人，他家庭富有，出门乘坐的是香车，穿的是绫罗绸缎，吃的是美味佳肴。可是，他见到邻居家的破车、烂衣和糟糠，却想要偷取，这样的人是什么人呢？"楚王说："这样的人恐怕有偷窃病。"

墨子说："楚国富甲天下，正好比这个富人，宋国积贫积弱，好比是邻居穷人。如今大王您为什么还要贪恋宋国贫瘠的土地呢？"

楚王很惭愧，只好找借口说："鲁班已经为我造好了云梯，我不能不攻打宋国。"

于是，墨子请求与鲁班开展一次军事演习。鲁班代表楚军，带着已经造好的云梯等先进的攻城机械进攻。墨子代表宋军，带着自己早已设计好的守城设备抵御进攻。这两个人都是顶尖的工程师，他们开展了一次精彩较量，这是智慧的较量，是技艺的较量。鲁班采用了九种攻城方略，墨子也施展九种守城方略。结果，鲁班始终无法获胜。

鲁班想叫楚王杀了墨子，可墨子听了却只一笑，说："我早就知道你想怎么对付我。"楚王听了很奇怪，就问是怎么回事，墨子回答说："鲁班要您杀死我，是因为他觉得只要我一死，宋国就保不住了。可是他却不知道，我早就让我的学生拿着我的防守器械去宋国城上等待楚军来进攻了，料想他们现在早就已经到地方了。就算杀了我，也杀不光所有保卫宋国的人啊！"

楚王听墨子这么一说，也觉得攻打宋国不是件容易的事，只好叹了口气，答应不打宋国了。就这样，墨子为宋国化解了一场危难。而这次两个顶级的工程师之间的精彩较量，成了后人回味无穷的一段佳话。

三家分晋

春秋时期，各个诸侯国为了争霸连年混战。到了春秋末期，许多小诸侯国被吞并后，逐渐形成了几个大的诸侯国家。许多国家内部也是矛盾重重，经过权力更替，国君的权力被削弱，权力转移到少数贵族士大夫手里。这些贵族士大夫采取了和以前国君不同的治理办法，通过实施一些减轻人民负担的政策得到了民众的支持。

春秋早期的霸主晋国，国君早已经没有了以前的权威，权力逐渐分散到六家贵族大夫手里。这六家贵族大夫又互相攻击吞并，最后剩下了四家，这四家分别是智、赵、韩、魏，四家中又尤以智家实力最强。

智氏的主要代表是大夫智伯瑶，他早有吞并其他三家的意图。一天，智伯瑶对其他三家的赵襄子、魏桓子和韩康子说："咱们晋国是最早的霸主，可是现在的霸主却是吴国和越国。为了重振晋国的雄风，我建议，大家每人交出百里土地，作为国家的公共领土。"

其他三家大夫听了智伯瑶的话，都不太相信他是为了振兴晋国，觉得他另有所图，或许是想借机吞并他们的土地。虽然不太相信智伯瑶的话，但是韩康子却首先交出了土地，还把土地上居民的户籍也交给了智伯瑶。魏桓子得知韩康子首先屈服了，也怕得罪了智伯瑶，随后也上交了自己的土地和人口。

可是赵襄子却迟迟不交，智伯瑶就直接找他要。赵襄子毫不客气地拒绝了他，说："我的土地是继承祖先的，怎么能随便交给别人？"

智伯瑶见赵襄子态度坚决，勃然大怒，就约了其他两家大夫起兵，一起攻打赵家，并承诺其他两家，如果打下了赵襄子的领地，就三家平分。韩康子和魏桓子惧怕智伯瑶的势力，只好同意出兵。

这一年是公元前455年，智、韩、魏三家组成联军，智伯瑶率领中路，韩康子和魏桓子分别带领左右两路人马。三队人马浩浩荡荡地奔赵家杀了过来。

赵襄子见对方人马来势汹汹，先退守到封地晋阳（今山西太原）城里。可是其他三家紧追不舍，一起把晋阳城围困了起来。赵襄子命手下闭门不出，守住城池坚决不与他们正面交锋。三家人马准备强攻晋阳城，却被守城的人用乱箭射了回去。

三家人马就这样与晋阳城里的赵襄子对峙了起来。这场仗一直打了两年多，赵襄子没有打退三家人马，这三家也没有拿下晋阳城。

智伯瑶非常着急，于是亲自到晋阳城外去巡视，想找到攻城的办法。当他看到临近晋阳城的晋水时，突然哈哈大笑，想出了一条计策。

智伯瑶先派人在晋水的上游拦坝蓄水。刚好又赶上了雨季，水位迅速涨了起来。智伯瑶下令决堤放水，晋水冲到了晋阳城里。

晋阳城遭了水灾，百姓的房子全被淹了，他们只好躲到了屋顶上。这一切没有让晋阳城的百姓屈服，反而激起了大家的仇

恨，晋阳城的守卫更加英勇了。

被大水淹没的晋阳城里已经一片混乱，百姓的生活苦不堪言，眼看着城也要守不住了。赵襄子此刻心急如焚，他对手下张孟谈说："现在这个情况，百姓虽然生活困苦，但是他们还能坚强地支撑，如果水再大一些，恐怕就撑不了多久了。"

张孟谈建议说："韩康子和魏桓子虽然与智伯瑶联合，但是他们两家是被迫割让土地、出兵的，他们心里肯定不服气。不如让我去找那两家谈谈，瓦解他们。"赵襄子想了想，便点头同意了。

这天夜里，张孟谈悄悄从晋阳城里出来，先去找了韩康子，说明假如智氏灭掉赵家，下一步要对付的就是韩、魏两家，建议他和赵襄子联合起来打退智伯瑶。韩康子果然有些动摇，答应张孟谈考虑他的建议，把他留在营中。

第二天，智伯瑶得意扬扬地带着韩康子和魏桓子来到晋阳城外的高处，指着城里对他们说："我现在才知道水可以灭掉一座城。你们的汾水和绛水也保不了安邑（今山西夏县西北）和平阳（今山西临汾西南）的太平了吧？"其他两家听了，脸色都很难看。因为他们封地的都城都在水边上，担心智伯瑶会用同样的办法来对付自己。

当天晚上，韩康子就把魏桓子约了出来，让他和张孟谈见面。三家达成密约，共同对抗智伯瑶。

第二天半夜三更时分，智伯瑶刚刚入睡。突然，一阵兵马厮杀的声音传来。智伯瑶被惊醒了，他正要起床，却发现自己的衣服和被褥是湿的。他再一看，发现地面上已经积了很多水。

智伯瑶以为晋水上游的大坝被水冲垮了，连忙命令手下去查看。可是没过一会儿，兵营里的水越积越深。

智伯瑶还没明白是怎么回事，兵马厮杀的声音就已离他的大营不远了。原来，韩、魏两家秘密掘开了围住晋水的堤坝，大水反而向智伯瑶的大营淹来。韩、魏两家的军士乘坐小船杀来，赵家的军队也开城冲杀出来。

智伯瑶的军队无法抵挡，其中一大部分被杀死，还有许多直接被淹死了。智伯瑶连忙率军抵抗，可是三家人马众多，再加上军营被淹，他的军队瞬间就被消灭了，智伯瑶被活捉。

赵襄子将智伯瑶斩首，韩康子和魏桓子收回了自己的土地。然后赵、韩、魏三家平分了以前智伯瑶的领地，整个晋国就被这三家全部占领了。

到了公元前403年，赵、韩、魏三家又派人去朝见周朝的威烈王，希望可以正式得到诸侯的称号。周威烈王见木已成舟，就顺势分封了这三家。赵、韩、魏三家也都成了独立的诸侯国。

从那以后，整个春秋时代的所有国家经过分裂、合并，只剩下七个大国，分别是韩、赵、魏、秦、齐、楚、燕。这就是历史上著名的"战国七雄"。

西门豹治邺

战国初期,各诸侯国中最先强大起来的是魏国。魏文侯励精图治,选贤任能,因此一大批人才都投奔到魏国。魏文侯任用李悝(kuī)为相国,实行变法,发展生产;又派乐羊为大将,攻取中山国(都城在今河北定州)。可是邺城(今河北磁县东南)与韩、赵两国交界,派谁去任太守好呢?

李悝是战国初年有名的政治家。他主张"尽地力"和"平粜(tiào)法"。尽地力,就是李悝觉得土地的资源有限,应该劝农民发挥最大的积极性,提高农业生产的效率。平粜法就是在丰年时由国家出钱以平价购买粮食,遇到因灾荒粮食歉收的时候,仍以平价卖给农民。这样,既稳定了社会生活,又保护了农民的生产积极性。

在政治上,李悝建议废除贵族的世袭特权,对国家有功的、有才能的人加以提拔。他还汇集各国的法条,编成了魏国的《法经》,加强了封建政权的统治。这样一来,魏国逐渐富裕强大起来。

魏国有个叫西门豹的人,年轻的时候脾气很急躁。有人就劝他,做事要讲究方法,不能急躁。他就慢慢改了自己的脾气,变得越来越有名气。后来,魏文侯得知他很有才能,就派他去治理邺城这个地方。

西门豹来到邺城的时候,他先把当地一些德高望重的人请来。西门豹问他们:"百姓现在生活得怎么样,有没有什么特别苦难的事情?"

那些人回答说:"这个地方有个风俗,每年都要给河伯娶媳妇,所以百姓都过得非常贫困。"西门豹觉得很奇怪：河伯是传说中的河神，根本就不存在，怎么会给他娶媳妇呢？于是他问："这和百姓贫困有什么关系？"

"邺城这个地方经常遭受洪水灾害，所以地方官和巫婆说，要每年给河伯娶一个媳妇，这样才能让河水不再泛滥。每到给河伯娶媳妇的时候，官员们就要向百姓收很多钱。这些钱大部分都被官员们和巫婆私自吞掉了，剩下一小部分才用来给河伯娶媳妇。"一位长者叹了口气，继续说，"巫婆就在邺城里到处巡视，看到哪家的女子比较漂亮，就说这个女子是河伯选中的媳妇。然后，她们就向女子的家人送上聘礼，也不管人家愿意不愿意，就把女子带走了。接着，让这个女子洗得干干净净的，穿上华丽的衣服。斋戒结束以后，他们就用一张床，让这个女子坐在床上，把床放进河里，床就顺着水漂走了。没过多久，床和女子就都沉到水里去了。这样，就算给河伯把媳妇送过去了。城里有女儿的人家因为这个都逃跑了，所以邺城的人越来越少了。"

西门豹听到这里，就对这些人说："这样吧，下次再给河伯娶媳妇的时候，希望所有的官员和巫婆都到河边去，到时候也叫上我，咱们一起去给河伯送媳妇。"众人都同意了。

又是给河伯娶媳妇的日子，西门豹果然来到了河边。大小官员、巫婆，还有当地的富人都来了，许多看热闹的百姓也来围观。河边熙熙攘攘，大概有几千人。

这时，巫婆带着十几个女弟子来见西门豹。西门豹见巫婆已经很老了，身后跟着的女弟子穿得十分光鲜。西门豹说："把要送给河伯的女子带过来，我先看一看是不是真的很漂亮。"

等大家把女子带到西门豹跟前，西门豹随便看了两眼，对大家说："这个女子不行，请巫婆到河里去跟河伯说一声，我们重新选一个更漂亮的。"西门

西门豹

豹的手下立刻冲上去抓住巫婆，把她扔进了河里。水面上冒了几个泡，就没有动静了。

等了半天，西门豹焦急地说："让巫婆去给河伯报个信，怎么这么久还不回来？派一个女弟子去看一下是怎么回事。"他话一说完，手下就把巫婆的一个女弟子扔到了河里。

结果过了半天，河面上还是没有什么动静。西门豹有些不耐烦了："可能巫婆和她的女弟子都是女人，有些事情不方便说。这样吧，让负责这件事情的官员去说。"他话音一落，手下就把带头给河伯娶媳妇的三个官员抛到了水里。西门豹还显得特别恭敬，对着河面弯腰行礼。

过了很久，地方官员们都吓得直冒冷汗，生怕西门豹再扔他们下去。果然，西门豹又开口了："巫婆和那几个官员看来都不中用，要不再派几个人去？"地方官员们一听，立刻瘫倒在地，不停地磕头求饶。他们把头都磕烂了，脸上早已没了血色，承认了他们和巫婆串通一气诈取钱财的事，根本没有河伯娶亲一回事。

西门豹当众宣布谁要是再提给河伯娶亲这事，就是同样的下场。从此以后，再也没有人敢提给河伯娶媳妇了。

接下来，西门豹开始着手治理河道。他召集当地的百姓，让大家一起开挖水渠，把河里的水引到农田里，这样既可以灌溉，又能防止河水泛滥。后来，邺城果然得益于西门豹叫人开挖的水渠，老百姓的生活都得到了改善。

由于李悝、西门豹等一批贤臣的辅佐，魏国逐渐成为战国第一个强大的诸侯国。

商鞅变法

战国初期，各诸侯国为了争霸，都进行了一系列富国强兵的改革。而此时的秦国，在经济上却落后于其他六国。

公元前361年，秦孝公即位之后，决定改革秦国的经济、文化、政治、军事等各个方面，以使自己的国家强大起来，免受邻居魏国的威胁。于是他就发布了一道"求贤令"，以高官作为条件，吸引国内外的人才来为秦国服务。

求贤令发出后不久，就有许多人才来到秦国，其中最有名的就是卫鞅。

卫鞅见到秦孝公以后，对他说："要想使国家在经济和军事方面强大起来，就要先改革农业，鼓励士兵；要想进行改革，就要先树立威信；树立威信从奖罚分明做起就可以了。"

秦孝公对卫鞅的建议很欣赏，就打算按照他说的去做。可是秦孝公却遇到不小的阻力，于是他决定将改革的事情暂时先放在一边，等自己的权力稳固了再说。

又过了两年，秦孝公觉得时机到了，就封卫鞅为左庶长，委托他全权负责改革事宜。

卫鞅在执行自己的法令之前，考虑到秦国的贵族不可能支持他，于是就想首先取得百姓的信任。他先在南城门竖起一根木头，发布了一道命令："如果有人可以把这根木头搬到北门去，就可以领到10两金子作为奖赏。"

命令一发布，很多人前来围观。可是大家都不敢上前，只是看着木头七嘴八舌地议论。有人说："搬动这么一根木头也不是什么难事，真的能拿到 10 两金子吗？"

大伙议论了半天，都觉得不可信，没有人愿意去尝试一下。卫鞅看出百姓们还不信任他，就提高了赏金的额度。

等赏金提高到 50 两的时候，有个人站出来说："我来搬这木头，不管是不是真的有赏金，反正费不了多少力气。"说完，他就把木头搬了起来，百姓们都一路跟着他去看。结果到了北门，这个人果然领到了 50 两黄金。

这件事立刻在都城中传得沸沸扬扬，不久就传遍了全国。百姓们开始相信卫鞅是说话算数的。

卫鞅得到了百姓的信任后，就把他变革的命令发布了出去。主要有：五户人家规定为"一伍"，十户人家为"一什"，一家有罪，其余九家应该告发，不告发的同样有罪；他规定了赏罚的条件和办法，在军队中，以军功来论功行赏，不同的功劳就赏赐不同的官爵，不分贵族和平民；在农业生产中，粮食和布匹生产多了也有奖励，可以免去劳役和赋税。

经过卫鞅这一系列法令的施行，整个秦国的农业得到了发展，军队的作战能力也得到了提高，国家的组织性更加严密了。

可是，又有秦国的贵族代表站出来反对卫鞅了："古人说，没有百分之百把握的事情不能做，古人的道理是没有错的，遵从古人的道理国家才可以强大。"卫鞅义正词严地说："现在和过去不一样了，如果情况变化了，还要按照古人的方法去做，那肯定是要亡国的。"

经过一阵辩论，贵族们被卫鞅驳得哑口无言，再加上秦孝公的支持，新法得以继续执行。没过多久，秦国百姓生活得到了改善，国家变得安定富强。

商鞅

卫鞅又开始了自己的第二次变革，这次的内容是：

第一，改革土地所有权，鼓励开荒。他规定所有无人居住的荒地都可以开垦成农田，包括山丘和道路。谁开垦就归谁所有，并且所有权可以交易。

第二，改革行政组织结构。在原来城市和乡村的基础上，设立县一级机构，由朝廷委任官员来管理，这样使权力集中到了中央。

第三，迁都。把都城从雍城（今陕西凤翔）迁到了东面的咸阳（今陕西咸阳东北），以使国家向东面发展扩张。

这次的改革由于范围比较广，涉及的利益比较复杂，很多秦国的贵族和大臣又站出来反对了。可是由于秦孝公的支持，反对得到了抵制。

一次，太子在两个师傅的教唆下，专门站出来反对新法。卫鞅就对秦孝公说："法令一旦发布，所有的人都必须遵守。太子虽然犯法，但是他的老师却是教唆的人，所以必须惩罚他的老师。"

由于秦孝公的支持，太子的两个老师分别受到了割鼻子和脸上刺字的惩罚。这件事发生以后，大家就都不敢站出来反对新法了。

又过了几年，秦国由于卫鞅的新法得以实行，国家的实力得到了很大提高。周朝的天子和其他诸侯国都派人向秦国表示祝贺。

第二年，秦国和魏国交战，魏国被打败。魏国被迫割让自己河西一带的土地向秦国求和，并迁都以避开秦国的锋芒。由于卫鞅在这次战争中取得了主要的功劳，秦孝公就把商于（今陕西商州东南）封给了他，从此人们都叫卫鞅为商鞅。

秦孝公死了以后，太子继承了王位，被称为秦惠公。秦惠公上台以后，立刻就开始了对商鞅的报复，诬告商鞅要谋反。商鞅只好逃走了。

商鞅被人追捕，只好回到自己的封地。他准备投宿旅店，却不敢表明身份，店主因此拒绝了他："新法规定，不许我们收留没有官府凭证的人，否则我们要受到惩罚。"原来，商鞅为了使人民固定在土地上从事农业生产，规定只有政府的人才可以带着凭证流动。

商鞅被迫无奈，只好逃往临近的魏国。魏国因为商鞅设计打败了他们，不愿意接纳他。商鞅只好回到秦国。

商鞅最后无处可逃，被秦惠公的人抓回咸阳处死了。所以，有后人说"商鞅变法，作法自毙"。从这一点可以看出，"商鞅变法"带有一定的严酷性。

商鞅虽然死了，但是他的新法却在秦国继续实行了下去，后来秦国成了战国时最强的诸侯国家。

孙膑斗庞涓

商鞅变法使秦国国力强盛，魏国的魏惠王也想效仿秦孝公，希望可以得到一个像商鞅一样的人。于是，魏惠王用重金四处搜罗人才。

后来，有一个叫庞涓的人来到魏国，他对魏王讲述了自己治国安邦、富国强兵的办法。魏惠王听了很高兴，就把庞涓拜为大将，掌握兵权。

庞涓果然说到做到，他帮魏惠王训练军队，军队的战斗力得到了增强。没过多久，魏军就接连打败邻国，许多小国家都送上礼物，表示归附。连强大的齐国都不是庞涓的对手。魏惠王十分高兴，认为庞涓确实是人才。魏国的百姓也很看好庞涓。

后来，有人向魏惠王推荐了一个叫孙膑的人，说他也很有才能。魏惠王就派使臣带着礼物去请孙膑。孙膑和庞涓是同学，他听说魏国使臣来请自己，以为是庞涓念及旧情，很快就答应了，来到了魏国。

孙膑来到魏国以后，魏惠王向他请教富国强兵的办法，孙膑就说出了自己的见解。魏惠王听了，十分敬重他。而庞涓却又嫉妒又害怕，因为他觉得自己不如孙膑，怕孙膑取代了自己的位置。

后来，因为孙膑是齐国人，庞涓诬告孙膑说他想投靠齐国。魏惠王轻信庞涓的话，把孙膑关进了大牢，还给他的脸上刺了字，把他的两块膝盖骨挖去了。从此，孙膑就不能行走了。

后来，齐国的使臣出使到魏国，听说孙膑被关在牢里，就想办法把他救了出来,带到了齐国,并推荐给齐国的大将田忌。

　　齐国的大将田忌十分同情孙膑的遭遇,就把他收留了下来。田忌喜欢赛马,他经常带着孙膑一起去。田忌赛马的时候,孙膑就在一旁仔细观察。等到田忌输了,孙膑就出了个主意,说他一定可以让田忌赢回来。

　　田忌不相信,就和孙膑打赌。孙膑对田忌说:"我经过观察,发现您的马和对方的马实力都差不多,大概可以分为三等。这样的话,您用自己上等的马和对方中等的马去比,用自己中等的马和对方下等的马去比,这样虽然下等的马输掉了,却赢得了两场胜利。"后来田忌按照孙膑的方法,果然赢了。

　　田忌说:"虽然这是一件小事,但还是能看出先生的才华!"于是他就把孙膑推荐给齐威王。齐威王也正在寻找人才,准备变法图强。他与孙膑交谈之后,觉得孙膑对兵法见解十分高深,很欣赏他。

　　公元前354年,庞涓带兵攻打赵国。赵国无法抵挡,都城邯郸被庞涓围困了起来。第二年,赵国派人来到齐国请求救援。齐威王就准备让孙膑带兵前往,孙膑却拒绝说:"我身体有残疾,让我当将军恐怕别人会有闲话,不如让田忌来当将军,我来辅助他。"齐威王答应了。

　　于是齐国以田忌为大将,孙膑为军师,派出了军队前往赵国解围。孙膑向田忌建议说:"庞涓带领人马围困赵国都城,肯定实力强大。我们不如趁魏国国内空虚,直接去攻打魏国,这样庞涓肯定会撤兵回国。然后我们在半路上伏击他,这样可以一举两得。"田忌觉得这个计策非常好,就带兵攻向了魏国的襄陵。

　　庞涓刚刚把邯郸拿下,就听说襄陵被齐军攻打,于是立刻撤军,准备回国救援。当他率军走到桂陵的时候,正好遇上田忌的埋伏,被打得大败。

　　齐军解救赵国邯郸的办法,在历史上被称为"围魏救赵"。

　　公元前341年,庞涓又带领人马攻打韩国。韩国无法抵挡,便派人向齐

战国

国求救。齐国派田忌和孙膑带兵前往。这一次，孙膑又建议田忌使用"围魏救赵"的办法，攻打魏国来替韩国解围。

庞涓得知齐国又使用上次的老办法，十分生气，立即带兵往回赶，决心与齐军决一死战。孙膑却建议田忌先撤退，不与庞涓正面交战。

庞涓回国以后，齐国军队已经撤走了，可是庞涓却不想就此放弃。他到齐国军队驻扎过的地方察看，他根据齐国军队留下的做饭用的灶坑的数量，推断出齐军大约有10万人马，暗暗吃惊，对手下说："齐军人多，追赶时要小心。"

庞涓带兵继续追赶齐国军队，一路上，他又数了一下齐国军队留下的灶坑，推断出对方大约剩下了5万人。

又过了一天，等他追到下一个地方，发现齐军灶坑的数量只够两三万人使用。庞涓见了哈哈大笑，对手下说："素来听说齐人胆小，果然不假！齐军进入我国境内才三天，士兵就逃走了一大半。"于是庞涓下令轻装前进，亲自带领少许部队加速行军，沿着齐军撤退的路线追了上去。

当庞涓追到马陵（今河北大名东南）的时候，天色已晚。但是庞涓想快点追上齐军，就让士兵连夜赶路。马陵一带的路十分狭窄，处于一个峡谷之中。突然，士兵向庞涓报告："前面大道上有一大堆砍倒的树木，挡住了去路。"

庞涓到前面去看，只见路旁的树木全被砍倒了，只剩下

一棵还挺立在那里。庞涓走到近前，发现树皮有一处被割掉了，露出里面的树干，树干上好像还有字。

庞涓叫人拿来火把，用火把照亮了树干上的字："庞涓死于此树下。"他大呼上当，准备叫士兵防备。可是已经来不及了，一阵箭雨从四面八方射来。

原来，孙膑早就知道庞涓会根据他们做饭时留下的灶坑来推断军队的人数，于是命令士兵每天都减少灶坑数量。庞涓果然中计，继续追击。孙膑早就选择马陵道这个峡谷埋伏下人马，等火光一起，就是伏击的信号。

魏军被打得大败，庞涓见大势已去，只好拔剑自杀了。

从此，孙膑一战成名，在诸侯国中名声大振。后来孙膑还留下一部兵书，名叫《孙膑兵法》。

孟轲论仁

战国时，各种思想流派百家争鸣，诞生了许多伟大的思想家。孟子就是其中一位，他的名字叫轲（kē），出生于邹（今山东邹城东南）。

孟子是儒家学派的主要代表，是仅次于孔子的一位圣人，所以人们又叫他"亚圣"。后来，人们把儒家学说也叫作"孔孟之道"。

孟子继承发扬了孔子的学说，提出了自己关于"仁"的核心思想。他把道德规范概括为四种，即仁、义、礼、智。孟子认为，仁、义、礼、智四者之中，仁、义最为重要。他认为如果每个社会成员都用仁义来处理各种人与人之间的关系，那天下也就统一而有秩序了。

有一次，孟子去见梁惠王，梁惠王突然问他："天下要怎样才能安定？"孟子回答："只要天下统一了，那就安定了。"梁惠王又问："什么人可以统一天下？"孟子说："不喜欢杀人的国君就能统一天下。"

梁惠王又说："谁愿意跟随一个连人都不敢杀的国君呢？"

孟子说："所有的人都喜欢跟随这样的国君。不喜欢杀人的国君，就像大旱时的雨水一样，雨水一降，所有的禾苗都争先恐后地生长起来了。老百姓也是一样，他们都希望国君来解救他们。只有不乱杀人的国君，老百姓才会真心归附他。"

梁惠王说："这些方面我都做到了，我为了治理国家，尽心尽力。河内的百姓遭遇了饥荒，我就把他们搬迁到河的另一边，还把粮食给他们运过去。

如果河这边的百姓遭灾了,我还是这么处理。别的国家哪里有我这么用心的?可是并没有别的国家的百姓跑到我这边来。"

孟子说:"大王你比较喜欢打仗,那我就用打仗来打个比喻吧。两军交战的时候,有些士兵刚和对方一接触,就扔下兵器逃跑了。有些人向后跑了一百步,有些人只向后跑了五十步就停住了。跑了五十步的人能去嘲笑跑了一百步的人吗?"

梁惠王说:"当然不行了,跑了多少都是逃跑,都是一样的。"

孟子就说:"大王既然知道这个道理,那你就能知道为什么别的国家的百姓不到你的国家来了。如果大王减轻百姓的负担,那百姓生产的粮食就吃不完;如果砍伐树木定期进行,那木材就用不完。粮食和木材都用不完,那百姓还怕什么饥荒?这些基本的要求都满足了,大王的治理才会有成效。百姓们种好自己的地,官府不去骚扰他们,那百姓就不用怕挨饿了;再办一些学校,教会大家一些道理,那么尊老爱幼的品德就得以发扬。如果这些都做到了,百姓有吃有穿,幼有所养,老有所依,那国家何愁治理不好?而现在的梁国,富人把穷人的粮食拿来喂猪喂狗,没有人去阻止;道路上处处有饿死的人,官府却不开仓放粮救济百姓。老百姓死了,却说这不是自己的过错,是因为年景不好。这种说法就好像拿着刀把人杀了,却说是兵器的错。如果大王不再找别的借口,那老百姓自然就会来投奔的。"

孟子不但认为国君治理国家需要仁义,对于停止战争也有他自己的见解。

有一次,孟子在石丘这个地方碰见了宋牼(kēng)。宋牼也是一个有名的学者,他特别反对战争。孟子就问他:"先生你要去哪儿啊?"

宋牼说:"我听说秦和楚正在打仗,我准备去劝说他们停止战争。我打算先去劝说楚王,如果他不听,我就去劝说秦王,反正我一定要让其中一家停止战争。"

孟子有些不解地问:"我没问你太详细的情况,只是想知道你准备怎么去劝说他们呢?"

宋牼说:"我对他们说一说停战的好处和打仗的坏处,看他们能不能听得进去。"

孟子说:"你想停止战争这是好事,但是你这样去劝是不对的。如果你去跟楚王和秦王说,不打仗有这样那样的好处,如果他们就此撤兵了,那对于士兵来说,这是非常好的事情,他们巴不得不打仗。但是你想过没有,如果人人做事都为了好处:臣子因为有好处才为君主出谋划策,儿子为了得到好处才对自己的父母孝顺,做兄弟姐妹的为了好处才关心对方,君臣、父子和兄弟姐妹之间都没有仁义了,人人做事都看有没有好处,这么做的最终结果就是导致国家灭亡。我建议你去跟楚王和秦王说一些仁义的道理,如果他们心存仁义而停止战争,那么整个事情就会朝着好的方向发展,最终全天下都太平无事了,你又何必用利益去诱导他们呢?"

孟子还认为,个人讲求仁义就要首先从遵守礼仪礼节做起。

有一次,一个人碰到了屋庐子,问屋庐子说:"吃饭和礼哪一个更重要?"屋庐子说:"礼重要。"这个人又问:"那娶妻和礼相比,哪个重要?"屋庐子又说:"礼重要。"

这个人有些不明白了:"如果人都饿得不行了,还要守礼的话,那只剩下饿死了。人守了礼就得饿死,不顾礼法就有饭吃,难道还要拘泥于礼吗?还有,如果要按照礼节去迎娶妻子,最后没有娶到,不按照礼节的,却娶到了妻子,那还要遵守礼节吗?"

屋庐子没法回答,他就去向孟子请教。

孟子说:"这个问题不难回答。如果不在同等情况下比较,那怎么能得出正确的结论呢？比如，一个铁钉和一根羽毛比，当然是铁钉比较重。但是，一大车的羽毛和一根铁钉比，一根铁钉就显得轻了。同样的道理，拿快要饿死这种极端情况和守礼来比较，拿结婚娶妻的大事来和细枝末节的礼节去比较，有什么可比性呢？你不如这样去回答他，'如果抢夺别人的食物就可以吃饱，不抢夺别人的食物就没饭吃，那你会抢吗？如果强行搂抱女子就可以得到妻子，遵守礼仪的人得不到妻子，那你就会去强行搂抱女子吗？'"

尽管孟子的很多学说不为当时的君王所接受，但这并没有影响他的崇高地位。孟子的许多理论即使在今天看来，也有积极意义。

庄周逍遥

庄子，名周，是战国时期一位非常著名的思想家。庄子曾做过漆园的小吏，他主张"天人合一"与"清静无为"。

他的名篇叫《逍遥游》，表达了他追求顺其自然的美好愿望。这篇文章是这么讲的：

在北方的大海里有一条鱼，它的名字叫作鲲。这条鱼有几千里那么大，它变化成一只鸟，这只鸟就是鹏。鹏光背就有几千里宽。当它振翅高飞的时候，翅膀展开来如云彩一般遮天蔽日，它顺着海上的波涛飞到了南海。

南海是个天然的大水池，大鹏到了那里，翅膀一拍，浪花可以传播到三千里远的地方。然后它又随着大风飞到几万里的高空，直到六月里的风足够大了，它才离开。大鹏飞起在空中看地面，就如人看天空一样。大鹏的翅膀需要借助大风的力量，然后才能飞九万里那么高。它借着风力才可以不受任何阻挡，从北海飞到南海去。

寒蝉与斑鸠讥笑大鹏说："我用力地飞起来，也不过从地面飞到大树的顶端，有时候还到不了就落回到地面上。你飞那么高、那么远去做什么呢？"到郊外去，一天就可以来回了，还可以保证不饿；到几百里以外的地方去，那就要花一整夜的时间来准备吃的；到几千里远的地方去，提前三个月就得开始准备。像大鹏这么大的鸟，它要从北海飞到南海，当然要飞得很高才行，这哪里是寒蝉和斑鸠所能明白的。

传说列子可以乘着风飞行，那样一定非常轻盈自在，他可以一连飞行15天才回来。列子也是个不急于追求什么的人，但是他这样飞行，也只不过是免除了走路的外在而已，还是要有所凭借的。

真正高境界的人，他遵循宇宙万物的规律，把握"六气"的变化，对他来说，没有什么地方是有界限的，这样的人是什么都不用凭借的。

所以说，道德修养高尚的"至人"是没有自我的观念的，精神世界完全超脱外物的"神人"，心目中是没有功劳和事业的观念的，思想修养到达完美境界的"圣人"，是从来不会去追求名誉和地位的。

《逍遥游》的前半部分主要阐述了庄子关于"物我"的观点，他认为人与自然万物是相通的，无差别的，人应该顺应自然，做到"天人合一"；后半部

战国

分则说明了他对于处世"有用"与"无用"的见解,表达了他"清静无为"的思想。

惠子对庄子说:"魏王送给我一粒大葫芦的种子,我把它种了下去,结果结出来一个非常巨大的葫芦。我想用这葫芦来装水,可是装的水太多,把葫芦都压坏了。我想把葫芦剖开来做一个瓢,可还是很大,大得没地方放。这葫芦确实太大了,但是它对我来说没什么用,我就把它砸烂了。"

庄子就对惠子说:"不是葫芦太大,是你不会用的缘故。我听说在宋国有

一个人，他有一个秘方，可以使手不怕皴（cūn）裂。这个人世世代代是以漂洗丝絮为业的，他用这个秘方来护手。有一个人知道了这件事，就去找这个宋国人，愿意出百金的高价来买他的秘方。这个宋国人与全家人一起商量说，我们祖祖辈辈漂洗丝絮都赚不到这么多钱，现在卖了这个秘方，一下子就能赚到这么多，我们还是卖掉吧。于是宋国人就把秘方卖给了那个人。这个人带着秘方来到了吴国，把秘方献给了吴王。当时吴国和越国正在打仗，由于越国地处水乡，在交战中，很多吴国士兵的手由于潮湿都裂开了，军队的战斗力大受影响。由于得到了这个人的秘方，吴国士兵们的手被治好了，战斗力得到提升，就把越国打败了。吴王就赏赐送秘方的这个人一大片土地。同样一个秘方，有人只能卖得百金，有人却可以换得领土的封赏，这是使用方法不同的结果。就像你的大葫芦，你可以把它当成船来用，怎么就担心它没有用处呢？看来是你的心境不够开阔啊！"

惠子又对庄子说："我有一棵大树，人们叫它'樗（chū）'。这棵树表面上到处是疙瘩，树干和树枝歪歪扭扭，根本就没法用来做木材。这棵树就像你的理论，大而空泛，没有什么用。"

庄子说："你不如把它种在空旷无人的田野里，你可以悠闲地在树下闲逛，还可以舒服地躺在树下睡觉。虽然它没有什么用，但是又有什么不好呢？"

虽然庄子表达了想自由自在、不受万物约束的理想，但是其实他一生生活贫困，只做过小官，不愿意为人当门客。他鄙弃荣华富贵、权势名利，在乱世中保持了自己独立的人格。

有一天，庄子梦见自己变成了一只翩翩起舞的蝴蝶。他非常快乐，悠然自得地飞来飞去，只是不知道自己是庄周。突然，他的梦醒了，僵卧在床上的庄周想：不知是我做梦变成了蝴蝶呢，还是蝴蝶做梦变成了我？

这个故事是表现庄子齐物思想的著名篇章，庄子认为：如果人们能打破生死、物我的界限，就会永远快乐。这些思想发人深省，文字轻灵而缥缈，常为哲学家和文学家们所引用。

后来，庄子的妻子死了。他便叉开两腿，身体像个簸箕似的坐在地上，手里拿着一根木棍，腿间放一只瓦盆。用那根木棍一边有节奏地敲打着瓦盆，一边唱歌。

他的朋友见他这样，就怒问他："你的夫人跟你一起生活了这么多年，你不觉得这样做很过分吗？"

庄子缓缓地站了起来，说："在妻子刚刚去世的时候，我难过得流泪哭泣！但我细细地想了想，这种变化就像春夏秋冬四季运行一样。"

庄子认为：人的生死都是由于气的聚散。从他对生死的态度来讲，就远在常人之上。庄子不仅摆脱了鬼神对于人类生死的摆布，还把生死看作一种自然现象。这种超然豁达的态度，是很多后人都不能及的。

后来，庄周把自己的很多观点综合在一起，写成了书，就是著名的《庄子》。庄子的思想言近旨远，对后世产生了深远的影响，一直到现在还被很多学者、文人推崇着。

苏秦合纵

苏秦，战国时期的韩国人，他是著名的"纵横家"。"纵横"指"合纵"与"连横"。"合纵"就是主张东方六国联合起来，一起对付强大的秦国；主张"连横"者游说六国分别与秦国结盟，对付其他东方诸侯国家。这种为"合纵"或"连横"而四处奔走的说客，就是"纵横家"。

战国时期，秦国由于实行了商鞅变法，一跃成为战国七雄中最强大的诸侯国家，秦国想吞并各国的意图也暴露了出来。这个时候，很多合纵家就开始周旋于各国之间。他们合纵的目的就是令各国联合起来，一致对抗秦国。

传说苏秦曾经跟鬼谷子学习过，后来他出外游说了好多年，却连连受挫，走投无路之下只好回了家。没想到回家后他却遭到了家人的嘲讽和冷遇，这使苏秦更感羞愧。

苏秦知道这都是因为自己的才学还不够，从此发愤读书。有时候实在困了，他便用锥子扎自己的大腿。这就是"锥刺股"的来历。

经过一番苦读，苏秦终于获得了真才实学。于是他又开始周游列国，用了三年时间遍访名山大川，见识各地的风土人情，把天下所有的秘密都差不多琢磨透了。

苏秦的努力并没有白白付出，很快他就有了施展才华的机会：苏秦来到燕国，游说燕文侯："这么多年来，燕国安然无恙，没有兵事，大王知道原因

战国

是什么吗？燕国之所以不被侵犯，是因为有赵国作为南方的屏障。秦国要攻打燕国，要长途跋涉上千里，就算占领了土地也不能坚守；而赵国如果要攻击燕国，几天之内，数十万大军就可以兵临燕国都城下了。大王为什么要担心千里之外的秦国，而不担心近在眼前的赵国呢？所以大王应该与赵国保持友好关系，结成合纵的同盟，那么燕国就可以高枕无忧了。"燕文侯点头称是，于是赠给他车马金帛，让他出使赵国。

苏秦到了赵国，又对赵肃侯说："秦国现在最担心的就是赵国，然而又不敢进攻赵国，大王知道原因吗？是因为韩、魏是赵国南边的屏障。一旦秦国进攻韩、魏，韩、魏因抵挡不住而投降，那么赵国就要首当其冲了。当今天下的形势，六国的土地加起来是秦国的五倍；六国的士兵加起来是秦军的十倍。如果六国联合起来，向西进攻，秦国必定会被攻破！如今去割地称臣，实在不明智。我为大王考虑，不如韩、魏、齐、楚、燕、赵结成联盟，约定如果秦国进攻其中一个国家，其他的国家有义务救援。这样，秦国还敢出函谷关危害山东的各国吗？"赵肃侯听了大喜，赐给他马车百辆、黄金万两，让他去联合各国诸侯。

这时，突然传来秦国进攻魏国、魏国大败的消息。苏秦为防止秦国攻打赵国，就激励自己的同学张仪去秦国执政。

在燕国和赵国的全力支持下，苏秦在六国之间往来

奔走，并极力主张从燕国到楚国，联合成南北一条战线，合纵抗秦。在苏秦的努力下，六国终于听取了他的建议，还定下了合纵的盟约。

此时的苏秦已经不是当年那个被人嘲笑的穷小子了，而是六国的"纵约长"，佩戴着六国相印，赵肃侯还封他为武安君。苏秦回赵国的途中经过家乡洛邑，他的车辆、马匹、辎重以及护送他的诸侯国队伍，旌旗招展，浩浩荡荡。周显王听说苏秦来了，连忙派人去清扫道路，还亲自到洛邑城外迎接和慰劳他。

从前嘲笑苏秦的那些人，包括他的兄弟、妻子和嫂子，现在都不敢抬头看苏秦。他们俯伏在地，怕苏秦报复。苏秦看了看众人，然后笑着问他的嫂子："为什么你们以前都是那么倨傲，而现在却又对我如此恭敬呢？"

苏秦的嫂子把脸贴着地面，连连谢罪，说："以前你什么都没有，什么都不是，可现在你却地位尊贵，还有那么多钱，所以我们才这样。"

苏秦看着嫂子等人的"前倨后恭"，不由得感慨："以前和现在同样是一个人，现在富贵了，人们就这么敬畏我；以前贫贱的时候，却随便地轻视鄙薄。就连亲人都这样，更何况其他人呢？"

苏秦并没有因为当初亲人对他的态度而生气，反而拿出千金送给了他的同族和亲友。因为在他看来，如果没有当初众人对他的鄙薄，便不会促使他发愤读书，更不可能有今天的成就。

在苏秦的大力策划下，六国决定在赵国的洹（huán）水（今河南安阳河）结盟，同时举行誓师大会，一起对抗秦国。这样一来，秦就处于非常不利的形势。六国虽结盟却也有着嫌隙——各国之间钩心斗角，使彼此不可能亲密无间。为了各自的利益，六国不可能完全做到合力抗秦，但尽管如此，秦还是不敢再东犯，15年没敢出函谷关。

如果合纵能一直持续下去，那对秦国来讲非常不利。于是秦国就欺骗齐国和魏国，说可以一起联合进攻赵国。赵国的国君得到这个消息，信以为真，觉得这都是因为苏秦办事不力，要责罚苏秦。

苏秦请求出使燕国，打算和燕国联盟报复齐国。就这样，苏秦又离开了赵国。在他离开的日子里，秦国不停地用各种计谋破坏合纵。没过多久，六国合纵的盟约就彻底瓦解了。

张仪连横

秦孝公死后，秦惠王继续实行变法，秦国变得国富兵强。秦惠王不断向外扩张，其他六国已经无法单独抵挡秦国，他们的危机感越来越强。

于是，有一些说客就想出"合纵"的办法，就是几个国家联合起来，一起对付强大的秦国，防止被秦国吞并。但是同时，另外一些说客却到处游说，要这些国家联合秦国去攻打别的国家，他们的策略叫作"连横"。

其实，这些说客就是靠能言善辩来谋求自己的利益，不论在哪个国家，只要对自己有利，能得到高官厚禄，他们就会帮助谁。他们四处游说，希望自己的主张能得到各诸侯国国君的重视。

在这些宣扬连横的说客中，最有名的就是魏国的张仪。他以前生活非常贫困，也没有什么作为。于是，他就跑到楚国去宣扬自己的主张。可是楚王不感兴趣，连一面都没有见他。

后来，楚国的令尹收留了他，他就在令尹的家里当上了门客。有一回，令尹家里丢失了一件贵重的物品。由于张仪很穷，所以令尹怀疑是他偷的。于是张仪被抓起来毒打了一顿，然后被赶了出去。

张仪只好狼狈不堪地回家去了。到了家里，他的妻子看到他浑身是伤，非常难受地教训他说："你非要读书出去做官，看看你现在受的罪！"张仪却用手指着自己张开的嘴，问妻子说："你看看我的舌头还在吗？"

妻子没好气地对他说："当然在了！"张仪自信地说："只要舌头还在，就不怕将来没有机会!"张仪靠自己的努力又准备了一段时间,重新开始了自己的游说之路。

过了一段时间,张仪终于在秦国找到了一展才能的机会。由于他能言善辩,秦惠王特别看好他。

公元前328年,张仪当上了秦国的相国,开始实行自己的连横战略。他向秦王建议,由自己先去魏国游说,使魏国首先背弃纵约,与秦国交好。秦惠王同意了他的建议。

张仪到了魏国后,向魏王指出,就算是亲兄弟也会争夺财产,更何况六国各怀鬼胎呢?由此可见,合纵不可能长久。而且魏国地处各国包围之中,加之地势平坦,无险可依,只有和秦国结盟,才能保证安全。

但是魏王并没有采纳他的建议,于是张仪偷偷地报告了秦王,秦王就派兵攻打魏国。在张仪软硬兼施、先打后抚的策略下,魏王终于背弃合纵之约,转而与秦国结盟。

在战国时期,"朝秦暮楚"的事情时有发生。

公元前318年,赵、魏、韩、燕、楚五国的军队会合在了一起,朝秦国的函谷关杀来。但是,这五国内部根本就没有一致对外的决心,而是各自另有他图,结果这次合纵很轻易就被秦军击垮了。

这次合纵事件以后,张仪认为:所有合纵的六个国家之中,实力最强的是齐国和楚国,为了实现自己"连横"的主张,就必须先离间齐国和楚国的关系。于是张仪向秦惠王献上自己的计策。秦惠王听了之后非常赞同,就把张仪派往楚国。

张仪来到楚国后,先向楚怀王最喜欢的大臣靳(jìn)尚送去重礼,让他把自己引荐给楚怀王。经过靳尚的引荐,再加上自己也听说过张仪,楚怀王就隆重地接待了他,并和他交谈了起来。

张仪说：“我这次是奉秦王之命来到贵国，目的是向贵国示好，希望两国可以结为盟友。只是大王要想和秦国长期密切地交往，就得先终止跟齐国的交往。如果大王这么做了，秦王愿意把商于（今河南淅川西南）一带600里的土地送给楚国。既能和秦国交好，又能让齐国受到限制，这么好的事，希望大王考虑一下。”

楚王没有想清楚其中的利害关系，就高兴地满口答应："如果秦国真按你说的做了，我又何必再和齐国交好呢？"

楚国的大臣们得知这个消息以后，一起向楚怀王表示祝贺，他们都认为这件事情简直是白捡了个大便宜。

但是有个叫陈轸的大臣却提出了不同看法："秦国怎么会好心把商于600里的土地白送给楚国呢？这是因为齐国和楚国是大国，现在是联盟关系，秦国暂时不敢妄动。如果我们真的和齐国断交了，那秦国肯定会翻脸。到时候不但得不到土地，还会有被攻打的危险。不过有个办法，我们先派人去秦国要这600里土地，如果秦国真的给楚国了，再和齐国断交也不晚。"

可是楚怀王却不赞成陈轸的建议，他早已深信了张仪的话。于是楚怀王正式和齐国断交，然后派人和张仪一起前往秦国，准备讨要那600里土地。

齐宣王得知楚国宣布断交的事，立刻派人前往秦国，约请秦国和他一起出兵攻打楚国。楚国使者此时也和张仪来到了秦国，他向张仪讨要600里土地。张仪此刻却开始装糊涂了："有这样的事？我记得是6里吧，我可以从我的封地里划出6里送给楚王。"楚国使者强忍怒气说："我听大王说是600里，不是6里。"张仪换了强硬的口气说："是不是你们大王听错了？秦国的土地都是一尺一寸打下来的，哪里会把600里土地白白送人呢？"

楚国的使者没有办法，只好先回去向楚怀王报告。楚怀王听说后勃然大怒，连忙调集兵马，准备攻打秦国。楚国派出了10万兵马，秦国也派出了

10万大军，但是秦国同时又叫上了齐国一起出兵。

结果，楚国被打得惨败，楚国不仅没有得到秦国承诺的600里土地，而且自己损失了600里土地。

秦国打了胜仗，还得到了楚国的土地。楚怀王无奈，只得向秦国求和。秦国同意了，但是没有归还土地。楚国从此一蹶不振，国力大衰。

接着，张仪又用同样的办法，先后游说齐、赵、燕等诸侯国连横。就这样，六国合纵很快就土崩瓦解了。

赵武灵王胡服骑射

当楚国为了几百里土地和秦国争执时，北方的赵国已经准备富国强兵了。当时赵国的国君是赵武灵王，他很有远见卓识，想把赵国改革一新。

经过赵武灵王的仔细考察，他决定先从服饰上进行改革。

有一次，赵武灵王对自己十分信任的大臣楼缓说："咱们赵国被各个诸侯国家所包围，东有齐、中山，北有燕、东胡，西有秦、韩、楼烦。如果我们再如此守旧不前，那离灭顶之灾就不远了。要想改变现状，我看只有变法革新比较妥当了。我经过观察发现，咱们的服饰都是一些宽袍大袖，打起仗来很不方便。我看胡人的服装就很实用，他们的衣服又窄又短，十分贴身，再配上一双皮靴，打起仗来比我们利索得多。我想，咱们就仿照胡人的样式，把全国的服饰改一下！"

楼缓听了，仔细地考虑了一下说："我觉得光服饰效仿胡人还不够，咱们作战的方式也应该向他们看齐，这样不是更好吗？"

赵武灵王非常高兴，说："你说得不错！咱们汉人打仗基本上靠步兵冲锋，就算有马也是拉一些没用的战车。我也认为，不但要学习胡人的穿着，还要学习他们骑马射箭的本领。"

赵武灵王的想法不胫而走，所有的大臣都知道了，有些守旧的大臣就站出来反对。于是赵武灵王又找到了另一个可信的大臣肥义，问他："我要把服装改革成胡服的样式，你看怎么样？"

战国

肥义说:"改革变法这种事情,决定了就要立刻着手实施,不能听别人乱说。如果你觉得这事确实有利于国家,那就不要犹豫!"

到了上朝这天,赵武灵王自己穿着胡服就走到了大臣们的面前。大臣们看到他这一身打扮,都大吃一惊,面面相觑。赵武灵王正式宣布了自己要变革服饰的主张。大臣们都对穿胡人的衣服感到不可思议,他们都坚决抵制。

赵武灵王的叔叔公子成,是守旧大臣里最为顽固的一个。他带头抵制,后来谎称自己生病了,干脆不上朝。

虽然遇到了强大的阻力,可是赵武灵王还是下定了决心,改革一定要进行。赵武灵王决定先从自己的叔叔下手。

赵武灵王派人去请自己的叔叔,还顺便带话给他:"你是我的长辈,我应该听你的。可我是国君,你应该听我的。现在我要改革赵国的服饰,你却不同意。就因为你不同意,天下人都对我议论纷纷。治理国家我并不是没有方法,我的出发点还是为了百姓。我既然准备变革,叔叔就不能不遵守法令。只有叔叔遵守了法令,百姓才不再议论,大臣们也就依法执行了。"

公子成虽然不停地磕头,嘴上却说:"我们中原的汉人,不论服饰和礼仪,都是圣人传下来的高尚的东西。胡人本来应该效仿我们,向我们学习才是。可是你现在却要更改习惯,向胡人学习。这样的事情,不但违反了圣人的教化,还让百姓从心底感到无可适从。这件事情,我觉得你还是再考虑考

虑吧!"

赵武灵王听他这么说,就亲自前去说服他:"咱们赵国被这么多国家所包围,如果我们不学习实用、先进的东西,怎么来守住领土和百姓?你忘了中山国对我们赵国的欺凌了?我们祖先的基业早被他们羞辱过了,连我们先祖起家的地方都差点保不住。我之所以改革服饰和作战方式,还不是为了替祖先报仇,为国家着想?叔叔你现在想的却是能不能保住圣人的教化,祖辈和故乡的耻辱你难道忘了吗?我真的有些痛心。"

公子成也不是听不进道理,他听了赵武灵王的这一番话后,最后就赞同了。赵武灵王见缝插针,当即送给公子成一套胡服,公子成也就穿上了。

那些坚决抵制胡服骑射的大臣们一看公子成都被说服了,也就跟着纷纷更换胡服。

赵武灵王看到更改服饰的阻力已经大大减小,立即颁布了正式命令,让全国的人都改穿胡服。没过多久,赵国上上下下的人都把汉服改成了胡服。人们刚开始还觉得别扭,可是日子久了,大家觉得还是穿胡服比较方便。

赵武灵王又借机推行骑马射箭。又过了一年,赵国就建成了自己的骑兵队。

公元前305年,赵武灵王亲自带着赵国的骑兵出征,中山、东胡还有近处的几个小诸侯国都被打败了,都归顺了赵国。

胡服骑射实行到第七年时,赵国又打败了林胡、楼烦等国,使领土得到大大的扩张。

此时,赵武灵王开始着手对付秦国。由于赵武灵王经常在外征战,他就让自己的儿子代理国内的政事。公元前299年,赵武灵王正式让儿子来当国君,自己改称"主父"。

然后,赵武灵王准备亲自前往秦国探查情况,以便为将来对付秦国做准备。他还想顺便见一见秦昭襄王，看看他到底是个什么样的人。

于是，赵武灵王派使臣前往秦国出访，而自己扮成使臣的手下。到了秦国的都城咸阳，赵武灵王以使臣的身份去拜见秦昭襄王。他和秦昭襄王交谈了一阵，最后又说了赵国国君继位的事情。

等赵武灵王离开以后，秦昭襄王觉得有些不对劲。他觉得他刚召见的赵国使臣有点不太寻常：那个使臣举止从容，谈吐高雅，无论从哪儿看都不像一般人。过了几天，秦昭襄王实在觉得不放心，就派人再去请赵国的"使臣"。

可是，赵国的"使臣"早已经悄悄地离开了。此时客馆里还有赵国留下的人，秦昭襄王找来一问，才知道他当初召见的就是大名鼎鼎的赵武灵王。

秦昭襄王恍然大悟，连忙派大将白起带兵去追赶。等白起追到函谷关时，赵武灵王早已经出关好几天了。

火牛阵破敌

由于苏秦的挑拨，齐国与各诸侯国关系急剧恶化，终于引起了其他诸侯国的不满。公元前284年，燕国联合秦、赵、韩、魏四国兵马，一起杀向齐国。

齐国此时的国君齐湣（mǐn）王连忙纠集军队进行抵抗，可是由于齐国接连征战，国力已经大不如从前。以燕国大将乐毅为首的五国军队却斗志昂扬，齐军在济水被五国军队击溃，齐湣王逃回都城临淄。

秦、赵、韩、魏四国的人马各自占领了齐国的几座城池之后，便停止了进攻。而燕国的军队却紧追不舍，他们一路追杀，势如破竹，一直打到齐国的都城临淄。齐国国君弃城逃走，结果在乱军之中被杀死。

燕昭王得知大仇已报，便重赏乐毅，封他为昌国君。而此时的齐国，领土损失殆尽，只剩下莒城和即墨两座孤城仍然在苦苦支撑。莒城的大夫立齐湣王的儿子为新国君，称齐襄王。而即墨的守城大夫随后战死，眼看即墨就要被攻陷。

即墨城里已经没有守将，城内一片混乱。此时城里有一个叫田单的小官，他是从都城临淄逃到这里来的。当初他从临淄出逃的时候，发现由于大家争先恐后地驾车奔逃，车子互相碰撞，木车轴很容易就被撞坏了，最后反而被俘。于是田单就把自己的车轴锯短，用铁皮包了起来，这样才顺利逃出。

现在眼看即墨又要陷落了,田单不想再逃跑了。他决心坚决抵抗燕军的进攻,于是大家就公推他为即墨的守将。田单当了守将之后,就立刻把自己的家属也编进守城军队里。他与士兵齐心协力,共同御敌。即墨城的百姓和士兵都很信任他,城里的士气很快被鼓舞了起来。

由于莒城和即墨的齐人拼死抵抗,乐毅围困这两座城达三年之久,一直没有攻打下来。这时,燕国内部有些人开始在燕昭王面前说乐毅的坏话:"乐毅攻打齐国的大多数城池只用了半年时间,现在剩下最后两座城却迟迟打不下来。莫非他想收服齐国的民心,最后自己当齐国的国君?"

燕昭王听到这种话不以为然:"凭乐毅的功劳,就算当了齐国的国君,那也是他应得的。你们不要再听信道听途说了。"随后,燕昭王立即派人到乐毅驻兵的地方传令,封乐毅为齐王。乐毅虽然一再表示感激,但怎么也不肯接受封号。乐毅这样做以后,燕昭王更加信任他了。

过了两年,齐国的这两座城池还是没有被攻陷。但是此时燕昭王已经死了,燕惠王继位。

身在即墨的守城大将田单得到这个消息,觉得反攻的时机到了。于是他立刻派人前往燕国,在那里散播乐毅的谣言,说乐毅早有当齐王的意思了,只是燕昭王在位的时候不敢。现在燕惠王继位了,乐毅还不攻下莒城和即墨,看来很快就要称齐王了。如果用一个大将替换乐毅,齐国的那两座城很快就会攻陷了。

燕惠王刚刚即位,本来就忌惮乐毅的功劳,现在又听到关于乐毅的议论,就毫不犹豫地派大将骑劫把乐毅替换了回来。乐毅只好回到自己的国家赵国去了。

骑劫虽然当上了大将军,但是原来乐毅手下的将士都不服他,大家只是在表面上不敢表现出来而已。燕国的将士们就稍稍有些松懈了。

过了几天，田单又让人散布谣言，燕国的将士听到附近的齐国百姓议论纷纷。有的说："如果燕国人把抓到的俘虏割掉鼻子，那齐国的士兵就会害怕了。"还有的说："齐国人虽然困守在城里，但是祖坟却都还在城外。如果燕国的军队把齐国人的祖坟给挖了，那齐国人肯定深受打击。"

这些议论果然被骑劫听到了，于是他下令把齐国的战俘全部割掉鼻子，还把即墨城外齐国人的祖坟也全部挖开了。

城里的百姓和士兵听说燕国人不但虐待战俘，还挖了他们的祖坟，个个恨得咬牙切齿，纷纷表示要与燕军决一死战。接着，田单又派几个人装扮成富商，偷偷来到骑劫的军营，献上贵重的礼物，说即墨城里现在已经没有粮食，撑不了几天了，等破城之日，请骑劫给予照顾。

骑劫非常乐意收下这些礼物，并且答应了他们的请求。燕国的士兵们听说后，都放松了警惕，只等着即墨的人献城投降了。

做好这一切准备之后，田单又找来了上千头牛，给牛身上披上被子，然后把牛涂画得花花绿绿的，最后给牛角上绑上尖刀，在牛尾巴上绑上一捆易燃的芦苇。

这天夜里，田单叫人在城墙下挖开了几个洞，把那上千头牛赶了出来，然后把牛尾巴点着。这些牛被尾巴上的芦苇引燃了身上的被子，都疼得发起了狂，朝燕国的军队冲了过去。田单又派出5000名士兵，跟在牛群后面，准备杀敌。

齐国的百姓们都站在城头，敲打铜壶、铜盆，发出巨响。

燕国的将士们还在睡梦之中，突然听到一阵敲打金属的声音，随后是地面轰隆隆地响，其中还夹杂着一片震天的呐喊声。他们还没明白是怎么回事，就见上千头像牛一样的怪物冲到面前，身上还带着火焰，角上绑着尖刀。

战国

　　许多燕国士兵当场被吓傻了，直接被牛角上的尖刀刺死或者被牛踩死了。其他人反应过来还想抵抗，可是随后杀来的齐国士兵又是一阵砍杀。火牛和齐国的士兵如洪水一般，瞬间就漫过了燕军的大营。燕国的军队一片大乱，骑劫想带人逃跑都没来得及，被人围住杀死了。

　　即墨的围困被冲破之后，所有被燕国占领地区的齐国百姓都受到了鼓舞。各地都有人起兵反抗，田单也带着士兵趁机收复失地。不过几个月时间，田单就把被燕、秦、韩、赵、魏五国占领的地方全部收复了。

　　后来，齐襄王回到了都城临淄，齐国转危为安。

屈原投江

齐、楚联盟被破坏后，楚国就经常受到秦国的欺压。有鉴于此，楚怀王又想恢复和齐国的关系。这时，秦昭襄王却派人送信给楚怀王，说想与楚国交好，并约他前往武关会盟。

楚怀王收到信以后有些犹豫：如果如约前往，秦国可能不怀好意；如果不前往，秦国肯定会以此为借口继续侵扰楚国。于是，楚怀王召集大臣们商量。

大臣当中有个大夫叫屈原，他性格耿直，一直主张联齐抗秦。早在张仪以商于之地引诱楚国破坏齐楚联盟时，屈原就极力反对。可是由于张仪收买了楚怀王身边的宠臣，屈原的建议没有被采纳，他反而被楚怀王疏远了。

后来，秦国果然没有给楚国一寸土地，还把楚国的土地掠夺了去。楚怀王后悔当初没有听屈原的建议，又把屈原召了回来。

这次屈原听说秦王又约楚怀王结盟，就劝楚怀王说："秦国既强大又不讲信用，咱们跟他们打交道几次都被算计。这次绝对不能去，去了肯定又中计！"

楚怀王的儿子公子子兰却极力赞同与秦国结盟："咱们之所以经常吃败仗，既损失军队又丧失土地，就是因为没有把秦国当成真正的盟友。秦国既然主动约我们前往，这次一定要借这个机会和秦国结盟。"

楚怀王最终没有听屈原的忠告，还是决定前往秦国。事情果然如屈原所

战国

预料的那样，楚怀王一到武关，就被秦军包围了起来。然后秦王才和楚怀王举行盟会，在会上，秦昭襄王要求楚怀王割让出一大块土地给秦国。楚怀王不答应，于是秦昭襄王就把楚怀王软禁在秦国的都城咸阳，并且以此要挟楚国，要让楚国割让土地来交换。

消息传到楚国国内，大臣们经过商量，拥立了新的国君，这就是楚顷襄王，楚怀王的儿子公子子兰也当了新国君的令尹。而楚怀王被软禁在咸阳之后，受尽了屈辱，试图逃跑，结果被抓了回去。过了一两年，楚怀王在悲愤交加中病死在了咸阳。

楚怀王病死之后，秦国派人把楚怀王的尸体运回了楚国。楚国臣民群情激愤，与秦国断绝了关系。尤其是大夫屈原，他立刻去向楚顷襄王劝谏，希望他励精图治，准备为楚国一雪前耻。可是楚顷襄王根本就不听屈原的忠言。

又过了几年，秦王写信给楚王，要以背弃盟约的借口来攻打楚国。楚顷襄王与大臣们商量之后准备与秦国讲和。

屈原听到之后，十分气愤，觉得这简直就是卖国投降，并写了一些诗歌来讽刺奸臣，说他们诱导楚王败坏楚国。子兰和靳尚等大臣听到之后，十分生气。他们对屈原又怕又恨，经常对楚顷襄王说一些屈原的坏话。

有一次，他们对楚顷襄王说："大王，屈原对人说，大王忘记了秦国和楚国之间的仇恨，这是对楚怀王的大不孝；大王不主张反抗秦国，这是对国家的不忠。这样的不忠不孝之人国家里还有不少，迟早会亡国的！"

楚顷襄王听了这话，一怒之下把屈原贬为平民，把他流放到湘南去了。屈原富国强兵的壮志不但没有达成，还受人陷害，失去了官职，他对此感到十分悲伤。他经常在湘南的汨（mì）罗江边徘徊，嘴里吟唱着表达自己志向的诗歌，最有名的就是《离骚》。离骚，就是遭遇忧愁的意思。

屈原

战国

在《离骚》这首诗歌中,屈原借神话传说和草木来抒发自己的高洁志向,表达了自己痛恨小人、报国无门的苦闷心情。

时间久了,汨罗江边的人们都知道有屈原这么一个人,大家都很同情他,却对此无能为力。还有些人很不理解屈原,觉得他这么消沉简直是自作自受。

一天,一个渔夫对屈原说:"您不是三闾大夫吗?怎么落魄成这个样子?"屈原叹息道:"举世混浊而我独清,众人皆醉而我独醒,所以我被放逐了。"

渔夫说:"我听说圣人能很快地适应环境,跟随外界的潮流。既然世人都污浊,你何不随波逐流呢?既然大家都醉生梦死,你何不与大家同醉同欢呢?"

屈原却说:"我听人说,刚洗完头,就要掸帽子上的灰尘;刚洗完澡,就要换上干净的衣服。怎能以我清洁的身体,与世人同流合污呢?就算跳进江里喂鱼,我也不能拿自己的清白和他们同流合污!"

渔夫听了他的话,笑了笑离开了。远处传来他的歌声:"江水清澈的时候,可以用它来洗我的头发;江水污浊的时候,可以用它来洗我的脚。"从此,渔夫再也不来看屈原了。

在屈原被流放期间,楚国的情势也越来越危急。

公元前278年,秦国军队攻陷了楚国的都城。屈原听到后,彻底失去了希望,于农历五月初五那天,抱着一块大石头投江自杀了。

附近的人们听到之后,连忙划着船在江上寻找,可是汨罗江那么宽阔,水流那么湍急,早就看不着人影了。大家打捞了半天,连屈原的尸体也没有找到。于是,渔夫就把一竹筒米撒到了江中,他不想让屈原葬身鱼腹,希望鱼儿吃掉这些米,不要损坏屈原的尸体。

从此以后,一到每年的农历五月初五这天,人们都在汨罗江上划着船,往江里撒一些米,用来祭奠屈原。久而久之,用竹筒装米的形式改成了粽子,在江上划船也变化成了赛龙舟。这种风俗一直流传到今天,传说农历五月初五的端午节就是为了纪念屈原。

屈原一直忠于楚国,最后却因报国无门而投江自杀。他生平留下了许多优美的诗歌,大家都叫他爱国诗人。屈原开创了我国浪漫主义诗词的流派。

李冰修建都江堰

公元前256年，秦昭王任命李冰为蜀郡守。李冰到达蜀郡以后，十分关心百姓疾苦，经常走访民间，想为百姓解决一些困难。

后来，他了解到经过蜀郡的岷江经常泛滥，两岸的百姓时刻面临着洪涝灾害的威胁，无法安居乐业。于是，李冰就带着自己的儿子前往岷江两岸实地考察。他们沿着岷江顺游而上，亲自察看岷江的水流和两岸的地势。

他们发现，岷江上游两岸都是高山，落差很大，水流十分湍急。等水流到灌县附近的时候，河道又逐渐开阔。由于这里聚集了很多上游下来的水，所以经常会冲垮河堤，形成洪水。上游水流带来的泥沙到了这里也沉淀了下来，使河床不断升高，这样就加剧了洪水的形成。

岷江流过灌县以后，到达县城的西南边，就被一座玉垒山挡住，又让流水聚集了起来。而玉垒山的两边也形成了不同的情况，一边是水又急又深，经常泛滥成灾；另一边却由于高山阻挡，经常缺水干旱。

李冰经过考虑，认为要想治理水患，就必须先开凿玉垒山。可是以前也有人在玉垒山较远的地方修了一条引水的水渠，根本没有起到什么作用。李冰觉得应该彻底放弃前人所修的水渠，在玉垒山的跟前重新开凿水渠引水。

于是李冰制订了周密的计划，决定先打通玉垒山，使岷江的江水畅通，不会再形成洪水。同时也可以把江水引到另外一边，缓解这边的干旱，使百姓的农田得到灌溉。

李冰决定了以后，就迅速召集了上万名民工，开凿玉垒山。百姓们听说能解除洪水的威胁，还能利用江水灌溉，都非常支持。但是，刚一开工就遇到了难题。因为玉垒山石质坚硬，用什么工具都难以开凿，往往费很大的力气才凿下一小块石头，工程进度非常缓慢。

时间久了，很多百姓都失去了耐心。李冰看到这个情况十分焦急，他觉得工程拖延一天，百姓受洪涝灾害的威胁就多一天，他不能让百姓们失去希望。

于是，李冰就发动所有的人一起想办法。后来，有个老农建议说："先在岩壁上凿出一些沟槽来，然后在沟槽里点起大火，等岩石烧得滚烫之后，再用冷水浇，这样岩石就会裂开。"李冰采纳了这个建议，经过实践以后，发现效果很明显。于是，开凿玉垒山的进度又赶了上去。

经过所有人的不懈努力，玉垒山终于被凿开一个20多米宽的口子，这就是都江堰有名的"宝瓶口"。

开凿宝瓶口是建设都江堰的第一步，只是把岷江水分流到干旱地区。李冰要面临的下一个问题就是，如何才能让水流的速度降下来，这样才能起到分流和灌溉的作用。

后来，李冰决定在岷江和宝瓶口的上游建造一个分水堰，只让一部分水流进入宝瓶口。但是在岷江湍急的水流中建造分水堰也是非常困难的，江水的中心位置水流很深，流速也很快，建起的堤坝一定要经得起水流的冲击。

李冰一开始采用向江中投掷石块的办法来堆积成一个堤坝，可是抛到江中的石块很快就被水流冲走了，根本难以停留。李冰和大家试了很多次都没有成功。

李冰又开始到处寻找办法。有一次，他看到当地的人用竹子搭起架子来盖房子，他灵机一动，根据这个想到了一个办法。

战国

首先，李冰叫人用竹子在江中搭起一个架子；然后，他让人用竹子编了许多大竹笼，里面装满大石块；接着，他让人抬着石块扔到架子的空隙里，最后沉到水底。就这样，用一个一个的大竹笼堆砌成了大坝，水流也渐渐冲不动了。于是，这个分水堰就建成了。因为它一头尖一头宽，就像一个鱼头，所以大家就叫这个分水堰为"鱼嘴"。

鱼嘴把岷江分成了两部分，一部分顺着岷江原来的河道继续奔流而下，一部分经过玉垒山的宝瓶口流到干旱地区。从此以后，这个地区免除了洪涝灾害的威胁，农田也得到了灌溉。

为了进一步缓解水流对宝瓶口的冲击，调节进入宝瓶口的流水量，也为了防止进入灌溉区的水量难以控制，李冰又在鱼嘴的宝瓶口这一侧建造了平水槽和"飞沙堰"。

飞沙堰也是用建造鱼嘴的办法修建的，只是飞沙堰的高度不是很高。当流入宝瓶口的水量过大，水位涨到一定高度的时候，江水就会通过平水槽漫过飞沙堰流到岷江里。这样就很好地保护了宝瓶口里面灌溉区域的安全。

为了便于观测和控制宝瓶口内部的流水量，李冰又雕刻了三个石柱人像，放在水中，以"枯水不淹足，洪水不过肩"的标准来确定水位。他还凿制石马置于江心，以此作为每年最小水量时清理江中沉淀的泥沙的标准。

在李冰的组织带领下，人们克服重重困难，经过八年的努力，终于建成了这一整套的水利工程，这就是举世闻名的都江堰。

都江堰水利工程的建成，对蜀郡一带的经济产生了非常深远的影响，彻底根除了洪涝灾害，使当地的农业生产得到迅速发展，原来旱涝灾害频繁的地区现在变成了富饶美丽的良田。而且，由都江堰形成的各种灌溉渠道，也成了当地人的航运通道，使蜀中的物资源源不断地运到外地，极大地支持了秦国的对外扩张。

除都江堰外，李冰在蜀郡还主持兴办了其他一些水利工程。李冰还在蜀郡修筑桥梁，在广都主持开凿了盐井，为开发成都平原、发展农业生产做出了重大的贡献。

当地百姓为了纪念李冰和他的儿子兴修水利，修建了一座"二王庙"。每年的清明时节，当地的百姓都会在二王庙举行祭祀活动和典礼。

李冰为蜀地的发展做出了不可磨灭的贡献，人们永远怀念他。两千多年来，四川人民把李冰尊为"川主"。而由李冰主持修造的都江堰是迄今为止，世界上年代最久、唯一留存下来的宏大水利工程。

完璧归赵

公元前283年，秦昭襄王听说赵王得到了一块十分珍贵的美玉，名字叫"和氏璧"，于是派人前往赵国求见赵惠文王，说他愿意拿出15座城来交换这块和氏璧。

赵惠文王接到秦王的请求以后，就与大臣们讨论这件事情。大臣们都觉得十分为难：如果不同意，秦国肯定会借机发难；如果拿和氏璧去和秦王交换，又怕秦国会反悔，不给15座城。君臣一起讨论了半天，也拿不定主意。

就在大家讨论不出个结果的时候，有人推荐了一个叫蔺相如的大臣，说他肯定有好办法。于是，赵惠文王立即找来了蔺相如，希望他能给个建议，妥善地解决这件事情。

蔺相如见到赵惠文王，听说了事情的起因之后，就说："根据目前的情况，秦国比赵国强大，所以我们只能答应和秦国交换。除此之外，我们别无选择。"

赵惠文王有些担心，问："如果秦国拿了和氏璧，却不给城怎么办？"

蔺相如回答说："秦国既然愿意拿城来交换和氏璧，我们也觉得交换的条件非常合理，就应该和他交换。如果我们不换，那秦国就找到了借口，肯定会刁难赵国。如果我们献上了和氏璧，而秦国却不愿意拿出城来，那就先让秦国担上这个背约的罪名再说。"

赵惠文王说："如果是这样，那么就请先生去秦国办这件事。秦王要是真的拿出城来还好,要是到时候秦王反悔了,不知道先生有什么办法?"

蔺相如说:"如果到时候交换成功了,我会把和氏璧留在秦国,把15座城换回来;如果不成功,我就把和氏璧完整无缺地带回来。否则,我愿意以死报国!"

于是,蔺相如来到了秦国。秦昭襄王特意在自己的宫殿里接待了蔺相如,请蔺相如拿出和氏璧来看一看。

蔺相如就把和氏璧献给秦昭襄王看。秦昭襄王拿着和氏璧翻来覆去地看,简直爱不释手。然后他又把和氏璧传给手下的官员们看,官员们看到和氏璧也由衷地赞叹。可是自始至终,秦昭襄王都没有提拿15座城交换的事情。

蔺相如见状,知道秦国上下都想凭空占有和氏璧。他略一思考,就对秦昭襄王说:"大王,这块和氏璧虽然看起来十分完美,但是它上面有小小的瑕疵,不经我指点是看不出来的。请让我给大家说明一下!"

秦昭襄王以为和氏璧真的有什么缺陷,就让人把和氏璧还给了蔺相如。

蔺相如拿到了和氏璧,却不开口说话,而是紧紧地握着和氏璧,向后退了几步,走到一根柱子跟前,然后才认真地对秦昭襄王说:"大王,我奉赵王的命令来到秦国,是想用和氏璧换得秦国的15座城。可是我现在恭恭敬敬地献上了和氏璧,大王只是不停地传看,并没有表示出交换的诚意。现在这和氏璧就在我的手中,如果大王硬要夺取的话,我就和这块和氏璧一起撞在这柱子上,玉碎命殒。"

说完,蔺相如就把和氏璧举过头顶,做出了要撞柱子的样子。

秦昭襄王一看急了,生怕蔺相如真的毁了和氏璧,就赶忙劝阻他说:"先生不要急躁,我说话从来算数,怎么能欺瞒先生呢?"

秦昭襄王立刻叫手下拿来了秦国的地图,用手在地图上指出用来交换的

秦召襄王

蔺相如

15座城。蔺相如看到秦王只是用手比画几下,并没有割让城池的诚意,决定不上秦王的当,于是他认真地对秦王说:"我来秦国以前,赵王为了表示隆重,特意斋戒数日,然后用隆重的仪式将和氏璧送走。现在大王已经看到和氏璧了,如果大王真心想交换,也应该进行斋戒,然后用隆重的仪式来迎接它。"

秦昭襄王听了蔺相如的话,觉得反正蔺相如已经到了秦国,想走也走不了,就郑重地告诉蔺相如说:"好吧,就按照你说的办!"随后,他派人把蔺相如护送回客馆。

蔺相如一回到客馆,就吩咐手下的人乔装打扮,然后带着和氏璧从小路悄悄地回到了赵国。

等秦昭襄王斋戒完毕之后,就和大臣们一起举行了隆重的仪式,准备迎接和氏璧。蔺相如来到了仪式的现场,慢慢地走到秦昭襄王的面前,恭敬地行了一个礼,却没拿出和氏璧的意思。

秦昭襄王对蔺相如说:"我已经如约斋戒,现在又举行了隆重的仪式,请你把和氏璧献上来吧!"

蔺相如回答说:"秦国自从秦穆公以后,历经了二十多位国君,从来都是不讲信用的。我早就猜到了这个,我怕上当受骗,辜负了赵王对我的委托,就差人把和氏璧送回了赵国。你想处死我现在就动手吧!"

秦昭襄王听完之后脸色大变,说:"咱们到底是谁欺骗了谁?"

蔺相如却面不改色地说:"大王先不要生气,听我把话说完。现在天下都知道秦国强盛,赵国不堪一击,只可能秦国欺负赵国,赵国哪里敢欺骗秦国?你如果真的想拿15座城来交换和氏璧,那就请先把城池交给我。赵国接收了15座城,绝不敢不交出和氏璧。"

秦昭襄王见事已至此,又看到蔺相如视死如归,只好说:"只是一块璧而已，何必闹得两国大动干戈？"

最后，秦王只好放过蔺相如，让他安全地回到赵国。

蔺相如回到赵国后，赵惠文王对他十分赞赏，认为这件事他处理得十分妥当，封他为上大夫。后来秦国没有给赵国城池，赵国也没有给秦国和氏璧。

范雎远交近攻

赵国文有蔺相如，武有廉颇，秦国一时也不敢轻易去侵犯，于是打消了念头。可是秦国又从魏国那里掠夺了不少的领土，也算是得到了补偿。

此时，秦国的实权全部掌握在太后和她的兄弟穰（ráng）侯魏冉手中。公元前270年，魏冉准备派兵去进攻齐国。还没有出兵，秦昭襄王就收到了一封信，信中说有紧急的事情要和秦王面谈，信的落款是"张禄"。

张禄以前是魏国人，他的原名叫范雎（jū）。范雎以前是魏国大夫须贾的门客。有一次，须贾出访齐国，与他同行的就有范雎。齐襄王听说范雎是个人才，就悄悄地送给范雎一些礼物，范雎却拒绝接受。

这件事情被须贾给知道了，他因此怀疑范雎暗中和齐国往来。等回到了魏国，须贾就向魏国的丞相魏齐报告，说范雎与齐国私下里往来。魏齐听说以后，立刻把范雎抓了起来，并用酷刑折磨他。范雎被打得死去活来，连骨头都被打断，嘴里的牙也被打掉了，就是什么都不说。

于是魏齐一怒之下，派人把范雎用席子一卷，扔到了厕所里，并叫宾客往他身上撒尿。到了晚上，范雎清醒了，他向看守的士兵求情，让士兵放掉他。看守的士兵心软，就悄悄地让范雎逃走了。后来，士兵向魏齐回报说，范雎已经死了，尸体也被扔到郊外去了。

范雎逃走以后，来到一个朋友家里藏了起来。为了防止被魏国和齐国找到，他改了自己的名字，自称张禄。他的家人还假装为范雎举办丧事，于是

战国

魏齐真的以为范雎已经死了。

后来,刚好秦国派使臣来到魏国,范雎就请求使臣带他一起走。于是,他就来到了秦国。

范雎一来到秦国,就写了一封信请求与秦昭襄王面谈。秦王看了信之后,也就在约定的时间等候范雎。

范雎一路来到秦王的宫殿,正碰上秦王的车子过来。他就假装没看到,直直地冲撞了过去。秦王的手下大声呵斥:"秦王来了,还不回避?"

范雎故意装糊涂说:"什么?秦王?秦国有大王吗?"

范雎正在与士兵纠缠不清,秦昭襄王却已经来到了他们的跟前,听到范雎大声说:"我只听说过秦国的大权掌握在太后和穰侯魏冉的手里,哪里有什么秦王?"

这番话正说到了秦昭襄王最痛心的地方,他让手下带范雎进宫,然后又单独和范雎交谈了起来。

秦昭襄王诚恳地说:"请先生指教,这次谈话只有你和我在场,所以不论说到了太后又或者是任何大臣,先生都请直言不讳。"

范雎就大胆地谈了起来:"秦国现在领土广阔,国富兵强,没有任何诸侯国可以相比,想做任何事情都可以做得到,但是十几年来却没有做成任何事情。这些其实并不是穰侯不忠心为秦国做事,只是大王你有些事情没做好!"

秦昭襄王说:"请先生赐教,我到底哪里没有做好?"

范雎说:"就拿齐国来说,齐国远离秦国,齐国和秦国中间还有魏国和韩国。如果大王出兵攻打齐国,兵派得少了,打不过齐国,就算用重兵拿下了齐国,也没有办法把齐国和秦国连到一起。我有一个办法,就是结交远处的国家,先拿下近处的国家。也就是说,先稳住齐国,把齐国和秦国之间的国家先拿下来。这样一步步地扩张,没有了韩国和魏国,齐国自然不在话下。"

秦昭襄王说:"我也早就希望秦国可以统一中原,消灭六国。请先生帮我实现远交近攻的策略!"

于是秦昭襄王先拜范雎为客卿,意思就是名誉上的大臣,然后主动和齐国交好,把进攻的目标瞄准了韩国和魏国。又过了几年,范雎就正式当了丞相,穰侯被替换了下来,太后也被迫不许参与国政。

由于秦国对魏国的威胁,魏王十分担心。他四处打听,听说秦国的丞相是魏国人,就派须贾来到秦国,准备求见秦国的丞相,想与秦国讲和。

范雎等须贾来了以后,就换上一身破烂不堪的衣服,来到了须贾住的地方求见须贾。须贾见到来人之后,认出来是范雎,就问范雎说:"你不是范雎吗?你在这里做什么?"

范雎说:"我在秦国给人做仆人呢。"须贾看他打扮得十分破烂,就送给他一件外衣,并留下范雎一起吃饭。在吃饭的时候,须贾问范雎说:"我准备去见秦国的丞相,听说秦王十分看重他,你知不知道谁可以帮我引荐一下?"

范雎说:"我的主人正好和丞相有些交情,不如让我来引荐您认识一下他。"

于是须贾和范雎一起来到了丞相的住处。到了门前,范雎说:"您先在这里等一下,我进去向丞相通报一下。"须贾就站在门口等候。

过了一阵子,范雎没有出来,里面却传来了消息,让须贾进去,说丞相要见他。于是须贾问守门人:"刚才同我一起来的那个人怎么不见出来呢?"

守门人说:"同你来的人就是丞相本人。"须贾听完大吃一惊,走到里面,一见到范雎就吓得跪在地上,用两腿跪着挪到了范雎面前,不停地磕头求饶说:"我没有认出来丞相,还请丞相恕罪!"

范雎狠狠地数落了他以前陷害自己的事情,然后才说:"虽然过去你陷害我,但是今天你见到我之后,还算念旧情,给了我一件外衣。看在这件事情上，我就不和你计较了。"

范雎让须贾带话给魏王，要魏王杀了魏齐，然后才可以谈割地求和的事情。须贾回国后，立刻把话带到了魏王那里。魏王听说以后，一心想割地求和。于是，魏齐没有办法，只好自杀了。

魏国割让了一块土地，与秦国讲和，秦国也就放弃了进攻魏国的计划，转而进攻韩国去了。

范雎在秦任丞相十多年，其远交近攻的策略对秦国此后用兵有深远的影响。由于秦国采用了远交近攻的策略，逐渐蚕食邻国，变得越来越强大。

长平之战

公元前262年,秦昭襄王采纳了范雎远交近攻的策略,首先向邻国韩国发起了进攻。秦国派大将王龁(hé)带领军队占领了野王(今河南沁阳),截断了上党地区与韩国都城之间的联系。上党地区的情况十分危急。

上党地区的韩国守将见秦国大兵压境,无法抵挡,又不愿意投降。最后,他们商定派使者前往赵国,愿意向赵国献地投降。

此时赵国的国君是赵惠文王之子赵孝成王,他立刻派出军队,占领了上党地区。秦昭襄王知道以后,十分震怒。但是赵国也比较强盛,所以秦昭襄王只好下令军队撤离上党地区。

又过了两年,秦国又派军队来进攻上党地区。赵孝成王连忙派大将廉颇带领20万大军前往救援,可是赵国的军队还没有赶到上党地区,秦国的军队就把上党占领了。

秦国的大将王龁占领了上党之后,听说廉颇在长平(今山西高平西北)驻军,就带着军队杀了过来。廉颇立即在长平修建防御工事,准备和秦军长期对峙下去。

秦国大将王龁主动向廉颇挑衅,想和他交战。可是廉颇固守着长平,任凭他百般挑衅,就是不出城。王龁没有办法,就派人回国向秦昭襄王汇报,说廉颇作战经验丰富,又死守着长平不愿意出战,秦军远途征战,时间久了,粮草供应就会短缺,这样下去不是办法。

秦昭襄王就向范雎请教，范雎说："既然廉颇作战经验丰富，那我们就想办法让赵国派人来替换廉颇。"秦昭襄王说："这怎么可能呢？"范雎却说："我自有办法。"

范雎随后派人前往赵国，散布关于廉颇的谣言。没过多久，赵孝成王就听到大臣们议论说："廉颇毕竟是个老将了，现在守着长平不敢出战。如果换上年轻的小将赵括，不但可以打败秦军，连上党地区都可以收复。"

大臣们所议论的赵括，是与廉颇齐名的大将赵奢的儿子。赵括从小熟读兵书，自以为打起仗来也十分了得。父亲赵奢劝说过他很多次，可他根本听不进去。此时父亲赵奢已经去世，他就更以为自己天下无敌了。

赵孝成王听到了大臣们的议论，就派人把赵括请来，问他有没有办法击败秦军。赵括得意地说："秦国的大将王龁只是和廉颇差不多而已，要是派来了白起，我还需要思考一下。现在如果让我去对付王龁，我随随便便就把他击败了。"

赵王听他这么说，就觉得没有看错人，于是准备派赵括前往长平去替换廉颇为大将。赵括的母亲知道了这件事，连忙请赵王另派他人。赵孝成王问她："为什么不能派赵括去领兵？"

赵括的母亲说："赵括的父亲赵奢临死前对我说：'赵括只是读了很多兵书，没有实战的经验。将来不让他带兵还好，否则说不定整个赵国都会亡在他的手里！'如果大王一定要让他带兵，我希望万一赵括兵败，我的家人可以不受牵连。"

赵王听了，不以为然地说："我已经决定了，这件事我答应你。"

公元前260年，赵括带着20万人来到长平，与廉颇交接了兵权，廉颇回到了赵国。加上廉颇留下的人马，赵括总共率领40万人马，他志得意满。

廉颇走后，赵括立刻一改廉颇以前制定的方针，把廉颇任命的将领全部撤换。赵括又向部下发布命令："如果秦军再派人来挑衅，我们就坚决给予回击，把秦军打败，然后乘胜追击，不给秦军喘息之机。"

没过多久，赵括就打败了王龁，逐渐收复了一些失地。秦昭襄王听说王龁被打败，就秘密派遣武安君白起代替王龁为大将，传令有敢泄露武安君为大将者处死。

白起来到军中后调兵遣将，约赵括决一死战。恰巧此时，赵孝成王也传来命令，让赵括尽快击败秦军。于是赵括决定奋勇出击，与秦军决战。

白起先和赵括打了几仗，每次都假装大败。赵括率赵军大部追赶秦军，只留少数留守营垒，可是追到秦军的大营跟前，发现秦军的数量众多。于是赵括又准备带着军队撤回大营，却被秦军的一支2万多人的奇兵截断了后路。赵括明白白起想全歼自己的军队，于是下令就地扎营，准备死守，等待援军。

白起又派出5000名精骑截断了赵军的粮道，并牵制留守壁垒的赵军。秦王听说白起围困了赵军主力，下令15岁以上的男子全部从军，进一步截击赵国的援军，切断赵军的补给。

被围的赵军整整46天没有粮草，又被不时攻击，可是仍然等不到援军。赵国的士兵吃完了粮食，连战马都杀来吃了，甚至出现了人吃人的惨状。于是赵括派出刺客行刺白起，结果白起受伤，但是没有丧命。

赵括眼见无法指望援兵，于是组织了一支敢死队，由自己带领向长平突围。突围过程中，经过一场大战，赵括被射死，企图突围的赵军大败。赵军见主将被杀，除少数战死的以外，大部分被围的都投降了秦军。这就是成语"纸上谈兵"的来历。

赵军的主力大部分被俘虏，约有40万人。白起担心这么多降卒发动叛乱，于是下令一夜之间坑杀了40万降卒。经此一役，赵国元气大伤。赵王因为答应了赵括的母亲，所以没有降罪于他的家人。

窃符救赵

秦国在长平之战中杀死了赵括，消灭了赵国 40 万军队之后，又开始加紧了对赵国都城邯郸的进攻。于是赵国向其他诸侯国求援。楚国派春申君带着军队准备救援赵国。魏国也收到了赵国的求援，魏安釐王就派大将晋鄙带兵前往。

秦昭襄王得到这个消息以后，就派人传话给魏安釐王说："拿下邯郸城指日可待，如果你敢派兵救援，等我灭了赵国，立刻就去攻打你的国家。"魏安釐王得知后非常害怕，立刻命令大将晋鄙不要再率军前进，等待情况的进展。于是，晋鄙带着军队在邺城（今河北临漳西南）驻扎了下来，等待魏王的命令。此时，赵国又接连派人来请魏安釐王发兵援助。可是魏安釐王既怕秦国将来报仇，又怕赵国一旦解围会和自己算账，于是犹豫不决。

赵孝成王一直得不到魏王的回复，就直接让手下平原君向魏国的信陵君求助，因为平原君的妻子是魏信陵君的姐姐。

平原君不断地派人去找信陵君，还给他传话说："我们两家结为姻亲，是因为看中你人品好。现在赵国的邯郸正处于危急之中，眼看就要被秦国灭国了，可是魏国的援军却一直没有到。你救人于危难的品质到哪里去了？就算你不想帮我，难道你不顾念自己的姐姐吗？"

信陵君接到求助信以后，就接连去请求魏王下令晋鄙继续前进，去解救赵国。可魏王还是犹豫不决。信陵君没有别的办法，就对手下说："既然大王见死不救，那我就自己去救赵国好了，我也做好了死在那里的准备！"

信陵君的手下纷纷表示，愿意追随他前往赵国。于是信陵君带着手下，又约请了一些朋友，带着几百个人准备前往赵国。临走之前，信陵君去向他非常信任的一个朋友侯嬴辞行。信陵君对侯嬴说了自己想去救援赵国的事。侯嬴说："那您多保重，我就不跟您一起前往了。"

信陵君只好继续上路，可是他心里有些不舒服，心想："我们也算是至交了，可是我这次一去都不知道能不能回来，他竟然没有只言片语的建议，难道我有什么地方做错了？"于是信陵君又返回去找侯嬴。

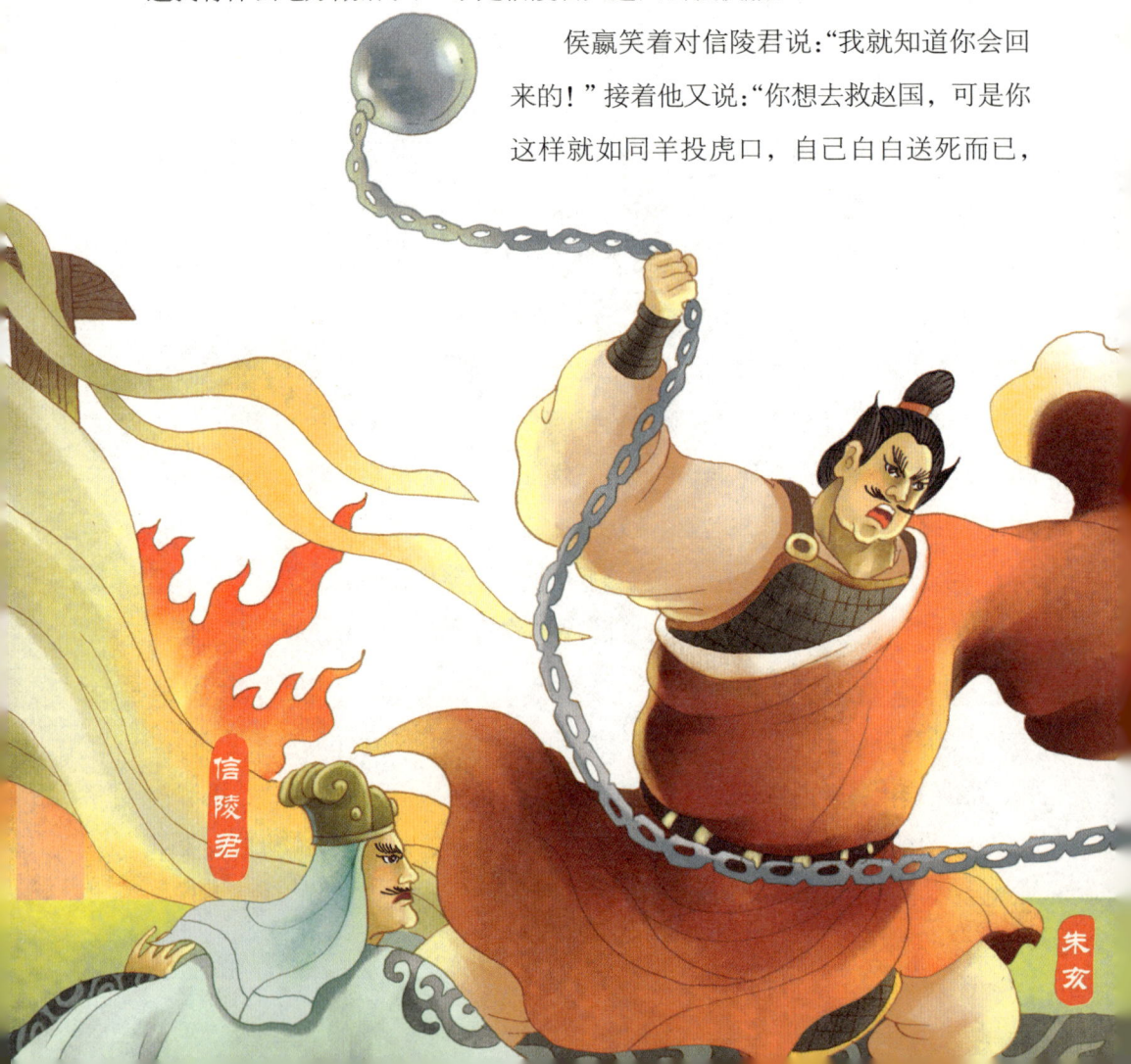

侯嬴笑着对信陵君说："我就知道你会回来的！"接着他又说："你想去救赵国，可是你这样就如同羊投虎口，自己白白送死而已，

死了也不会有什么价值。"信陵君连忙向侯嬴行礼，请教救援赵国的办法。

侯嬴说："要想救赵国，就得先拿到兵权。但是调动军队的兵符就藏在魏王的卧室里，魏王的宠妾如姬可以自由出入那个地方。以前如姬的父亲被人陷害而丧命，她让魏王帮她替父报仇，可是整整三年都没报成。后来你派手下替如姬杀了害死他父亲的仇人，替她报了仇。如姬想报答你的恩情一直没有机会。不如你请她把兵符偷出来，如姬一定不会拒绝的。等拿到了兵符，就可以夺取晋鄙的兵权，然后带着军队去救援赵国，还能打败秦军建功立业。"

信陵君听了大喜，立刻派人去联络如姬，请她盗取兵符，如姬毫不犹豫地答应了。那天深夜，如姬偷偷来到魏王的卧室，把兵符偷了出来，然后派一个可靠的人连夜送到了信陵君手中。

信陵君带着兵符准备上路，他向侯嬴道别的时候，侯嬴又说："你有没有想过，如果你到了晋鄙那里，虽然取出了兵符，晋鄙不相信你怎么办？他带兵在外，是可以拒绝交出兵权的。如果等他再向魏王请示，那就来不及了。"信陵君听到这里，一时想不出办法来。

侯嬴对他说："这事我早就想到了。我有个叫朱亥的朋

友,他的力气在整个魏国都是少有敌手的。你最好带着他一起同行,到时候如果顺利地拿到了兵权,那就没有什么事;如果晋鄙不愿意把兵权交出来,你就让朱亥动手。"

信陵君虽然不想杀死晋鄙,可是他又没有别的办法,于是他带上朱亥同行,和自己的手下一起来到了晋鄙的大营。信陵君对晋鄙说,魏王命令他把兵权交给自己。

晋鄙就要求查验兵符。信陵君拿出兵符给他看,晋鄙看过之后,仍然有些怀疑。他说:"我一个人带着10万兵马驻扎在这里,你一个人就前来交接兵权。这么大的事情我无法决定,我得先请示一下魏王,这样才能交接。"

信陵君身后的朱亥突然冲到晋鄙的面前,大喝一声:"兵符就代表魏王的命令,你不遵守,难道想造反吗?"说完,朱亥从袖子里掏出一个大铁锤,砸向了晋鄙。晋鄙没有反应过来,当场被砸死。信陵君举起兵符,对着四周正不知所措的将士们说:"父子一起出征的,父亲可以离开。兄弟一起出征的,哥哥可以离开。独生子也可以离开,其他人跟着我一起前往救援赵国。"

信陵君得到了8万人马,杀向了赵国的都城邯郸。此时,围困邯郸的秦军大将是王龁。信陵君带着士兵直接冲向秦军的大营,王龁的军队被打了个措手不及,没挡住魏军的进攻,顿时一片大乱。

城里的平原君看到援兵已经赶到,也立即带兵从城里杀了出来。赵国和魏国的军队一起前后夹击秦国的军队,秦军再也支撑不住,瞬间溃败了。

王龁带着军队逃跑了,可是还有2万多的秦军被围住无法逃脱。最后,这2万多秦军突围不出去,就只好投降了。

信陵君打败了秦军,解救了赵国的危急。赵孝成王和平原君为了感谢他,亲自到城外来迎接。而楚国的春申君带领着军队还在犹豫不前,等他看到秦军被打败,赵国已经转危为安,就带着军队回去了。

荆轲刺秦王

战国后期，秦国加快了统一天下的步伐。公元前256年，秦昭襄王发兵灭周。秦王嬴（yíng）政在位时，秦国的优势更加明显。公元前230年，秦国首先灭掉了韩国。公元前228年，赵国几乎已经被秦军攻占，赵王逃到了代郡；魏国和燕国也危在旦夕。

被留在秦国做人质的燕太子丹眼看秦国要吞并自己的国家，没有诸侯可以抵挡。于是，他就从秦国偷偷地逃回了燕国，准备解救自己的国家。燕太子丹回到燕国以后，他没有想着如何富国强兵，也没有打算与其他诸侯国结盟。他想到另外一个办法，就是派刺客行刺秦王，希望这样可以阻止秦军的进攻。于是，他花重金四处寻找勇士。

有一个名叫荆轲的人，他喜欢读书击剑，为人也慷慨仗义，有人把他推荐给了燕太子丹。燕太子丹就让荆轲做了自己的上宾，并十分看重他，无论衣食住行都以和自己一样的标准来对待他。荆轲也很敬重太子丹，时刻准备将来做些事情回报太子丹。

到了公元前230年，韩国首先被秦国灭亡。没过两年，赵国的都城也被秦军攻破，连赵王也被俘虏了去。秦国军队继续前进，已经到了燕国国境边。

燕太子丹心急如焚，他立刻去找荆轲："现在秦国已经大兵压境了，燕国肯定是无法抵挡的。如果要联合其他诸侯国共同抗秦，那也是远水解不了近渴。我想好了，我们派一个刺客装扮成使臣去见秦王，等接近秦王身边以后，就逼迫他交出占领的六国土地。要是秦王答应就算了，如果他不答应，就让刺客刺杀秦王。你觉得这样好不好？"

荆轲说："这样做也可以，只是要想接近秦王身边不容易做到。我们必须想办法让秦王相信，使臣是真心去求和的。我听说秦王对燕国的督亢地区早就垂涎三尺，还有原来秦国的大将樊於（wū）期也是秦王一直想除掉的人，不如让我去把樊於期的人头和督亢地区的地图一起献上去，不怕秦王不相信。这样，就可以劫持秦王！"

燕太子丹说："督亢的地图倒是容易得到。只是，樊於期由于受秦王的迫害才流落到我这里，我已经收留了他，又怎么好去要他的人头呢？"

荆轲知道太子丹心软，于是他自己悄悄地去和樊於期会面，他对樊於期说："我有一个计划，既能帮助燕国免去一场灾难，又能为你复仇，不过我还得向你借一样东西。"

樊於期问他："你有什么计划，快告诉我。"

荆轲说："我准备前往秦国去行刺秦王，只是要接近秦王有些困难。我听说秦王一直想抓住你，如果我能把你的人头献给秦王，那这个计划就可以实施了。"

樊於期听完荆轲的话以后，思考了一下，就对荆轲说："好，我的人头交给你了！"说完，他就自杀了。

太子丹得知樊於期自杀的事以后，非常悲伤。可是事已至此，他只好继续准备行刺计划。他先找来一把十分锋利的匕首，再在匕首上面涂上剧毒。只要被匕首刺到的人，这种毒药会借着这个人的血液立刻把他毒死。他把匕首送给荆轲，然后又找来一个叫秦舞阳的勇士，据说他13岁时就杀过人。

公元前227年，荆轲带着秦舞阳准备前往秦国的都城咸阳。太子丹带着一堆宾客来到易水边为荆轲送行。荆轲的朋友高渐离击筑（古代一种竹质打

战国

击乐器），荆轲唱起了一首悲壮的歌：

风萧萧兮易水寒，
壮士一去兮不复还。

这首歌激起了大家的悲伤和对秦国的仇恨，在场的人无不动容，失声痛哭。一曲终了，荆轲带人跳上马车，头也不回地策马而去。

荆轲到了咸阳以后，用重金买通了秦王手下的宠臣，希望可以见到秦王。宠臣就向秦王汇报说："燕国十分害怕大王的威严，主动派使臣献上督亢地区的土地和樊於期的人头，现在使者准备面见大王。"

秦王听了非常高兴，就举行隆重的仪式，下令在咸阳宫接见燕国的使臣。

荆轲捧着一个盒子走进了秦王的宫殿，盒子里装着樊於期的人头。秦舞阳跟在他的身后，手里捧着督亢地区的地图。他们缓缓地走向秦王，可是秦舞阳看到两旁林立的文武百官和宫殿里的威严气势，不禁吓得脸色都变了。

秦王手下的大臣们觉得有些奇怪，就问道："使者的脸色怎么变了？"荆轲十分镇定，他转身朝秦舞阳笑了一下，稳住了秦舞阳的情绪，然后才行礼向秦王解释说："小国来的使者，没见过天子的气势，所以有些害怕。希望大王不要见怪，让他继续完成使命。"

于是秦王对荆轲说："那你帮他拿着地图，一个人上前来吧！"

荆轲接过秦舞阳手中的地图，双手捧着盒子，走到秦王跟

前，献给了秦王。秦王首先打开盒子，看到了樊於期的人头，十分满意。

接着，秦王又让荆轲把地图打开，给他在地图上指一下准备献上的城池。于是荆轲慢慢地展开地图，等展到最后的时候，地图里藏着的匕首就露了出来。成语"图穷匕现"就是这么来的。

秦王一看，吓得起身就跑。荆轲拿起匕首，一把抓住了秦王的衣袖，然后用匕首朝秦王的胸口刺了过去。秦王使劲挣脱，把衣袖都扯断了才逃掉。荆轲紧追不舍，秦王正想向宫殿外面跑，可是荆轲已经追到了跟前。秦王无奈，只好绕着宫殿里的大柱子躲来躲去，荆轲追着他一刻也不放松。

秦王手下的大臣们虽然慌乱，但是也不敢上前。因为宫殿里除了秦王，是没有人可以带兵器的。带兵器的武士守在宫殿外面，没有秦王的命令是不能进来的。

秦王正被荆轲追得绕着柱子转圈，他突然想起自己带着一把长剑，于是想拔剑来砍荆轲。由于他的剑非常长，荆轲又追得太急，根本来不及拔剑。这时，秦王手下的一个御医把自己随身携带的药囊扔向了荆轲，荆轲伸手去挡药囊，就停顿了一下。

大臣们立刻大喊："大王，快把剑背在背上！"秦王连忙把长剑背在背后，这才顺利地拔出了剑。等荆轲再追到秦王身边的时候，秦王一剑把荆轲的腿砍伤了。

荆轲受伤之后就跑不动了，于是他奋力把手中的匕首朝秦王扔了过去。可是秦王闪身躲过，匕首打在了宫殿的柱子上，擦出一道火星。秦王又赶到荆轲身边，砍了荆轲几剑。

荆轲已经完全没有能力再追赶秦王了，他只好靠着柱子，叹息说："我本来想活捉你，逼你退还燕国的土地，现在事情没有成功，也没法回报燕太子了。"

这时，宫殿外面的武士们冲了进来，把荆轲杀死了。而秦舞阳自始至终被吓得呆立在一边，没敢动手，后来也被拥进来的武士砍死了。

秦

秦始皇灭六国

　　荆轲刺秦王失败后，秦王随即下令对燕国发起了猛烈的进攻。燕太子丹带着军队和秦国军队激烈交战，可是被打得节节败退。

　　于是，燕王和燕太子丹带着军队逃到了辽东，秦军紧追不舍。秦王下令一定要抓住太子丹，燕王无奈，只好把太子杀了，然后向秦国求和。

　　秦王问手下的大臣尉缭接下来怎么做。尉缭说："现在韩国已经被我们灭掉，赵国也只剩下一座代城（今河北蔚县），燕王现在也放弃都城逃跑了，不如我们趁现在天气寒冷，先去攻打南方的魏国和楚国。"

　　于是秦王听从了尉缭的建议，暂时放过了燕国，派大将先去攻打魏国。魏国无法抵挡秦军，便向齐国求救，可是齐国却拒绝提供帮助。公元前225年，魏国为秦国所灭，魏王和大臣们都被俘虏了，押送到秦国的都城咸阳。

　　接下来，秦王准备派兵攻打楚国，就与大臣们商议。秦王先问年轻的将领李信："如果要打败楚国，你需要多少军队？"李信说："不过20万就够了。"

　　秦王又问老将军王翦，王翦说："像楚国这样的大国，20万人是打不过的，我建议至少要用60万。"秦王听后，觉得老将军王翦太保守了，就给李信20万大军，让他攻打楚国。王翦见秦王不相信自己，就借生病为由辞官回老家去了。

李信带着军队前往楚国，被打得大败，损失了无数将士之后逃回了秦国。秦王后悔没有听王翦的建议，就亲自去请他。王翦对秦王说："要是让我带兵攻打楚国，还是需要60万人马。楚国很轻易就能召集上百万的军队，我带60万人去已经是最少的了。"

秦王答应了王翦的请求，让王翦带领60万大军出征。出征那天，秦王还亲自去送行。王翦带兵前来的消息传到楚国，楚国动员了全国的兵力，准备抵抗秦军。

王翦到了前线以后，让士兵坚守营寨，不许主动攻击。楚国的大将项燕带兵多次前来挑战，王翦始终坚守不出兵。

过了一阵子，项燕以为王翦带着军队来这里只是负责守卫边疆，就逐渐放松了警惕。王翦抓住时机，趁楚军没有提防，突然出击，楚军被打了个措手不及。秦军越战越勇，而楚国的军队连连败退。没过多久，秦军就占领了楚国的许多领土，并把楚王活捉了去。

楚国大将项燕听说楚王被秦国抓走，就带兵渡过长江，准备东山再起。可是王翦却不给他机会，渡过了长江，继续追击。项燕被逼无奈，只好自杀了。楚国就这样灭亡了。

楚国被王翦灭掉以后，王翦的职位由他的儿子王贲（bēn）接任。王贲带兵继续攻打燕国，燕国早就奄奄一息，根本就挡不住秦军。公元前222年，王贲灭掉了燕国，攻占了代城，代王嘉自杀。

战国七雄只剩下齐国和秦国。此前，齐国的大臣们已经被秦国收买，每次有诸侯国向齐国求助，齐王总是因为害怕和大臣的劝说而拒绝救援。齐王以为他处处忍让秦国就能保全自己，可是现在只剩下他一个国家和秦国对抗时，他开始慌乱了。

公元前221年，王贲又带着秦军向齐国进攻。秦军如潮水一般直接扑向

秦

了齐国的都城临淄。齐国的军队既无法抵挡秦军又无处求援，被秦军迅速地消灭了。秦军占领了临淄，齐王只好投降。

秦国能统一六国不仅是因为六国之间互相攻打，也是因为历史的趋势需要统一。秦王灭掉六国总共用了十余年时间。

公元前221年，秦国统一了六国，建立了一个大一统的王朝——秦朝。秦王觉得自己功勋卓著，用"王"这个称号已经无法来代表自己。他想到了古代传说中的三皇五帝，就自称为"皇帝"，意思是比三皇五帝还要伟大。于是，秦王嬴政就被称为秦始皇。

秦朝建立不久，秦始皇就与大臣们商议如何来治理这个新国家。丞相王绾说："现在各诸侯国刚被统一，它们原来的都城离我们的咸阳太远，不方便管理，不如让几位皇子到那里去当王。"

可是有一个大臣李斯反对说："我们前面的周朝在这方面就是现实的例子，他们分封了许多诸侯和王，结果互相攻打，周天子形同虚设。我建议在全国设立郡县，把所有的权力都集中到中央来。"

秦始皇自己也是这么想的，就立刻废除了分封制，建立了郡县制，并把全国分为36个郡，郡下面再设县。皇帝直接任命郡守，郡守直接向皇帝负责。这样，权力就集中到了皇帝一个人的手中。

设立了郡县制以后，秦始皇又开始了其他方面的改革。

以前东周列国的时候，各个诸侯国家都实行不同的制度。比如各国的车子，车轮之间的距离都不一样宽，这造成道路也是有宽有窄。于是秦始皇下令，全国的车子两轮间间距一律为六尺宽，这样就能统一道路的宽度了。这个法令被人称为"车同轨"。

还有一个问题也困扰着全国的交流，那就是以前各国的文字也不一样，虽然同是汉字，但是却各有各的写法。秦始皇又下令，把全国的文字写法统一为秦国的小篆。这就是"书同文"。

经过"车同轨,书同文"之后,秦始皇又统一了全国的"度量衡",也就是长度、容积、重量的单位。这样,全国才真正在文化和经济方面统一了起来。

由于以前秦国忙着攻打各诸侯国,被匈奴趁机占去了很多领土。秦朝刚建立起来后,秦始皇派大将蒙恬带领军队打败了匈奴,收复了被匈奴占据的领土,并在那里设置了新的郡县。

后来,秦始皇又派军队征服了西南方,设立了几个新的郡,到最后秦朝总共拥有了40个郡。

秦始皇统一六国为中国开创了和平统一的新时代,但是他的残暴也引起后人的许多非议。

万里长城

秦朝建立之初,为了抵御匈奴的侵扰,曾派兵打败匈奴。可是匈奴是游牧民族,他们骑着马来去无踪,活动范围非常广。秦始皇派大将蒙恬率领30万大军北抗匈奴,收复了河南(今内蒙古河套以南地区)的大片领土。

如果长期派兵驻守来防范匈奴,国家负担不起。于是,秦始皇决定修筑长城。这种防御性建筑并不是秦始皇开创的,以前的诸侯列国就已经开始建造了。秦始皇所做的,就是把各国修筑的长城完善并连接起来。

秦长城西起陇西临洮(今甘肃岷县),东到辽东(今辽阳西北),把之前燕国、赵国和秦国的长城连成一体。秦长城利用地形、凭借天险设置要塞,有效地遏制了匈奴的南侵。

历代都十分重视长城的防御作用。经过历代的修缮,到明朝的时候,长城横跨大半个中国,达到1万里左右,所以被称为"万里长城"。而最初把长城连在一起是从秦始皇开始的,所以后人也说"秦始皇修筑万里长城"。

秦始皇修筑的长城又增加了许多新的功能和建筑,那些是以前所没有的:长城并不是一道单独的墙,它是由城墙、敌楼、关城、墩堡、营城、卫所、烽火台等许多建筑物组成的一系列完整的防御工程体系。在长城沿线,由各个地方分别派人驻守,各地又分级指挥。将军们一般住在城里面,其他各级将士驻守在卫所、营城、关城和城墙上的敌楼与墩堡里面。

秦始皇在修筑长城的时候,提出了"因地形,用险制塞"的原则:合理地

秦始皇

利用地形来建筑城墙，比如依山或者靠河；在修筑长城的时候选用当地容易得到的材质，比如长城有各种结构，有夯土的、碎石和块石堆砌的，还有砖石混合的，在沙漠中还使用了红柳枝条、芦苇和沙砾层层堆积的建筑方法。秦始皇提出的修筑长城的原则一直为后世延用。

长城的城墙是这套防御工程中主要的部分，一般顺着高山峻岭蜿蜒而上，或者在平原上最险要的地方修筑。在高山峻岭上的城墙一般比较矮，而到了平原上的时候，城墙就修建得特别坚固高大。这样就可以节省许多人力和物力。

城墙一般高 6~8 米，宽 5~7 米，在城墙的顶部内侧有一道宇墙，是为了防止士兵掉下去的。在城墙顶上的外侧，有一道墙叫垛口墙。在垛口墙上设有瞭望口和用来攻击的射洞和礌石孔。在有些重要的城墙顶上，还设置了好几道障墙，防止敌人爬上城墙。

长城的关城是长城沿线最多的防御据点。关城一般选择在有利于防守的地形中，目的是用最少的人来阻挡最多的敌人。根据地形和重要性不同，关城的密集程度也不同。

长城上的烽火台是用来传递消息的。在古代，烽火是传递消息最快、最有效的一种办法。在白天，如果遇到敌人侵犯，守城的士兵就在烽火台上放出烟雾；晚上的时候，就可以用火光来发出警报。在放烟雾和点火的同时，还放出炮声，以增加报警的效果。用烽火台来传递消息，在古代来说是最快的。

烽火台一般都修建在高山上最险要的位置，或者是在没有遮挡的地方，这样才可以让附近的烽火台看到或者听到消息。

虽然修筑长城有那么多的好处，但是秦始皇为了修筑长城，在全国到处征调民夫，给百姓造成非常大的负担。修筑长城全靠民夫肩扛手挑，很多人不堪重负，累死在了工地上。

"孟姜女哭长城"讲的就是关于修筑长城所引发的一个悲壮的故事：

传说在战国时期，孟老汉在自家的院子里种下了葫芦籽。葫芦的藤都伸到了隔壁的姜老汉家，在姜老汉家里结出了一个巨大的葫芦。等葫芦成熟以后，姜老汉用刀剖成两半，却发现葫芦里躺着一个可爱的女婴。

姜老汉看到她以后十分高兴。孟老汉知道以后，就认为这葫芦是自己的，女婴也应该归自己。姜老汉却不同意。后来经过村里人的调解，两家决定共同抚养这个女婴，并给她起名叫"孟姜女"。

孟姜女长大以后，嫁给了一个叫范杞梁的人做妻子。二人新婚仅三天，来了几个官差把新郎范杞梁抓走了。原来秦始皇为了修筑长城，在全国征调民夫。

范杞梁被抓去修长城后，过了一年多也没有音信。孟姜女非常着急，决定外出寻找丈夫。她一路不顾艰险，终于来到了丈夫修长城的地方。却得到一个不好的消息，丈夫范杞梁已经累死了，尸骨被埋在了长城下面。

孟姜女听到这个噩耗以后，就开始痛哭。她一哭，长城立刻就倒下了，可是一直找不到自己丈夫的尸骨。于是她不停地哭，结果哭倒了800里长城，还是没找到。

这时，修筑长城的监工可急坏了，他连忙向来巡视的秦始皇汇报。秦始皇见到孟姜女，就贪图孟姜女的美貌，要求她嫁给自己。

孟姜女十分生气，可是她突然想到了一个办法。她就对秦始皇说嫁给他可以，但是得先满足她三个条件：第一，一定要找到丈夫范杞梁的尸骨；第二，要用国葬的标准来安葬丈夫；第三，给丈夫举行葬礼的时候，要秦始皇披麻戴孝。

秦始皇为了得到孟姜女，就答应了她的要求。等这一切都做到之后，孟

秦

姜女对着自己丈夫的坟墓拜了几拜,然后跳海自杀了。

这虽然只是传说故事,但是反映了秦始皇为修筑长城给百姓们带来了深重的灾难。这也是导致人民奋起反抗秦朝统治的一个原因。

不过秦始皇修筑万里长城是功不可没的,后世也因为长城的保护,挽救了许多百姓的性命。

焚书坑儒

秦始皇在建立秦朝以后，进行了很多改革。但是在改革之初，有许多人提出反对意见。

春秋战国时期，社会混乱，由此诞生了"诸子百家"各种思想。当时各种学说一直争论不休。秦始皇在建立秦朝以后，进行了一系列统一思想的措施，其中最为人所批评的就是"焚书坑儒"事件。

秦始皇在政治、经济上实行的改革，并不是一帆风顺的。早在秦朝建立之初，大臣们就在要不要分封皇家子弟为王的问题上展开了一场争论。

以丞相王绾为首的一批官吏请求秦始皇将子弟分封到占领不久的燕、齐、楚故地为王，认为这样有利于巩固秦的统治。但廷尉李斯则坚决反对。李斯认为，春秋战国诸侯之所以纷争，完全是西周分封诸侯造成的恶果，只有废除分封制，才可免除祸乱。

公元前213年，秦始皇在咸阳宫里举行宴会，大臣们全部到场参与。席间，有大臣当着文武百官的面对秦始皇百般阿谀，说他的功绩前无古人，后无来者。

博士淳于越当面斥责了他，并说出了自己反对郡县制，提倡分封制的主张："我听说周朝的时候，天子把子弟和手下的功臣分封到各地为王。这样他们可以共同来保卫国家，可以互相依靠。现在皇帝得到了天下，子弟却跟平民一样，手下虽有一帮大臣，却没有封王来辅助。将来一旦发生动乱，就没

秦

有外人来救援了。我还从没听说过不继承古人的经验能长久的事情。"

秦始皇听了他的话，表情也看不出来有什么变化。他让其他官员来讨论淳于越提出的问题。

当初是李斯提出郡县制的，所以他直接反驳了淳于越的说法："周朝采用分封制，最后诸侯列国征战了那么久，天下大乱。你们这些读书人不了解现在的情况，却整天抱着古人的东西不放，简直就是当今的祸害。如果再不禁止你们食古不化的思想，皇帝的权威就会被削弱，你们却成群结党地成了气候。"

然后，李斯为了巩固秦始皇的绝对权力、统一全国的思想，又提出了焚毁古书的三点建议：第一，除《秦纪》、医药、卜筮、农家经典外，诸子和其他历史古籍，一律限期交官府销毁，令下30日后不交的，处以脸上刺字的刑罚并罚做苦役4年；第二，公开谈论《诗》《书》的人处以死刑，反对现代制度的灭绝全家，知情不报者同罪；第三，想学习秦朝制度的人，可以拜官员为老师。

秦始皇当场就批准了李斯的建议。宴会结束后的第二天，全国上下开始焚烧古籍。不到一个月，秦代以前的古典文献都化为了灰烬。除了史官所藏秦国史书以外，别国史书全部没有留存；除了博士馆所藏图书，私人所藏儒家经典和其他诸子百家的书籍也被销毁。

所以秦代以前的很多文献和资料都残缺不全，后世对秦始皇的这一文化暴行十分痛恨。秦始皇为了加强思想控制而采取的措施，毁了古代许多典籍，造成文化史上难以弥补的损失。

焚书事件之后的第二年，又发生了一件荒唐的事情。

秦始皇在得到了无上的权力之后，更享受了无比的荣华富贵。早在秦始皇还没有统一六国之前，他已经建造了不少宫殿。而在统一六国期间，他更是大兴土木，每灭一国，便要将该国的宫殿建筑在都城咸阳附近仿造一遍，总面积达到了惊人的程度，整个关中地区，到处都是宫殿群。

秦始皇统一了六国之后，又开始建造阿房宫等，宫殿之内美女如云，据说有上万人。光每天这些宫女们洗脸，就能让整条河流都香气四溢，水面上浮着一层厚厚的脂粉。

秦始皇十分害怕失去这些荣华富贵，于是异想天开地四处寻找长生不老药，希望自己可以永远地占有这一切。

这时，一些方士就趁机迎合秦始皇的心思，说可以替他找到长生不老药。秦始皇就派这些方士到全国各地去寻找仙药。方士们的足迹遍布全国的山川河流，甚至是海外。

秦始皇听闻海外有一座蓬莱仙岛，上面有神仙居住。于是他让方士徐福带领3000名童男童女和各种工匠艺人乘船前往海外寻仙，可是徐福从此一去不返。

世上根本没有长生不老药，方士们想了很多办法都没有找到仙药。这些方士害怕谎言被识破之后丧命，纷纷逃走了。

秦始皇为了寻找长生不老药，耗费了巨大的财力和人力，老百姓为此十分痛苦。方士侯生、卢生等人逃跑之前，还批评秦始皇残暴贪婪，任用一些残酷的官吏欺压人民，还说秦始皇一个人掌握大权，独断专行，喜欢以杀人为乐。

秦始皇听到这些以后，勃然大怒，以妖言惑众的罪名，立刻在全国范围内抓捕方士，并亲自圈定了460多人，把他们活埋了。

虽然秦始皇的本意是想杀一些方士，但是连带被杀的还有一些儒生，所以这件事情被后世称作"坑儒"。

坑儒事件发生后，连秦始皇的长子扶苏都觉得过于残暴。他对秦始皇说："天下初定，百姓尚不得安宁，这样做恐怕会引起骚动。"秦始皇听了，反而把扶苏贬到上郡去监督蒙恬的军队。

"焚书坑儒"事件表面上的起因是李斯斥责一些大臣坚持分封制的不合时宜，实际上是秦始皇为了加强中央集权制造的一场灾难。

在"焚书"事件中，许多经典被焚毁，使秦代以前的学说和思想保留得残缺不全，只留下了秦朝自己的历史和书籍。"坑儒"也是为了制止诸子百家的门人攻击朝政，以坑杀方士为借口，杀掉了许多诸子百家的代表。

"焚书坑儒"事件一直为后人所诟病，秦始皇的残暴统治最终导致了秦朝的迅速灭亡。

大泽乡起义

秦始皇为了阻止匈奴的侵扰，派大将蒙恬修筑长城。秦始皇给蒙恬 30 万大军，还从全国征调了 70 万民工参与长城的修筑。同时，秦始皇为了开发南方地区，又征调了 30 万军民。紧接着，他为了给自己修造阿房宫，又从全国抽调了 70 万人，据说这些人都是牢里的囚犯。

后来，秦始皇从咸阳出发，在全国巡游，结果路上病死了。秦二世上台以后，又继续从全国征调百姓，给秦始皇修造陵墓。

秦始皇陵的工程非常庞大，从秦始皇生前就开始建造了。据说陵墓的地基是用铜铸的，然后在上面用石块造成墓室和墓道、墓穴。最后，又在陵墓里灌满水银，装饰成河流大海的样子。完工之后，才把秦始皇安葬在里面。

安葬完秦始皇以后，为了防止秦始皇陵的秘密外泄，秦二世就把工匠全部封死在陵墓里，不让他们出来，给秦始皇做了陪葬。

当时秦国的全国人口才不过 2000 万，经过这一系列浩大的工程，耗费无数人力物力，百姓被逼得快没有活路了，全国上下怨声载道。

公元前 209 年，有 900 多个农民被两个军官押着从阳城（今河南登封东南）出发，准备送往渔阳（今北京密云西南）去戍守长城。军官为了管理这批人，就从中挑选了两个人作为屯长。这两个人一个叫陈胜，一个叫吴广，都是阳城地区的贫苦农民。

陈胜在年轻的时候就非常有理想。他和一群人在田里劳动，看着大家挥汗如雨,心想:"我如此年轻,什么都不缺,却要给贵族们辛苦劳作。总有一天,我要干一番大事业出来。"

一天,大家都在田里休息。陈胜对大家说:"将来咱们这些人当中,谁要是富贵了,可不要忘了大家啊!"

大伙听了他的话,都嘲笑他:"你就是给人当牛做马的命,哪里能够富贵呢?"

陈胜却不甘心,他感慨地说:"燕雀安知鸿鹄(即天鹅)之志!"

这次因为同往渔阳戍边,陈胜就和吴广认识了。两人一交谈,感觉非常投缘。

正当整个队伍急着往渔阳赶的时候,却遇上了接连不断的大雨。大雨引发了洪水,挡住了他们前进的路。大家都非常焦急,因为误了报到的日期可是要被处死的。

但是洪水挡道,实在无法前行。他们就在大泽乡(今安徽宿州东南)停了下来,准备等天晴以后再上路。陈胜见大雨下个不停,就偷偷地与吴广商量说:"这里离渔阳还有千里远,现在我们早就误期了。就算我们赶过去,难道他们能饶过我们的性命吗?"

吴广说:"那你说怎么办?难道我们逃跑?"陈胜说:"咱们能跑到哪里去?被抓回来也免不了一死。怎样都难免一死,咱们不如起来造反吧!这样就算失败了,也比被人杀了强。再说,老百姓也早就非常痛恨秦朝了。我听说,秦二世害死了自己的哥哥扶苏才当上了皇帝,大家都很同情扶苏;还有楚国的大将项燕,在楚国被灭以后就不见了,大家都不知道他是死是活。咱们造反以后,就打着扶苏和项燕的旗号来号召大家,这样原来楚国的人民都会响应我们的。"

吴广听了陈胜的话,非常赞同。但是他们要造反,首先要取得这个队伍里 900 多人的支持。

于是他们在一块白布上写了"陈胜王"三个字，塞进刚捞起来的鱼肚子里。带队的军官把鱼买回去之后，剖开鱼腹，发现了其中藏着的白布，就觉得十分惊奇。这件事情很快就引起了大家的注意。

到了半夜，吴广又偷偷跑到大家驻地附近的一座破庙里，点起了篝火，然后学着狐狸的声音叫："大楚兴，陈胜王。"所有的人听到以后，就更加感到奇怪了。

那时候的人非常迷信鬼神，所以接连发生这两件事情以后，大家就都开始在背后议论陈胜。由于陈胜平时对大家不错，大家都以为陈胜会是个不凡的人，对他就更尊敬了。

等看到大家都有些相信以后，陈胜和吴广就准备行动了。一天，两个军官喝醉了。吴广跑到他们跟前，故意激怒他们，还对他们说："现在大家路遇洪水挡道，眼看已经赶不上报到的日期了，还不如把大家都放回家去。"

军官听了之后十分生气，拿起军棍就打吴广，另一个军官拔出剑来吓唬他。吴广一把夺过军官的剑，把他杀了。陈胜也趁机冲上前去，杀了另一个军官。

陈胜把剩下的百姓召集起来说："咱们不能就这样去渔阳送死，就算死，也要像个样子。王侯将相难道是天生的吗？"

百姓们一起高声说："你说得对，我们都愿意听你的！"

于是，陈胜叫他们竖起一面旗子，旗子上写了一个大大的"楚"字。然后大家一起对天发誓：起兵造反，推翻秦朝。大家推举陈胜为将军，吴广为都尉，然后一起攻打大泽乡，顺利地把大泽乡占领了。

附近的百姓听说了这件事情后，都送来了粮食支持他们。还有很多年轻人，他们也都拿着锄头和耙子一类的农具加入了这支起义的队伍。那时候，

陈胜

吴广

秦始皇在建立秦朝之初就没收了天下的兵器，起义军没有兵器，就用削尖的木棒当武器。他们还用竹子当旗杆，做了许多旗帜。陈胜和吴广用这种方式建立起中国历史上第一支农民起义军，后人把农民起义也叫作"揭竿而起"。

起义军随后又占领了蕲县、陈县。陈胜自立为王，建国号"张楚"。起义军所到之处得到了广大农民的响应，以前被秦国占领的六国纷纷脱离秦朝。后来，由于起义军战线拉得太长，得不到各国起兵响应，吴广战败被杀，陈胜被叛徒出卖，也被杀害了。

轰轰烈烈的大泽乡起义失败了，但它点燃了全国人民反抗秦朝残暴统治的烽火。

巨鹿之战

陈胜、吴广在大泽乡揭竿而起后，全国各地纷纷响应，起兵反秦。以前被秦国灭亡的六国旧贵族也纷纷重新建立政权，反抗秦朝的统治。

在反抗秦朝的起义队伍当中，尤其以项梁和项羽带领的军队实力最为强盛。项梁是已故的楚国大将项燕的后代，项羽的叔叔。大泽乡起义之后，项梁和项羽召集了8000名子弟兵在吴中起兵反秦。他们迅速渡过长江，向西面进攻，一路上又接纳了许多反秦的义军，势力迅速得到了扩张。

为了号召更多的人民加入反抗秦朝的队伍中，项梁找到楚怀王的后代，拥立了一个新的"楚怀王"。项梁带领军队一路前进，多次打败秦军，占领了东阿、濮阳和定陶。同时，项梁又派项羽和前来投奔的刘邦带领军队从另一路夹攻秦军。

眼看着反秦的形势一片大好，此时的项梁骄傲自大了起来。不久，被项梁打败的秦将章邯趁机调集秦军，在定陶一带迅速反扑。由于猝不及防，项梁被秦军杀死。项羽和刘邦等人只好暂时退守彭城（今江苏徐州）。

章邯打败项梁后，认为楚军已经元气大伤，便掉转军队开始攻打赵国。赵王的手下和秦军刚一接触，就被打得溃不成军，只好退守到巨鹿（今河北平乡西南）。章邯又调来大将王离率大军围困巨鹿，自己带领主力在后面支援。巨鹿城被围困得犹如铁桶一般，守城的赵军难以支撑，眼看就要城破兵败，便派人向各路义军求救。

燕国、齐国收到消息以后，最先派来了援军。可是由于秦军人数众多，援军不敢上前解围，只好远远地筑起营垒，观望战局的进展。

楚国收到赵王的求援信以后，项羽为了替叔叔项梁报仇，立刻主动请求带兵救赵。于是楚怀王便以宋义为大将，项羽为次将，带领6万多人马前往救援。

楚军由于经过一段时间的修整，此时斗志非常旺盛，早就想打一场大胜仗，以雪前耻。可是宋义听说秦将章邯率领30万大军，没有信心击败秦军。楚军前进到安阳（今河南安阳西南）时，宋义便下令大军停止前进，就地驻扎休息。

楚军一停就是一个多月，宋义自己每天就在军营里饮酒作乐，绝口不提救援赵国的事。这可急坏了项羽，他前去面见宋义："将军，巨鹿已经被围困日久，情势十分危急。我们应该立刻前进，和赵王一起两面夹击，大破秦军。"

宋义看着他，缓缓地说："将军性子太急躁了，上阵冲锋你虽然勇猛，但是说到用兵，你还差远了。现在秦军势力正强，我们出兵的最佳时机还没有到来。不如等赵国和秦军两败俱伤之后，我们再趁机坐收渔人之利！"

项羽听到宋义的一番话，心里虽然不服，但是兵权在宋义手中，他不便发作，只好怒气冲冲地离开了宋义的军帐。项羽走后，宋义又发布一道命令："继续驻扎，不服军令者，一概严惩。"

这一下，项羽彻底被激怒了，他说："现在军中士卒都快没有吃的了，他却整天饮酒作乐，不肯出兵救赵，反而说什么坐收渔利。秦军一旦灭亡赵国，势力便会更加强大，我们还能有什么机会？上将宋义不为社稷着想，简直就是乱臣贼子！"

第二天一早，项羽就身着铠甲来到了宋义的军帐，再次要求立刻出兵。

秦

宋义大怒，严词拒绝。项羽拔出剑来，上前大喊一声："那就把你的头借给我发号施令！"宋义一听，吓得当场瘫倒在地。项羽一剑把宋义的头割了下来，然后立刻发布命令："宋义谋反，楚王密令我杀掉他！"

将士们得知宋义被杀，都被吓得不敢有任何异议。于是，项羽做

了代理上将。消息传到楚怀王那里，楚怀王便只好顺水推舟，封项羽正式做了大将，并把其他两支军队也交给项羽指挥。

于是项羽率领军队到达了巨鹿南面的漳水。他先派2万人马渡过漳水，和秦军打了一仗，并取得了胜利。然后他带领全军准备渡过漳水，前去解救被围的巨鹿。

渡河之前，项羽命令所有将士每人只许带三天的口粮，然后又下令毁掉所有做饭的锅灶。将士们十分不解，项羽就对他们说："巨鹿危在旦夕，我们这样做可以轻装前进。等打败了秦军，自然有锅可以做饭！"

大军渡河以后，项羽又下令将士把船只全部凿沉，以示不胜不还的决心。将士们见已经没有了退路，所以打起仗来十分勇猛。楚军迅速切断了秦军的粮道，并把秦将王离的人马包围了起来。

楚军和秦军展开交锋，6万楚军个个以一当十，奋勇向前。战场之上烟尘遮天蔽日，兵器的撞击声和喊杀声响彻云霄。楚军将士斗志昂扬，与秦军交战九次仍锐气不减。战场上尸横遍野，血流成河。

经过数次激烈的战斗，秦军被楚军打得大败。秦将王离被俘，章邯收拾残兵败退。

在项羽与秦军交战的过程中，其他各路诸侯的援军都因惧怕秦军的声势，无人敢轻举妄动。当他们看到楚军和秦军的战斗时，都被项羽的气势吓呆了。等项羽胜利以后，各路诸侯连忙前往拜见。他们跪在地上，爬进项羽的营帐，连连夸赞他说："大将军神威盖世无双，我们愿从此听您指挥。"

随后，项羽又乘胜追击秦军。秦将章邯在孤立无援、走投无路的情况下，率兵投降了项羽。

巨鹿之战中，项羽以少胜多击败了秦军的主力，彻底扭转了整个抗秦斗争的战局。从那时起，项羽就成了所有义军的首领。

约法三章

公元前207年，项羽在巨鹿之战中大败秦军。与此同时，另一支由刘邦率领的起义军也突破了秦军的防线，打到了关中以南的地区，而秦国的都城咸阳就在关中地区。

得知起义军兵临城下的消息，皇帝秦二世大为震惊，连忙让丞相赵高组织兵马前往抵挡。赵高心知秦朝大势已去，便派人杀死了秦二世，拥立子婴继位。由于秦朝版图已大不如前，所以赵高让子婴取消了帝号，只称秦王。子婴虽然得到继承权，但他深知自己只是赵高的傀儡，一定要设法除掉赵高，否则自身难保。

于是，子婴与身边的宦官定下计策，准备诛杀赵高。就在子婴斋戒五天，准备正式参加登基仪式的时候，他对外宣称自己生病了，不能前往。赵高便亲自前来催促，子婴身边的宦官当场就把赵高杀死。然后子婴召集百官进宫，历数赵高罪状之后，整顿兵马迎战刘邦。

子婴派出5万人马，在峣（yáo）关（今陕西商县西北）驻守，阻挡刘邦进攻咸阳。刘邦接受手下谋士张良的建议，在峣关两面的山上竖起无数旗子，用来虚张声势，然后派将军周勃带领人马从峣关的侧面发起了进攻。经过几次交战，刘邦带领的义军消灭了都城附近的秦军，打到了咸阳附近，驻军在灞上。

刘邦派人向子婴劝降，子婴无奈之下只好同意。子婴亲自挂着表示请罪的绳子，乘坐着由白马拉着的马车，身上穿着丧服，带着传国玉玺和兵符、节杖等前往刘邦处请降。子婴从即位到投降总共当了 46 天的秦王。

刘邦的手下建议把子婴杀掉，但是刘邦对他们说："我进攻咸阳是奉了楚怀王的命令，我怎么可以私自杀死秦王？再说秦王已经投降，杀了他会造成很坏的影响。"于是，刘邦收下了子婴献上的传国玉玺，把子婴关押了起来。

就这样，中国历史上第一个统一的封建王朝经历了 15 年的统治，就在农民起义中灭亡了。

紧接着，刘邦带兵进入咸阳。将士们进城之后，见到秦宫华丽奢侈，其中遍布金银财宝、珍珠美玉和古玩珍奇，不禁贪心大起，纷纷大肆抢掠。整个咸阳顿时陷入一片混乱之中。

刘邦打了大胜仗之后，也不禁起了放纵享乐的念头。面对秦宫里堆积如山的珍珠美玉，还有那后宫无数的佳丽，刘邦自己也想好好享受一下当王的滋味。于是刘邦自己就住进了秦宫，整天流连其中不忍离去。

刘邦手下有些将士面对这种诱惑时，仍保持了清醒的头脑。他们不断向刘邦劝谏："要成大事，不能沉湎于这些玩物丧志的东西。"刘邦手下有个大将樊哙，以前是个杀狗的，他对刘邦说："贪图珠宝美玉和后宫佳丽正是秦朝失掉天下的原因，你是想得到天下还是想得到这些？咱们还是回军营吧！"

刘邦早被胜利冲昏了头脑，根本就听不进去樊哙的建议。于是，谋士张良也劝他说："秦朝就是由于自己的穷奢极欲才导致灭亡，你才可以取得胜利。现在你才刚刚来到咸阳就贪图享受，不思进取，这样和以前秦朝的做法有什么分别？希望你可以听从樊将军的建议，放弃这些。"

经过樊哙和张良的苦苦劝说，刘邦终于醒悟了过来。于是刘邦立刻将秦宫里的所有财宝封存进仓库里，带着将士们撤离了咸阳，回到了灞上。

刘邦还军灞上以后，立刻召集附近各县的父老和有名望的人，向他们宣布了一个安抚通告："百姓们受秦朝严酷刑法的折磨已经很久了。现在我和大家约定：杀人者偿命，伤人者要治罪，偷盗者也要治罪。除了这三条，秦朝以前的法律全部废除。我之所以来到这里，就是为了给百姓们免除灾害，并不是为了抢掠施暴，请大家放心！我现在驻军灞上，等待所有的诸侯到来之后，再制定新的律法。"

这就是历史上有名的"约法三章"。这样的临时法令一经宣布，就保护了秦朝留下的行政机构和官员，稳定了当地的社会秩序；地主和百姓的利益也得到了保全，使百姓免受战争之后的又一次劫难。

刘邦与当地父老"约法三章"以后，百姓们十分高兴，都争先恐后地带着牛羊酒食等前来慰劳将士。刘邦对此拒不接受，他对大家说："粮仓里的粮食很充足，不必父老们再费心了。"从这以后，关中地区的百姓对刘邦的军队留下了非常好的印象，刘邦也因此在这个地方建立起了威信，百姓们都唯恐刘邦不能在关中称王。

而此时身在战场上的项羽就反其道而行。投降项羽的秦军经常受到侮辱和折磨，再加上这些降卒思乡心切，所以军心有些浮动。于是，项羽就把20万秦朝的降卒全部杀死了。自此，项羽残暴的名声就传了出来，关中地区的百姓就更加畏惧项羽了。

项羽在向咸阳进军的过程中听说刘邦已经先进了咸阳，就把秦朝的降将章邯封为雍王，雍地就在关中，这就等于不承认当初楚怀王"先入关者为王"的约定。这件事让刘邦十分气愤，决心和项羽彻底决裂。

由于刘邦与关中百姓"约法三章"，加上项羽残暴和不守信用，所以刘邦深得民心。这也为后来刘邦的胜利奠定了基础。"约法三章"在历史上影响深远，意义重大。

鸿门宴

刘邦得知项羽封秦朝降将章邯为雍王之后,十分气愤。这时,手下建议他守住关中,不让项羽及手下的诸侯们进关中。刘邦没有想清楚其中的利害关系,便不顾等待诸侯们一起进关的承诺,派军队前往函谷关驻守。

刘邦的这一举动立刻激怒了项羽,项羽带领40万兵马来到了函谷关下。而此时刘邦只有10万人马,双方实力悬殊。项羽在函谷关受阻以后,立刻下令攻打函谷关。没过多久,函谷关就被攻破,项羽也进了关中,最后行进到离刘邦大营不远处的新丰、鸿门一带驻扎了下来。

刘邦手下有一个叫曹无伤的官员,他得知项羽到来以后,想暗中投靠项羽。于是,曹无伤暗中派人向项羽报告说:"刘邦进到咸阳是想做关中王。"

项羽得知这个消息,顿时怒不可遏。他手下的谋士范增趁机对他说:"刘邦进入咸阳后又退了出来,他没有贪图秦宫的财宝和佳丽,由此可以看出,他的志向非同寻常。我们一定要趁此机会把他消灭掉,否则将来后患无穷。"

项羽听从范增的建议,决定消灭刘邦。项羽的叔父项伯得知这个消息后,连夜赶到40里之外的刘邦大营里,去劝自己的朋友张良快点逃跑。因为张良曾经救过他的命,他不想张良因此受牵连。

张良却忠心追随刘邦,不愿意就此离去,他把消息转告了刘邦。刘邦连忙和张良一起去会见项伯,不断表明自己并没有野心,希望项伯可以从中说合。项伯忠厚,见刘邦如此诚恳,便答应了下来。项伯还嘱咐刘邦要亲自去向项羽赔罪，方可消除误会。

第二天一大早，刘邦就带着谋士张良、将军樊哙和手下一班随从，前往鸿门面见项羽。刘邦一见到项羽，就装作十分谦卑地说："我们同在楚怀王手下，一起带兵反抗秦朝。虽然与将军兵分两路，但是我自己也没想到会如此侥幸，先进了咸阳。今天能见到将军，实在令我感到高兴。可是我听说有人离间将军和我的关系，惹得将军不高兴，这真是太遗憾了！"

项羽听了刘邦的话，又看到他如此谦恭，便不再怀疑，直接对刘邦说："都是你手下曹无伤说的，我只是误信人言而已。"

随后项羽又设宴招待刘邦，并请范增、项伯和张良同席。在酒宴上，范增不停地用眼神暗示项羽，并举起自己随身佩戴的玉玦（jué），提醒项羽要下定决心除掉刘邦。可是项羽却故意假装没看见。

范增见项羽犹豫不决，便借故离席，来到帐外。他找来项羽的堂弟项庄，说："大王对刘邦心慈手软，不忍下手。过一会儿你进去借故敬酒，找机会杀掉刘邦！"项庄点头答应了。

不一会儿，项庄来到宴会上说："军营里没有什么可供娱乐的，不如我给大家舞剑助兴吧。"说完，他就舞起剑来，而且边舞边向刘邦靠近。项伯看出了端倪，便站出来说："一个人舞没意思，我来和你对舞吧！"于是项伯便拔剑和项庄对舞了起来，用自己的身子护住了刘邦。两人剑光飞舞，刘邦的处境十分危险。

张良也早看出来项庄的意图，他也借故离席，来到外面对将军樊哙说："现在里面情形十分危急，项庄想借舞剑对主公不利。"樊哙一听，大吃一惊，立刻一手提剑，一手拿盾，冲进了军帐中。守门的卫兵想拦住他，结果被他撞倒在地。项伯和项庄也被吓得站到了一边，停止了舞剑。

樊哙冲进军帐之后，直直地站在那里，两眼圆睁，瞪着项羽。他一副怒

刘邦

项庄

气冲冲的样子，头发都好像要竖起来了。项羽见他进来，也被他的样子吓了一跳，手按着剑问道："这是什么人，来这里做什么？"

跟着樊哙一起进来的张良连忙说："这是为我主公驾车的樊哙。"项羽不禁赞叹道："好一位壮士！"说完，他让手下给樊哙递上一杯酒和一只生猪腿。

樊哙接过酒肉，毫不客气地大吃大喝起来，然后对项羽说："当初楚怀王约定，谁先进关中，就封关中王。现在我主公先进关中，却什么都没得到。他把咸阳的宫殿仓库全封了起来，还把军队撤到灞上，就是要等将军到来。这样的功劳不但没有得到赏赐，反而受到猜忌。将军这样做，和秦王有什么分别？"

项羽被问得无话可说，就请樊哙一起饮酒，樊哙便挨着张良坐了下来。过了一会儿，刘邦借故上厕所，起身外出。张良和樊哙也跟着一起来到帐外，刘邦留下一些礼物，托张良转交项羽，自己带着樊哙不辞而别，先回灞上去了。

张良估计刘邦走远了，才又返回军帐，对项羽说："我主公喝醉了，身体不适，已经先回去了。他叫我献上礼物，向将军赔罪！"项羽就接过礼物，放在一边。范增却怒气冲冲地说："这小子真是太没用了，枉我为他出谋划策。将来被刘邦夺取了天下，我们都要跟着你做俘虏！"

刘邦回去以后，立刻就让人把曹无伤杀了。项羽在鸿门宴上因为犹豫不决而放过了刘邦，后来果然被刘邦打败。

后来，人们经常用"鸿门宴"来比喻不怀好意的聚会。

四面楚歌

鸿门宴后,项羽进入咸阳。他杀死了秦王子婴,随后又把楚怀王发配到江南,自立为西楚霸王,定都彭城。

刘邦见项羽实力强盛,只好暂时接受汉王的封号,退居到巴蜀和汉中一带。临走前,刘邦派人烧掉了进入关中的唯一一条栈道,表示自己不再出兵。

过了两年,项羽派人杀死了楚怀王。刘邦听从韩信的计谋,一面派人修复栈道,迷惑雍王章邯的守军,一面派韩信率军从陈仓(今陕西宝鸡东)杀进了关中。同时,刘邦联络诸侯一起讨伐项羽,称要为楚怀王报仇。刘邦和项羽为争夺天下引起的长达五年的楚汉之争,自此正式拉开了序幕。

此时的项羽正在领兵平定齐国的叛乱,刘邦借机大举东进,一直杀向了项羽的都城彭城。刘邦联合了诸侯的兵力,号称有56万人,短短数月之间,就占领了项羽的大部分领土。

项羽此时的兵力没有刘邦多,而且面临齐国和刘邦两面的敌人。在这种情况下,项羽大胆地亲自带领3万骑兵,星夜兼程地赶到彭城,截断了刘邦的后路。

项羽在清晨突然发动偷袭,刘邦和诸侯们的联军被打得措手不及,在逃命的过程中自相残杀,损失了10万多人。不过由于项羽的人马太少,最后还是让刘邦收拾残兵逃走了。

秦

　　刘邦率领残军退到了荥（xíng）阳，然后派大将打退了项羽的追兵。他重整军队，以关中为基地，清除了一些忠于项羽的诸侯。刘邦一面自己率军不断侵扰项羽的领地，一面派韩信攻破韩国，开辟北方战场。

　　韩信又率军攻打魏国。魏王派重兵把守黄河渡口临晋，收走了黄河沿岸的所有船只。韩信派疑兵打造战船，假装要强渡临晋，其实从夏阳以木罂渡军，奇袭魏国都城安邑。于是韩信俘虏了魏王，占领了魏国，又击破代国，俘虏了代国相国。刘邦收了韩信的精兵，南下荥阳以拒楚兵。

　　韩信仅率领数万人马，进攻赵国。赵王听说汉军来犯，聚集重兵把守汉军的必经之路井陉口，号称有20万人。熟知兵法的韩信深知"置之死地而后生"的道理，下令背水列阵抵抗赵军的强攻，同时派一支骑兵偷袭赵军的大营，插上汉军的赤旗。赵军久攻不下，想撤回大营，发现大营已经被汉军占领。赵军的心理防线崩溃，韩信俘虏了赵王。

　　韩信又采用降将李左车的建议，以兵威迫使燕国就范，不战而降，正所谓"不战而屈人之兵"。随即，韩信兵锋直指齐国。刘邦派郦食其游说齐王，与汉讲和。韩信却听从谋士蒯通的计策，乘机袭破齐国，被刘邦封为齐王。

　　刘邦和项羽相互攻打，后来形成了对峙的局面。于是项羽和刘邦订立盟约，以荥阳以东的鸿沟为界，中分天下，东面属楚，西面归汉。订立盟约以后，项羽率军撤回彭城，刘邦也准备返回西方。

　　这时，刘邦的谋士张良、陈平建议撕毁盟约，趁楚军撤退的时机发动偷袭。刘邦采纳了他们的建议。可是这次诸侯却并没有派兵配合刘邦，项羽遭到追击之后也发动了反攻，把刘邦打得大败。

　　刘邦用分封土地作为条件，约请诸侯一起攻打西楚霸王项羽。这次各路诸侯一起出兵，和汉军会合在垓（gāi）下（今安徽灵璧东南），同项羽展开了最后的决战。项羽多次发动反攻，但是由于寡不敌众，再加上士兵疲劳，10

万人马损失到仅剩下 2 万。

最后，刘邦的联军终于把楚军大营围困了起来。到了晚上，项羽在大营中听见周围的汉军中传来楚地的歌声，十分吃惊："难道汉军已经把楚地占领了？怎么会有这么多人唱楚歌？"这就是成语"四面楚歌"的来历。

原来，这都是刘邦根据谋士的计策故意安排的。他让人在楚军大营外唱楚歌，就是要扰乱楚军的心神，彻底瓦解他们的斗志。

项羽对形势判断错误，决定突围。项羽一边饮酒，一边慷慨激昂地唱道："力拔山兮气盖世，时不利兮骓不逝。骓不逝兮可奈何，虞兮虞兮奈若何！"他的一名叫虞姬的美人在旁边和着歌声，翩翩起舞。

歌罢，项羽跨上战马，挑选了 800 名骑兵，趁着夜色向西南方突围。天亮后，汉军发现项羽已经逃走，于是派出 5000 名骑兵追击。

项羽边战边退，渡过淮河以后，又迷了路，结果陷入了沼泽，延误了时间。后来项羽又被汉军追上，这时他身边的骑兵已经损失得只剩下 28 名了。项羽眼看无法脱身，就对身边的人说："我今天被困在这里，不是因为我不会打仗，而是天要亡我！让我给大家展示一下斩将夺旗，让你们知道是天要亡我，不是我不会打仗！"

说完，项羽率领剩下的骑兵一起杀向汉军，约好突围后在山东面会合。项羽一人连杀两名汉将，杀死汉军近百人，自己只损失了两人。和手下会合后，项羽问他们："怎么样？"手下一起回答："和大王说的一样！"

项羽和手下边战边退，来到了乌江（今安徽和县东北）边上，想渡过乌江，回到楚国去。船夫把船停到岸边，对项羽说："江东虽然小，但是也有数千里，数十万百姓，大王还是可以称王的。大王快上船吧，汉军来了就没机会了！"

项羽起了愧疚之心，决心就战死在这里。他叹息说："想当年我和江东的

秦

子弟兵8000人一起渡江向西，现在却没有一个人和我一起生还。就算江东父老还尊我为王，我还有什么面目见他们呢？"

于是项羽把自己的乌骓马送给了船夫，然后下令所有的骑兵都下马战斗。汉军追到乌江边上，又被项羽杀死了数百人。

最后项羽战斗到只剩下他一人，身上多处受伤。这时，他看到汉军中有一个自己原来的部下，就对他说："我听说汉王悬赏千金、封万户侯要我的头，我就成全了你吧！"说完，项羽拔剑自刎。

汉

白登之围

刘邦灭掉项羽后,建立了汉朝,先是建都洛阳,后来改秦都咸阳为长安,又把都城迁到了长安,而他也被历史上称作汉高祖。虽然刘邦是在公元前202年称帝,但秦是在公元前206年灭亡,所以历史上把公元前206年到公元25年的这段时期称为西汉,也叫前汉。

汉朝建立后,面临的头号强敌是匈奴。匈奴,是生活在中国北方蒙古大草原上的游牧民族,善于骑射,幼时就能骑羊,弯弓射鸟、鼠;稍长大后,能骑马射狐、兔。这个民族善于战斗,平时骑马打猎,紧急之时能立刻组成军队去打仗。只是这个民族一直分散居住在草原上,每个部落都有各自的首领,千百年来一直没有统一过。

匈奴从殷商时期开始,经常骚扰中原地区。周朝时,匈奴的犬戎族甚至在骊山下攻击并杀死了周幽王。春秋时期,齐桓公尊王攘夷,打击了匈奴的嚣张气焰;秦穆公对西戎的打击更是严厉,开拓千里疆界,称霸西方。到了战国时期,秦、燕、赵三国都修筑长城抵御匈奴;秦国消灭匈奴的义渠;赵武灵王兼并匈奴的林胡、楼烦。春秋战国时期,华夏民族有效地抵御了匈奴,使这个民族没有对华夏构成太大危害。秦始皇统一六国,将燕、赵、秦的长城连接起来,筑成了万里长城,并派将军蒙恬率大军驻守。这一段时间匈奴

汉

不敢南下牧马。

楚汉相争时,华夏一片混乱。秦朝戍边部队全都解散,匈奴乘此机会发展壮大起来。匈奴的王叫单(chán)于,单于的王后叫阏氏。

匈奴冒顿(mò dú)单于与汉高祖同时。冒顿单于是头曼单于的太子。冒顿有一个后母,就是头曼的新阏氏。头曼喜欢新阏氏,当然也很喜欢与她生下来的小儿子。头曼想要立小儿子为太子,总想找机会废掉自己的大儿子。

当时,匈奴的东边是东胡,西边是月氏(zhī)。匈奴他们之间经常发生战争。在古代,各部落(或政权)间为了增强彼此的政治诚意,往往会相互交换人质,这些人质往往是各部落(或政权)首领的儿子。然而当其中一个背信弃义时,另一个就有可能杀死对方派来的人质。

头曼将自己的太子冒顿派往月氏做人质,然后急攻月氏,企图借月氏之手杀死冒顿。可是冒顿十分机灵,他盗取了宝马,杀开一条血路,连夜逃到匈奴。头曼见到儿子,大为惊讶,也大为欣赏,不但放弃了杀害他的念头,还让他当上了数万精兵的统领。

冒顿权力在手,就想要报仇。他从精兵中挑选数百精锐作为护卫,然后制作鸣镝(一种响箭)。他下令护卫军,鸣镝射到哪里,护卫军的箭就要射到哪里,有不听从的,立斩不饶。他们一起去打猎,冒顿以鸣镝射鸟兽,护卫军不向鸟兽发箭的,立即斩首。然后,冒顿以鸣镝射杀自己的战马,这时有人不敢射,冒顿立即将这些人斩首。后来,冒顿以鸣镝射杀自己的妻子,护卫中有人不敢射,冒顿立即将这些人斩首。再后来,冒顿带着护卫一起去打猎,看到了头曼单于的坐骑。冒顿以鸣镝射头曼的坐骑,护卫不敢稍慢,一起发箭将头曼的坐骑射杀。这时,冒顿知道自己的护卫可以做大事了。一天,冒顿带着护卫随同头曼单于去打猎。忽然,他发射鸣镝射向头曼,他的护卫听到响声，立刻发箭朝头曼射去。头曼被乱箭射死。然后，冒顿处死了后母和弟弟以及大臣中反对他的人。

当时东胡强盛，轻视冒顿，听说冒顿杀父继位，就派人来向冒顿索要头曼单于的千里马。冒顿问群臣，群臣都说："千里马是匈奴的国宝，不能给。"冒顿说："既然是邻国，怎能为一匹马绝邻国之欢？"冒顿就将千里马送给东胡。东胡王很高兴，以为冒顿害怕自己，就向匈奴索要单于的阏氏。冒顿又问群臣，群臣大怒，说："东胡无道，竟敢要我们单于的阏氏！请发兵讨伐！"冒顿说："既然是邻国，又怎可因一个女人而绝邻国之欢？"于是，冒顿将自己最喜欢的一个阏氏送给了东胡王。东胡王更加高兴，也更加傲慢了，他一次次派兵侵略匈奴。匈奴有一块荒地，与东胡相邻，方圆千里，无人居住。东胡王向匈奴要这块荒地。冒顿问群臣，群臣说："这是一块荒地，给他也可，不给也行。"冒顿听了，大发雷霆说："土地乃国家之本，怎可送人？"所有说可以给地的，都被斩首。然后冒顿披挂上马，下令军中来迟之人立斩不饶。各方人马立刻云集单于庭。冒顿率领大军，突袭东胡。东胡王一直以为冒顿害怕自己，没有丝毫准备。冒顿长驱直入，一战消灭东胡。

后来，冒顿又凭借拥有的 30 万精兵，东侵燕代，西破月氏，南并楼烦、白羊河南王，统一了匈奴各部，并日益强盛起来。

汉朝建立以后，分封诸侯，将韩王信迁徙到代地，以马邑（今山西朔州市）为都城。公元前 201 年，匈奴围攻马邑，韩王信投降。匈奴继续南下，攻打太原郡。公元前 200 年，刚刚登基的刘邦御驾亲征，带领大军驱逐匈奴。当时天气寒冷，风雪交加，有两三成士兵的手指都冻掉了。汉兵求胜心切，而冒顿假装败退，汉高祖率领骑兵奋起直追，追到平城（今山西省大同市），后面的步兵还没有赶到。此时，冒顿忽然调集几十万骑兵将高祖围困在白登。

汉

汉高祖在白登被围困了七天七夜，再不设法突围，汉兵十分危险。于是，汉高祖派遣陈平带上厚礼去献给单于阏氏。阏氏得到贿赂，就劝告冒顿说："汉王也是有神灵相助的人，单于还是解开重围，放他出去吧。何况，汉朝土地怎么比得上我们匈奴的草原？"

此时单于也在等待韩王信派大将前来会战，可是久等不来，单于担心这些人有诈谋，就听了阏氏的话，开围放走了汉高祖。

此后，冒顿单于还是经常南下袭扰。汉高祖很苦恼，就与群臣商议对策。刘敬说："如果陛下能把嫡长公主嫁给冒顿单于，并送去大量嫁妆，冒顿一定很高兴，必定要以长公主为阏氏。长公主生下的儿子，将来就可以成为匈奴的单于。冒顿活着，就是大汉女婿；他死后，匈奴单于就是大汉外孙。哪有外孙敢跟祖父分庭抗礼的？这叫不战而屈人之兵。"

汉高祖觉得这条"和亲"之计很好，可是吕皇后听了，大哭不止。吕皇后舍不得将自己的女儿鲁元公主远嫁到匈奴，汉高祖只好另外选了一个宗室女子，诈称是自己的女儿，将她嫁给了冒顿单于。

此后，汉朝每年给匈奴送去粮食、酒、丝绸、布匹等，双方关系才暂时得到缓和。

周勃灭吕安刘

汉朝建立之后没几年，刘邦就因病去世。临死之前，皇后吕雉问刘邦："陛下百年之后，如果萧相国也死了。那么，谁可以担当丞相一职呢？"

刘邦说："曹参。"

吕雉又问："曹参之后呢？"

刘邦说："王陵。王陵个性耿介，缺少变通，需要陈平相助。陈平智谋有余，难以独立成事，需要周勃辅佐。周勃为人厚重少文，但最终能安定刘家天下全靠此人，可让他做个太尉。"

吕雉又问："周勃以后呢？"

刘邦说："那时候，连你也不在人世了！"

皇后吕雉为何如此关心丞相的人选呢？因为刘邦当年统领各路英雄豪杰共同建立了大汉王朝，那些大汉的开国功臣大多桀骜不驯，只有刘邦才能统领他们；而未来的皇帝刘盈生性懦弱，难以镇服功臣。如果功臣不怕新皇帝，起来造反，天下就乱套了。吕后希望刘邦能推荐几个人来担任丞相，帮助新皇帝统领功臣。

吕雉为人刚毅、狠毒，权力欲望极强。当他的儿子刘盈成为皇帝之后，作为汉朝至高无上的皇太后，她首先想到的是报私仇，害死了刘邦生前最宠爱的妃子戚夫人，又毒死了她的儿子赵王如意。善良柔弱的刘盈得知母亲做出的种种事情，精神崩溃，只做了短短七年的皇帝，就离开了人世。

汉

汉孝惠帝刘盈去世后，吕后开始全面掌控国家大权。陈平、周勃等人为了保住性命，不得不做出让步。于是吕太后夺取了军权，任命侄儿吕台、吕禄、吕产为将军，取代功臣掌管南北军，又安排吕氏家族成员担任朝廷要职。吕后杀害刘姓诸侯王，刘家的朝廷几乎变成吕家的天下。

吕后仍然不知足，为了扩张吕氏家族的势力，要求封诸位吕氏成员为诸侯王。吕太后的要求引起大臣的不满。

反抗最激烈的是丞相王陵。王陵说："当年高祖与大臣歃（shà）血盟誓，非刘氏而封王者，天下共击之！因此，只有刘氏宗族成员才能被封为王，只有功臣才能被封为侯。诸吕既非宗族，又非功臣，怎能称王侯？"

吕后听了，十分不满，问丞相陈平、太尉周勃。这两个人看出吕后的不满，只好迎合吕后，说："高祖当年平天下，能封子弟为王，太后如今镇抚天下，当然也可以封子弟为王。"

吕后听了大喜。退朝之后，王陵责备陈平和周勃："你们忘记高祖的话了吗？将来你们死了，有何脸面去见高祖？"

陈平、周勃回答说："面责廷争，我们都不如您！保全刘氏天下，您比不上我们！"

后来，吕后罢免了王陵。而陈平、周勃两人因为赢得了太后的信任，得以继续担任丞相和太尉，掌握着一定的实权。

吕氏从中央到地方全面排挤刘邦的子孙，并用残酷的手段控制了政权。

孝惠帝去世之后，吕后专政八年之久。吕后去世之前，叮嘱吕禄、吕产，要他们牢牢掌控南北军的军权，以免受制于人。

刘邦的孙子朱虚侯刘章当时在长安，他十分痛恨吕氏家族专权，得知吕后去世的消息，立刻通知兄长齐王刘襄，要他发兵攻打长安，一举消灭诸吕，然后自己当皇帝。齐王得到消息后，立刻发兵西进，并号召各路诸侯共同发兵消灭不当称王的吕姓诸侯。

吕禄、吕产十分着急，派颍阴侯灌婴带兵抵御诸侯军。

灌婴带领大军来到荥阳，心想："诸吕想要危害刘氏，自立为皇帝，我若攻打齐军，就是为虎作伥。"于是灌婴命令驻军荥阳，与齐军联合，准备共同攻打长安。

形势对吕禄、吕产等十分不利。他们想要发动政变，夺取政权，外怕诸侯联军，内惮绛侯周勃、朱虚侯刘章，正犹豫不决。绛侯周勃决定迅速采取行动，无奈手中没有掌握兵权，无法处决吕禄、吕产等人。

周勃与陈平商量，订下计策。吕禄有一个朋友郦寄，周勃派人劫持了他的父亲，命他劝说吕禄放弃兵权。

那人依照陈平、周勃的话，劝吕禄说："如果您赶紧交出兵权，与各路诸侯立下誓约，然后回到您的封地去，大臣们自然放心，诸侯也自然罢兵了。而您也可以高枕无忧地安享荣华富贵，这样何乐而不为呢？"

吕禄相信了他的话，把将军印交给了太尉周勃。周勃手持将令，来到北军军营，集合全体将士，大声说："愿为刘氏者，袒露左肩；愿为吕氏者，袒露右肩！"全军将士纷纷脱下左臂衣袖，万众一心。太尉周勃全面掌握了北军，然而，当时还有南军为相国吕产所掌握。

吕产得知灌婴已经与诸侯联合准备攻打长安，十分着急，想要立刻进宫，劫持年幼无知的皇帝，然后以皇帝的权威号召诸侯罢兵。

吕产的打算很快就传到陈平的耳朵里。陈平立刻通知朱虚侯前去辅佐周勃。周勃一方面派人传令，要宫中护卫关闭城门，拒绝吕产入宫，一方面派朱虚侯刘章率领人马打着保卫皇帝的旗号前去诛灭吕产。吕产带着随从兵将，来到未央宫门外，想要进去，却得不到允许。他当时不知道吕禄已经放

汉

弃了北军，形势对自己极为不利，所以他一直在宫门外徘徊不前，而没有强行进宫。吕产的徘徊犹豫，使他错失了机会。不久，朱虚侯刘章率领 1000 人赶到，见到了吕产。两军对峙，剑拔弩张，一触即发。

到了太阳升起之时，朱虚侯刘章发动进攻。吕产手下兵马不敢作战，丢盔弃甲而逃。吕产躲进厕所，走投无路，被刘章杀死。刘章将吕产的死讯汇报给周勃，周勃大喜，说："最担心的就是吕产，如今吕产已死，天下大定了！"

就这样，吕氏宗族失去了军权，没有了保障。接着，周勃派人将吕氏宗族成员全部抓获，吕禄等人处斩。消息传开，各路诸侯纷纷罢兵返回封地。

诛灭诸吕之后，陈平、周勃等功臣迎接代王刘恒为帝，刘恒就是汉文帝。汉文帝以黄老之学治国，崇尚无为而治，是著名的"文景之治"的开创者。

缇萦救父

春秋战国时期礼崩乐坏,以下犯上、为非作歹的事情层出不穷。各诸侯国制定刑法,约束百姓行为,而秦任用商鞅变法,设立名目繁多的罪名,制定残酷的刑罚。秦始皇统一天下之后,专用刑罚治国,不讲仁义礼乐。

秦朝设立的罪名很多,也很苛刻。比如有人议论朝廷政策,就可能被定为诽谤罪,依法要被处死,哪怕是朋友之间说两句悄悄话,被人看见揭发,也会以诽谤罪被处以死刑。

除了罪名多,刑罚也极为严酷。死刑就包括绞刑、枭首、腰斩、车裂等。有的人犯了特别严重的罪,比如造反,轻则杀头,重则夷三族——一种连坐制度,不但要处死犯人,还要处死或严惩犯人的父族、母族和妻族亲属。至于肉刑,包括黥(qíng)刑(在脸上刺字,涂墨)、劓(yì)刑(割掉鼻子)、斩趾(砍掉小腿)等。至于笞刑,就是用竹板或木板击打犯人。罪名越重,打的板子越多。少的几十板,多的几百板。被活活打死的人有很多。

秦朝灭亡,一部分原因就是法令苛刻、刑罚严酷。汉朝吸取秦朝的教训,一开始使用很宽松的法令。刘邦进入咸阳时,与民"约法三章",用宽大的法令代替秦朝苛刻的法令。百姓喜悦不已,汉朝赢得了天下民心。

西汉建国之初,天下还不太平。为了巩固统治、惩治奸猾之徒,丞相萧何适当地恢复了秦朝法令。汉朝的法令中就包括了夷三族、肉刑等酷刑。

汉文帝看到这些刑法让很多无辜的人遭受了惩罚,心中不忍。在即位的

汉

第一年，他就与群臣商议："法令是用来打击暴民，保护善良人的。但现在有夷三族、连坐等法令。犯法之人依法论处这是应该的，但是他的父母、妻子、兄弟等人并没有犯罪，为何也要受惩罚呢？朕以为这个法令应当取消，请商议！"

不少大臣不同意取消这个法令，他们说："连坐制度虽然残酷，但可以让人增加顾虑，使他们不敢犯法。这项法令由来已久，废除之后恐有不便。"

汉文帝坚持废除这项法令，他说："如果法令公正，百姓自然忠厚；如果罪罚相当，百姓自然顺从。如果法令不公正，使百姓受惩罚，那么谁肯为善？原本无罪之人也要铤而走险。如此一来，天下大乱！"

汉文帝的坚持终于使连坐、夷三族等严刑得以废除，天下百姓欢欣不已。

汉文帝又要废除诽谤罪。他说："古代君王治理天下，朝堂前面设有谤木，以便百姓提出意见，帮助君主治理国家；如今却设有诽谤妖言之罪，让百姓与官吏不能提出意见，让天子听闻过失。这不利于君主治理国家。古语道：'防民之口，甚于防川。'从此以后，废除诽谤妖言之罪，令天下百姓与底层官吏放心议论朝政，大胆提出意见。"

汉文帝废除了诽谤罪以后，百姓对朝廷政策有所不满可以立刻传达到皇帝那里。皇帝根据实际情况，调整国家政策，让百姓得到福利。诽谤罪的废除，使国家政治清明，百姓安居乐业。

公元前167年发生的"缇萦救父"事件，对汉朝法治产生了深远影响。缇萦，是一个小女孩的名字。她的父亲名叫淳于意。淳于意是齐国太仓长，同时也是一位神医，治好过无数疑难杂症。有一次，一个女人吃了他的药，不但病没好，反而死了。于是有人告他贻误病情，庸医杀人。依照汉朝法令，淳于意被押解到长安受刑。

汉文帝

缇萦

汉

淳于意没有儿子，只有五个女儿。淳于意临出发时，五个女儿追上去不住地痛哭。淳于意大为恼火，说："只恨我没有儿子，只有女儿。遇到紧急情况，没有人来救我，只有人痛哭！我要你们有什么用啊？"淳于意最小的女儿就是缇萦。缇萦听了父亲的话，十分伤心，决定挽救父亲。

缇萦跟随父亲来到长安，跪在宫门外，向汉文帝上书，说："我父为官，百姓都称赞他为人清廉公正。如今因为犯法，要受刑罚。死者不可复生，受刑者不能还原。即使想要改过自新，也没有机会了。妾愿意入宫为奴，以赎父亲之罪，让他能够改过自新！"

汉文帝听了这话，十分怜悯，下令说："古人犯法，画地为牢，百姓不敢再犯。今人犯法，实施肉刑，而奸恶不止。这是什么缘故？这都是因为朕德行太浅，教化不明！为此，我十分惭愧。人们之所以犯法，都是因为皇帝教化不明。教化还没实施，就先施以刑罚，剥夺子民改过自新的机会，这是民之父母应该做的事吗？砍断人的肢体，毁坏人的肌肤，使健康子民终生残疾，这种刑罚何等恶劣，何其不道？从此以后，废除肉刑，以其他刑罚代替之。"

群臣得到命令，商议重新拟定刑罚。经过商议，汉朝出台了新的法令，将肉刑免除，改为笞刑。

这一次刑罚的改动虽然还有不足之处，但是相比过去割鼻、断脚等肉刑来说，确实是一个很大的进步。汉文帝去世后，汉景帝即位。景帝沿袭文帝的善政，又完善文帝时期制定的法令，令汉朝的法律更加人道。文帝、景帝革除秦朝以来严酷的刑法，采取温和、人道的法令，使得天下大治，生产得以发展，百姓生活安宁又富足，国家更加强盛。历史上，这一时期被称为"文景之治"。

晁错削地

汉朝建国以后，吸取周朝和秦朝的经验教训，认为分封亲属为诸侯，就能如周朝一样国运绵长，如果不分封亲属，国运就如秦朝一样短暂。

汉高祖分封诸侯时，功臣与宗亲并重。但是，功臣诸侯王大多因为谋反而被废除，只有宗亲诸侯王比较本分，其封地也得以保存。高祖时的诸侯王包括荆王刘贾、楚王刘交、齐王刘肥、吴王刘濞（bì）等。这些人因为是高祖的兄弟或者子侄，关系亲密，所以高祖在位时，这些人没有谋反。

可是到了汉高祖的孙子汉景帝即位时，情况发生了变化。这些诸侯王与天子之间的关系，相比汉高祖要远了一层。一些诸侯王开始不服从中央的管辖，更有甚者密谋叛变，其中最突出的要数吴王刘濞。

吴王刘濞，是汉高祖的侄儿。汉高祖考虑到吴、越两地民风剽悍，而刘濞能征善战，可以镇抚此地，就封他为吴王，统辖吴、越三郡53座城。

汉朝定鼎之后，经过汉惠帝、吕后、汉文帝长达40多年的休养生息，国力富强。各诸侯国也都亲附百姓，增强了国力。其中，吴国最为富有。

吴国东有海水，西有铜山，吴王召集亡命之徒，煮海水为盐，掘铜山造币，很快聚敛大量财富，富饶无比。

汉文帝时，吴国太子来到长安，得以侍奉皇太子。吴太子个性好强，在下棋时冲撞了皇太子。皇太子大怒，操起棋盘砸向吴太子，误将他砸死。

吴王心怀怨恨，从此长期称病不朝。汉文帝对此十分不满。

汉

　　汉景帝即位后，御史大夫（汉朝仅次于丞相的高官）晁错上书说："当年高祖定天下，兄弟稀少，诸子幼弱。所以楚王拥有40余城，吴王拥有50多城。这些诸侯拥有的土地与民众太多，经过40多年休养生息，逐渐形成尾大不掉之势。吴王刘濞因为太子之事，20多年称病不朝，论罪应诛。文帝宽厚，不忍心加罪，令吴王更加骄横不法。如今吴王招揽天下亡命之徒，阴谋作乱。为今之计，应该削减吴王封地。削减封地必然导致诸侯叛乱，但是，迟乱不如早乱。提早叛乱，诸侯准备不足，危害小；推迟叛乱，诸侯准备充足，危害太大。"

　　就在汉景帝下定决心要削减诸侯王的土地时，刚巧楚王来朝，晁错检举楚王藏奸，应该受诛。景帝不忍，宽赦楚王，只是削去了他封地的一个郡以示惩罚。后来，汉景帝又因为赵王、胶西王有罪，削夺赵王一个郡、胶西王六个县。

　　晁错又计划削减吴王刘濞的封地。这个时候，他的父亲从老家赶来，责备他说："分封诸侯是皇帝的家事，你管得了吗？你削减诸侯的封地，他们哪个不恨你？你为什么要做这种离间人家骨肉的事呢？"

　　晁错说："削地是为了国家的安定。不这样，皇权就没法稳固，刘家的天下就没法安定！"

　　他的父亲说："你这样做，刘家是安定了，我们晁家却危险了。我已经老了，不愿意看到大祸临头。"老人返回家乡后，不久就自杀了。

　　正当晁错与汉景帝商议如何削减吴王封地时，吴王联络各路诸侯开始密谋叛变。吴王派遣使臣联络胶西王说："吴王年老多病，不能入朝觐见，因此遭受小人谗言。御史大夫晁错日夜教唆皇帝削藩，吴、楚、胶西、赵等诸侯国，都因小事丧失领地。吴王愿与大王举兵西进，为天下除害。"胶西王很快就同意了，吴王又派遣使臣联络楚、赵、齐、淄川、胶东、济南、济北诸王，结成联盟，准备一同举兵。可是造反前夕，齐王临时背约，济北王和淮南王被臣下劫持，不能发兵。最终只有吴、楚、胶东、胶西、淄川、济南、赵等七个诸侯国发兵向西，举起了造反的大旗，史称"七国之乱"。他们痛恨晁错，喊出了"诛晁错，清君侧"的口号。

战书传到朝廷，汉景帝与晁错正在商议如何部署兵马抗击。就在这时，袁盎求见。

袁盎与晁错一直都有很深的矛盾。袁盎曾经担任过吴的国相，吴、楚发难以后，晁错曾要求处置袁盎，没有得到允许。而这也让袁盎更加痛恨晁错，所以他要见汉景帝，把晁错扳倒。

袁盎见到汉景帝，看到晁错也在，并不惊讶。汉景帝问袁盎："您曾经为吴的国相，必当知道他们的内情。依您之见，吴、楚作乱应当怎么对付？"

袁盎要求屏退左右，然后对汉景帝说："高祖分封子弟为王，都有自己分内领地。如今贼臣晁错要求削夺诸侯领地，导致诸侯不满。吴、楚等诸侯王对晁错恨之入骨，打出'诛晁错，清君侧'的旗号。如果陛下能诛杀晁错一人，赦免造反的诸侯，恢复他们的领地，诸侯必当罢兵。"

汉景帝默然良久，说："如果真能如此，我也不会爱惜晁错一人。"后来又有人上书要求处死晁错。于是，汉景帝下令把晁错给处死了。

晁错死后，吴、楚等七国并没有

汉

罢休。汉景帝后悔杀了晁错，于是派周亚夫率军平定七国之乱。吴王刘濞与其他谋反诸侯王兵败后，或被杀，或自杀。

　　七国之乱被平定，诸侯各国的势力得到有效遏制，尾大不掉的形势得到了彻底改变，汉景帝的统治地位得到了维护。终景帝一朝，各诸侯再没有发动过叛乱。汉武帝即位以后，听从主父偃（yǎn）的建议，施行推恩令，命诸侯王可以分封子弟为侯，将大诸侯国分为小诸侯国。各诸侯国国力分散，就再也没有能力与中央抗衡了。

张骞通西域

西汉建立不久，汉朝的一个劲敌出现了，那就是北方的匈奴。匈奴原是北方游牧民族中的一支，西汉初年，匈奴在冒顿单于的统治下空前强大起来，经常南下进行劫掠。

刘邦认为自己连项羽都能打败，根本不把匈奴放在眼里，于是亲自率大军北上攻击匈奴，谁知却被匈奴骑兵包围在白登山，险些做了俘虏。后来通过贿赂单于的阏氏，才得以脱身。刘邦此后采纳了大臣的建议，对匈奴采取和亲政策，维持双方的和平，让百姓得以休养生息。

此后，汉朝和匈奴之间没有爆发大规模的战争，但是匈奴小规模的劫掠事件仍时有发生，成为汉朝的边患。汉武帝即位后，汉朝国力达到了鼎盛。于是汉武帝有了北击匈奴，彻底解决边患问题的打算。为了争取战略上的主动，汉武帝迫切需要寻找一个盟友，共同对抗匈奴。

汉武帝初年，有匈奴人投降过来。从他们口中，汉武帝听说西域（汉时指今新疆和新疆以西的中亚细亚地区）有一个月氏国，原本也是北方的大国，后来被匈奴打败，迁到西域一带定居，史称"大月氏"。他们和匈奴是世仇，时刻想要报复。

汉武帝想，大月氏在匈奴西边，如果汉朝能和大月氏联合，那么大月氏就能很好地牵制对手，打击匈奴。于是，汉武帝下诏征求能人出使大月氏进行联络。

汉

当时人们对大月氏的认识非常模糊，只知道它在匈奴西边，究竟在哪里、有多远都不清楚。所以，必须是智勇双全的人才能胜任这个任务。

诏书下了很久，终于有人前来应征，是个名叫张骞（qiān）的青年官员。有了带头的，其他人的胆子也慢慢大了起来，陆陆续续聚齐了一百多名勇士。其中还有一个叫堂邑父的匈奴人，做了他们的翻译和向导。

公元前138年，张骞带着一百多个人出发了。然而，匈奴的领地十分广大，要到大月氏，匈奴的地界是必经之路。张骞一路小心翼翼，但几天后还是被匈奴兵发现了。他们寡不敌众，最后全部做了俘虏。

匈奴人并没有杀他们，只是把他们囚禁起来，后来又分散开来，和匈奴人生活在一起。张骞和他的伙伴们都失散了，只有堂邑父和他住在一起。

转眼十几年过去了，张骞已经习惯了匈奴的生活，但他始终没有忘记自己的使命。日子久了，匈奴人对他们的看管也不像以前那么严了。张骞跟堂邑父暗中商量，瞅准机会，偷了两匹快马逃走了。

张骞牢记自己的使命，不找到大月氏誓不罢休。所以他们没往汉朝逃，而是一路向西。历尽艰辛之后，他们终于逃出了匈奴的领地。不过他们依然没有找到大月氏，而是到了一个叫大宛的国家。

张骞他们作为汉朝的使者拜见了大宛王。大宛王早就听说东方有个汉朝，富饶强盛，如今汉朝使者来了，自然十分高兴。大宛王热情地款待了他们，并且派人护送他们继续前行，经过康居（约在今巴尔喀什湖和咸海之间）到了大月氏。

这时候，大月氏已经迁到大夏（今阿富汗北部）附近，这里水草丰美，百姓过起了安定的生活，他们早就忘记了和匈奴的仇怨，不想再打仗了。所以大月氏国王对张骞说的联合对抗匈奴的事没有什么兴趣，不过大月氏国王还是很尊重汉朝来的使者，盛情款待了张骞他们。

张骞

汉

转眼又一年过去了，张骞和堂邑父始终没能说服大月氏国王共同对抗匈奴，只好起程回国。经过匈奴领地时，他们又不幸被捉。幸好不久匈奴发生内乱，张骞趁乱逃走，终于回到了长安。

张骞这次出使花费了整整 13 年，出生入死，虽然没说服大月氏和汉朝联合，但汉武帝还是认为他立了大功，封他为太中大夫，封堂邑父为奉使君。

张骞把自己一路上的见闻都详细报告给汉武帝。他说，自己曾在大夏看见邛山（在今四川省；邛 qióng）和蜀地（今四川成都）出产的竹杖和细布。听说这些东西是取道身毒（yuān dú，又译作"天竺"，就是现在的印度）贩来的，所以他认为身毒一定离蜀地不远。

汉武帝听了，就又派张骞去结交身毒。张骞把人马分成四队，分头去找身毒。四路人马各自走出了两千多里地，但都没找到。

往南走的汉朝使者在昆明被当地部族挡住了去路，绕道到了滇越（在今云南省）。滇越国王是原来战国时楚国的后裔，已经和中原隔绝很久了，他对汉朝使者很友好，愿意帮助他们去身毒，因为昆明人挡路，终究没能去成。

张骞回到长安后，汉武帝认为身毒虽然没找到，但是找到并结交了滇越，也是大功一件，所以十分满意。

后来，汉朝在军事上对匈奴取得了巨大胜利，卫青、霍去病把匈奴赶到了大漠以北。此后，西域诸国都不愿再向匈奴称臣。汉武帝趁机再派张骞去西域联络。公元前 119 年，张骞和几名副使率领 300 名勇士，带着 1 万多头牛羊和黄金、绸缎等礼物再次出使西域。

张骞首先到了乌孙（在今新疆伊宁县以南），送了乌孙王一份厚礼，并且建议两国结盟，共同对抗匈奴。然而乌孙王不知道汉朝的实力，对两国联合的事情还存有疑虑。因此乌孙王和大臣们商议了好几天，还是没有决定。

与此同时，张骞的几名副使分头联络大宛、康居、大月氏、安息（古代波斯）、身毒、于阗（在今新疆和田一带；阗 tián）等政权，乌孙王还为他们提供了几个翻译。

几名副使去了很久没有回来，于是张骞先起程回长安。乌孙王派了几十人作为使者跟张骞一起回到长安，还带了几十匹好马送给汉朝。

汉武帝见到乌孙使者十分高兴，又瞧见了乌孙王送的好马，于是对乌孙使者格外热情。

过了一年，张骞得病去世。此时，张骞派出的几名副使才陆续回到长安。把他们去过的地方加在一起，共有36个。

从此，汉武帝每年都派使节往来西域，西域的使节和商人也络绎不绝地来到长安。商人们载着中原地区的丝绸等货物，从长安穿过河西走廊，经新疆地区运往中亚、西亚，再转运到更远的欧洲，这条路线就是著名的"丝绸之路"。

马邑之谋

匈奴自冒顿单于以后，实力强盛，兵强马壮，而华夏民族经历了战国、秦汉的战乱，国力还很薄弱。汉高祖白登之围时，汉朝的战士大多是步兵，而匈奴人全部是骑兵。骑兵的战斗力自然远远超过步兵。从这点上看，汉朝的军事实力与匈奴相比仍处于劣势。

汉武帝登基之初，一改汉初无为而治的政策，采取了一系列加强中央集权的措施：政治、军事上，颁布大臣主父偃提出的推恩令，分封诸侯的儿子们为侯，以此来削弱诸侯的势力；经济上，宣布将盐铁和酿酒业收归国有，增加了财政收入；思想上，他采纳了董仲舒的建议，"独尊儒术，罢黜百家"，统一了百姓的思想。

汉武帝的一系列举措使社会稳定，经济进一步繁荣，在"文景之治"的基础上，很快迎来了中国封建社会历史上的第一个高峰。综合国力的提升让汉武帝有了对匈奴用兵的资本，于是他决定抛弃原来的和亲政策，在派张骞出使西域的同时，开始对匈奴用兵。

汉朝与匈奴对抗的60多年中，双方的攻守经历了三个阶段：

第一阶段，匈奴攻，汉朝守。

从白登之围以后，汉朝不愿轻易与匈奴开战。而匈奴自恃国力强盛，常常侵犯汉朝边疆，杀掠人民，抢劫财物。匈奴单于对汉朝皇帝也十分傲慢。吕后执政时，冒顿单于写了一封信，羞辱吕后。吕后考虑到汉朝国力尚且薄弱，只好与匈奴和亲，维持两国的和平。汉文帝、景帝时，汉朝奉行休养生息的政策，发展民生经济，国力逐渐强盛起来。但是，汉朝面临诸侯王叛乱的局面，无暇顾及北方，为了保全南北和平的大局，汉朝继续实行和亲政策。

汉朝将宗室女子嫁到匈奴，并送上丰厚的嫁妆，每年送去大量丝麻、米、酒和食物。匈奴单于得到汉朝如此丰厚的馈赠，自然很喜欢，与汉朝约定，两国从此以后为兄弟之国，互不侵犯。

可是，匈奴总是违背约定，不时南下侵扰汉朝。汉文帝十四年（公元前166年），匈奴单于率领14万骑兵进犯汉朝，大肆烧杀抢掠。匈奴的一队骑兵，直接深入到汉朝心脏地带——距离汉朝都城长安不到100里的雍、甘泉一带。汉文帝紧急调动10万多骑兵抵御匈奴。单于在汉朝境内逗留了一个多月才退兵。单于的这一次进犯，对汉朝构成了很大的威胁。汉文帝开始加强警备，防守都城。

当时，匈奴贵族扬言："以后，汉朝供奉的物品，如果数量不齐或者质量不美，我将等到秋天成熟之时，引兵南下，践踏庄稼！"

第二阶段，匈奴与汉朝相持。

汉朝经过长期的休养生息，经济发展，国力增强。吴楚七国之乱爆发，匈奴打算乘汉朝内乱之时，大举进犯。可是，汉景帝很快平息了战乱。匈奴单于见无机可乘，只好收兵。汉朝国家稳定后，一方面集结兵力，加强防守；另一方面采取和平邦交政策，继续和亲，开通关市，发展贸易，互通有无，继续向单于送去丰厚的礼物。这一政策，维系了两国的和平。汉景帝时，匈奴也入侵汉朝，只是规模不大。汉朝顾全和平大局，也没有主动进攻。

第三阶段，汉朝攻，匈奴守，且匈奴节节败退。

汉景帝去世后，汉武帝刘彻即位，当时他只有16岁。刚开始，汉武帝

汉

奉行和亲政策，汉朝每年向匈奴送去大量钱财物品，而匈奴也不时来犯。大的战端没有发生，但小规模的冲突还是连年不断。

汉武帝是个雄心勃勃的人。他很钦佩古代的圣王，尤其钦佩周朝的成康之治。那时候，海内一统，即使北方游牧民族也都归心臣服于周王朝。汉武帝也希望能够建立起如成康之治的盛世来。要想实现这个梦想，首先要征服匈奴。因此，汉武帝开始反对和亲政策。

一天，武帝召集群臣，说："朕将宗室女子许配单于，每年送去的锦绣财物也不少，但是单于非但不知感谢，反而更加傲慢，不断侵犯边界，残害百姓。百姓受苦，朕感不安。如今将要大举兴兵讨伐单于，众卿以为如何？"

这时，有个叫王恢的将军站出来，第一个赞同汉武帝兴兵讨伐匈奴。大的方针确定后，汉武帝开始寻求可以一举消灭匈奴有生力量，彻底打垮匈奴的方法。

一个很好的策略出炉了。汉朝采用的是诱敌深入，然后一举歼灭的办法。诱饵是什么呢？有个来往于汉与匈奴之间的商人聂壹献计：马邑（今山西朔州一带）这个地方土地肥沃，水草丰美，牛羊遍野，物阜民丰。聂壹假装向单于献出马邑，诱使匈奴派兵来攻，然后汉朝派出大量伏兵，围歼之。汉武帝当即批准了这一计划。聂壹依计而行，单于果然心动，率领10万多精兵南下，准备夺取这块送到嘴边的肥肉。

而此时，汉朝已经事先在马邑埋伏了30万精兵，形成了一个巨大的口袋，只等单于率军进入，然后将他们一网打尽。

匈奴单于做着美梦，来到马邑城外一百多里的地方，见到牛羊满山，却无人看管，十分奇怪。再走几里路，还是这样，单于更加起疑。于是，单于试着攻打一座小城堡，一探虚实。单于攻下城堡，活捉了汉朝一名尉史。尉史很怕死，就将汉朝的行动计划全部供了出来。单于一听，大惊失色，连忙带领人马逃跑了。单于捡回一条性命，十分感激尉史，说："我得尉史，天也！"于是单于封他为天王。

　　马邑之谋，虽以失败告终。但是，从这时候开始，汉武帝结束了妥协和亲的政策，拉开了汉与匈奴常年作战的序幕。汉武帝一方面派张骞等人出使西域，联合被匈奴欺负的弱小国家；一方面以大将军卫青和骠骑将军霍去病为统帅，指挥大军北上，进攻匈奴。凭借着强大的国力与千千万万将士的英勇奋战，汉武帝加强了对西域的管理，并逐渐瓦解、战胜了长期困扰华夏民族的匈奴，北方草原3000里之外变得空无一人，为后世北方边界赢得了长久的和平。

卫青和霍去病

公元前129年，匈奴又大举来犯，汉武帝派出四个将军各率1万人马分四路迎敌。这四位将军中，年纪最大的是李广。李广在汉文帝时就做了将军，汉文帝曾说："可惜你生不逢时，要是你生在汉高祖的时代，万户侯何足道哉！"平定七国之乱的时候，李广也曾立过大功。后来，李广被派到北方驻守，直接面对匈奴骑兵的冲击。

一次，匈奴骑兵南下，李广率兵抵抗。为了追击两个匈奴骑兵，李广率领100多人追出很远，终于射死一个，活捉一个。李广正打算收兵，却碰上了匈奴的大队人马，足有2000多人。

李广的手下顿时慌了，想要立刻逃跑。然而李广认为汉军人数太少，即使现在逃跑也很快会被匈奴人追上。于是他下令，让100多人下马。匈奴人搞不清这一队汉军的虚实，不敢贸然进攻。李广翻身上马，出其不意地冲过去，射死了一个匈奴的将领，又回来躺在草地上休息。匈奴人更加吃惊。双方僵持到夜里，匈奴人认为汉军肯定有埋伏，不敢进兵，悄悄撤走了。李广这才带着100多人安全回营。

李广威名赫赫，因此匈奴人对他特别重视，安排了重兵对付李广这一路汉军。结果李广寡不敌众，身受重伤，被匈奴人捉住。匈奴人抓到了李广，把他装在一个网兜里，放在两匹马中间，打算把他献给单于邀功。

李广假装伤重不能起身，躺在网兜中一动不动，被驮着上路。后来他趁

李广

汉

匈奴人不备，一跃而起，夺过了一匹快马，抢到一副弓箭，掉头就向南飞奔。匈奴人在后面穷追不舍，李广仗着马快，射术又精，一连射死了好几个追兵。匈奴人追出很远也抓不到李广，只好眼睁睁地看着李广逃回汉营。

李广驻守北疆，匈奴人敬畏他奔驰如飞、射术精良，都称他"飞将军"。

西汉真正将匈奴驱逐到漠北、建立不世奇功的将军，是卫青和霍去病。

卫青出身寒微，原本只是平阳侯家里的骑奴（马夫）。后来他的姐姐卫子夫进宫，受到汉武帝的宠爱，卫青才得以从军，做了将军。

别人都认为卫青是靠姐姐的关系才做了将军，瞧不起他，卫青总想找机会向大家证明自己的能力。在汉武帝发动四路大军攻打匈奴的那次战役中，李广和另外两位将领都打了败仗，只有卫青率领的一路人马大获全胜，事实证明他是一位智勇双全的将领。从此人们都对他刮目相看，而汉武帝也封他为关内侯。后来，卫青屡立战功，成为汉军的主要将领之一。

公元前124年，卫青率3万骑兵，急行军六七百里，夜袭匈奴右贤王部。结果右贤王部全军覆没，右贤王只带着几百个亲信逃走。这一战，卫青抓获俘虏15000余人，给匈奴以沉重的打击。汉武帝得到捷报后大喜，封卫青为大将军，连卫青三个未成年的儿子都要封侯。

然而卫青却说："这次之所以能打胜仗，都是将士们齐心协力、以死相报的结果，应该封赏那些有功之臣；我的儿子没有丝毫功劳，靠父亲的功劳封侯，实在不合适。"他极力请求辞去儿子们的封赏。汉武帝听从了他的意见，将卫青手下的七个主要将领都封了侯。

第二年，匈奴又来进犯，卫青18岁的外甥霍去病也随军出征。

霍去病是第一次出征，却十分勇猛。他率领800名勇士闯入敌营，杀了匈奴人当中看上去最尊贵的那个，又捉了两个匈奴贵族。这一战，匈奴人被杀死2000多人，其余的四散奔逃。后来经过审讯，两个俘虏一个是单于的叔叔，一个是匈奴的相国，被杀死的那个是单于爷爷辈的一个王。

霍去病初次参战就立了大功，汉武帝十分高兴，封他为冠军侯。

公元前121年，霍去病率军和匈奴大军对抗六天，匈奴终于不敌。霍去病率军追击1000多里，俘虏了浑邪王子，还把休屠王祭天的金人也取了回来。匈奴人哀叹："亡我祁连山，使我六畜不繁息；失我胭脂山，使我妇女无颜色。"汉武帝为了表彰霍去病的功绩，要给他盖一座大宅子，却被霍去病推辞，他坚定地说："匈奴未灭，何以家为？"意思是说，匈奴还没有彻底消灭，哪里顾得上定居安家呢？

公元前119年，汉武帝为了彻底根除匈奴边患，发动了漠北之战，派卫青和霍去病各率5万精兵分两路出击。临行前，汉武帝找来卫青，对他说："李广向我请求当先锋，可是这个人的运气不好，不要让他单独面对单于。"于是，卫青命李广率领一支军队绕远包抄匈奴的后路。

卫青的部队对阵匈奴单于，经过一场恶战，匈奴人招架不住，向北败退。卫青率军追击，一直追到匈奴贮存粮草的赵信城。然而匈奴人已经逃走了。卫青让士兵们饱餐一顿，烧毁了余下的粮草，这才班师。

李广因迷失道路，误了约定会师的日期。卫青派人责问李广，李广悲愤地说："我已经60多岁了，跟匈奴大小70余战，如今怎么能被一个小吏审问呢？"说罢，他拔剑自刎而死。

而另一路霍去病的大军深入大漠两千余里，遇到了匈奴的左贤王。汉军歼敌7万，俘虏了匈奴的三个王及将军、相国、当户、都尉等80多人，乘胜追杀至狼居胥山（今蒙古人民共和国北部的肯特山），举行了祭天封礼，又一直打到瀚海（今俄罗斯贝加尔湖）才收兵。

汉朝彻底肃清了匈奴在大漠以南的势力，从此漠南再没有匈奴的王廷了。

苏武牧羊

匈奴自从被卫青、霍去病打败后，元气大伤，很长一段时间不敢袭扰汉朝。匈奴人表面上说要和汉朝讲和，暗地里却在积蓄力量，准备反击。

匈奴派使者到长安求和，汉朝也派使者回访。双方既讲和，又有摩擦。

公元前100年，汉武帝想再次出兵，匈奴却派人来求和了。汉武帝见匈奴这么有诚意，就停止了用兵，派苏武为使者、张胜为副使、常惠为随员，拿着代表汉朝的旌（jīng）节出使匈奴。

苏武到了匈奴的领地，把汉朝扣留的匈奴使者和礼物也送了回去。哪知道单于并不是真心要和汉朝讲和，和谈只是他的缓兵之计。就在苏武等着回汉朝复命的时候，匈奴出了一件大事。

匈奴有个汉人叫卫律，过去也是汉朝的使者，被匈奴扣押之后就投降了。单于非常重用他，封他做了王。卫律有一个部下叫虞常，和卫律一起投降了匈奴，但是他对卫律十分不满，打算除掉他报答汉朝。苏武的副手张胜过去和虞常是朋友，两人多年不见，没想到在匈奴的领地见到了。于是虞常就和张胜商议，打算暗杀卫律，然后劫持单于的母亲，逃回中原。

张胜很同情虞常，就答应了，但是没有把这事告诉苏武。哪知虞常行动没有成功，被抓住了。单于听说后大怒，派卫律审问虞常，追查他的同党。

张胜害怕了，这才把整件事的经过告诉了苏武。苏武说："事已至此，我肯定会被牵连。我是汉朝的使者，如果让匈奴人审问，会让汉朝蒙羞！"说完,他拔出刀来要自杀。幸亏张胜和常惠眼快手疾,夺下了他手里的刀。

虞常被卫律审问,受尽各种酷刑,但他只承认过去跟张胜是朋友,这次见到之后说过话,死也不承认两人是同谋。

单于听了卫律的报告后大怒,本想杀死苏武,但又怕和汉朝闹僵,于是派卫律去劝苏武投降。

苏武见卫律来劝降,就对他说:"我是汉朝的使者,如果叛国,那就是丧失气节,哪里还有脸再活下去呢?"说罢,他又拔出刀来要自杀。

卫律急忙跑过去抱住苏武,可是苏武已经受了重伤,昏了过去。卫律赶紧叫医生来抢救,苏武才捡回一条命。

单于听说后觉得苏武是条好汉,对他的气节很佩服,更想收服苏武了。于是等苏武的伤势痊愈,单于又设法招降苏武。

单于派卫律继续审问虞常,让苏武旁听。卫律定了虞常死罪,杀掉了他;接着威胁张胜,张胜贪生怕死,投降了。

卫律对苏武说:"你的副手犯了法,你就得连坐。"

苏武昂然说:"我不是他的同谋,也不是亲属,为什么要连坐?"

卫律又拿刀威胁苏武,苏武面不改色。卫律见硬的不管用,又来软的,劝苏武说:"当初我投降也是不得已,可是单于待我很好,给我的部下和牛羊不计其数。您如果能够投降,肯定比我更受单于赏识,何必白白送死呢?"

苏武大怒,指着他的鼻子说:"卫律!你是汉人后裔,是大汉天子的臣子。可你忘恩负义,背叛了父母和朝廷,还来和我说话,真是厚颜无耻!我绝对不会投降,你说什么都没用!"

卫律见苏武软硬不吃,没办法,只好回去报告单于。于是单于下令把苏武囚禁在地窖(jiào)里,不给他饮食,想通过这样折磨他逼迫他屈服。

当时已经是冬天,天上下着鹅毛大雪。苏武被囚禁在地窖里,渴了,就

苏武

抓起地上的积雪吃；饿了，就吃扔在地窖里的皮带和羊皮片。苏武就这样坚持着，居然没有饿死。

　　单于见苏武还不屈服，只好把他放出来。单于要封他为王，可苏武根本不稀罕。于是单于把他押送到北海（今俄罗斯的贝加尔湖）边去放羊，不让他和常惠通消息。单于对苏武说："什么时候公羊生了小羊，你就可以回去了。"公羊哪里会生小羊呢？所以单于的意思就是要囚禁苏武一辈子。

　　在荒无人烟的北海边上，北风怒号，漫天飞雪，只有那根代表汉朝的旌节陪伴着苏武。匈奴人不给他口粮，他就捉野鼠、挖野菜充饥。日子长了，旌节上的穗子掉光了，可苏武仍旧紧紧地把它抱在怀里。

　　公元前85年，单于死了，匈奴发生内乱，分裂成三个国家。匈奴分裂以后更没有力量跟汉朝对抗了，于是又来求和。那时汉武帝已死，汉昭帝即位。汉昭帝接受匈奴的求和，但要求把苏武、常惠等汉朝使者放回来。匈奴人骗汉朝的使者说苏武等人已经死了，汉朝的使者信以为真，就不再追究这件事了。

　　后来，汉朝又有使者到匈奴。苏武的随从常惠花钱买通匈奴人，私下见到了汉朝使者，告诉使者苏武还活着，在北海牧羊，还教给他一个要回苏武的办法。使者见到单于的时候，就严厉地说："匈奴既然真心讲和，就不应该说谎！我们皇上打猎时射下一只大雁，雁脚上拴着一封书信，是苏武写的，说他还活着，您怎么说他死了呢？"

　　单于听了大惊，以为真的是苏武的忠义感动了上天呢。于是单于只好向汉朝使者道歉，承认苏武还活着，并答应放苏武回去。

　　苏武40岁时出使匈奴，在匈奴整整待了19年。这19年里，他生活在极恶劣的环境中，身心饱受摧残，胡须和头发全白了。他回到长安的时候，长安全城的百姓出城迎接。百姓们看到苏武满头白发的样子，但手里始终紧紧握着光秃秃的旌节，没有不感动得落泪的，都说苏武真是个有气节的大丈夫。

董仲舒独尊儒术

董仲舒,从少年时就开始研究《春秋》,孝景帝时成为博士。他讲学时生徒很多,但是他课讲得不多。大多数时候,是他的弟子传授弟子。因此,很多学生都见不到他。董仲舒治学毅力顽强,他为了读书,曾经三年不窥园。学成之后,他的进退举止都与礼相合。因此,他深受士大夫尊重。汉武帝即位以后,各地按照他的旨意推举贤良方正之士,一共数百人,董仲舒也名列其中。

这数百名贤良方正之士,自然是良莠不齐。汉武帝为了选拔有真才实学之人,废黜徒有虚名之士,向他们提出了问题,要他们认真对答,以便亲自选拔人才。

从汉武帝提出的问题中,可以窥见这个刚刚即位的年轻天子雄伟的抱负。

汉武帝问道:"五帝三王之时,天下和乐。圣王之后,大道衰缺。到了桀纣之时,王道大坏。从周幽王之后五百多年以来,历代贤明君主、当道能臣,都欲效仿先王,治平天下,然而还是无法达到先王的境界。这是什么缘故?五帝三王治国之道到底是什么?夏、商、周三代开国之君为何能君临天下?朕意图治平天下,使人民淳朴,四方和乐,天下太平。但是到底应该怎么做,才能使天降甘露,五谷丰登?到底该怎么做,才能风调雨顺,寒暑宜人?到底该怎么做,才能德泽四海,普济众生?"

从汉武帝的问话中可以看出，这个年轻的皇帝，一即位就雄心勃勃，想要做一个德比三皇五帝的伟大君主，让世人过上像三皇五帝时一样和谐、淳朴的生活。但是想要达到这个目的，需要有一套治国的理论。汉武帝问这个问题，就是想求得一种理论，帮他实现这个目标。

董仲舒的对答令汉武帝最为满意。

他首先鼓励武帝说："臣熟读《春秋》，发现'天不弃民'。天与人之间相互感应。当国家有失德之处时，上天必然降下灾害警告世人。如果国君不加反省，不知变通，国家就会败亡。由此可见，天是爱护国君的，是希望他免于亡国的。所以只要不是大不道的君主，天总是要保全他。作为国君必须勤勉自强：勤勉于学问，就可以增广见闻，通晓大道；勤勉于道德，就可以建功立业，流芳千古。因此，国君只要敬畏天命，勤勉自强，必定能实现大道，惠泽天下。"

董仲舒的这一番话，说到了汉武帝心坎上。汉武帝本来就想建功立业，名流万世，却不知从何着手。董仲舒为他指出了努力的方向。

董仲舒接着提出了"大一统"的思想。

在董仲舒看来，天地之间有大道。君主遵循大道，就能得到天的庇佑；如果不能遵循大道，就会亡国。天子一人，关系到国家兴亡，关系到百姓福祉。因此，君主必须是贤明君主，只有贤明君主才能教化百姓。天

汉

子治理百姓，依靠的是道德，而不是刑罚。所以作为天子，要正心。天子心正，朝廷自正，朝廷一正，天下皆正，天下一正，自然就达到了风调雨顺、国泰民安、天下一统的好局面。

董仲舒总结秦朝灭亡的原因，并把秦朝与周朝成康之治相比较。他认为，周朝时，武王行大宜，周公做礼乐，所以成康40余年间，天下囹圄（líng yǔ）空虚。而秦朝时，专用法家学说，以刑罚治国，结果导致为善之人被处决、为恶之人逍遥法外的不公平局面。秦始皇不懂得改革弊政，继续使用严刑峻法治理天下，不出十几年就亡国。经过对比，董仲舒认为，皇帝自我勉励，修养德行，兴办太学，培养贤士，与贤士一同治理天下，就可以实现天下太平。

董仲舒十分推崇孔子所编的《春秋》，认为这本书上通天道，下达人情。董仲舒提出了《春秋》"大一统"的思想。他说："《春秋》大一统，是天地之常经，古今之通义。"他认为，如今各种学说，百家争鸣，导致思想的分歧，不利于皇帝实现大一统；诸家的学说如果与孔子思想不合，就应该抑制。这样一来，天子可以制定明确的法令，百姓也就能依法而行。

董仲舒的"大一统"思想，为汉武帝描述了一个井然有序、充满和谐的社会：贤明的君主培养了一大批贤士大夫，用道德而不是用刑罚教化百姓。这一思想满足了皇帝唯我独尊的心理，因此受到了汉武帝的推崇。

董仲舒"罢黜（chù）百家，独尊儒术"的思想得到了汉武帝的支持，使儒家思想取得了封建社会的正统地位，影响了中国两千多年的历史。

司马迁著《史记》

司马迁是汉武帝时期人,著有《史记》一书,人称太史公。其父司马谈,在汉武帝时期担任太史令,掌管天文、历法。

司马迁自幼诵读古文,20岁时立志要读万卷书,行万里路。他游历四方,首先来到江淮一带,考察楚国、吴国的风土人情和历史掌故。然后他来到会(kuài)稽,探秘禹穴;南游沅水、湘江,来到九嶷山,追寻舜帝南巡的踪迹,考察上古历史。掌握了大量一手资料以后,司马迁又开始潜心问道,来到汶水、泗水之畔。这里是华夏文明的中心、孔孟之道的发源地、稷下学士讲学之所,学风昌盛。司马迁来到这里讲学听课,感受孔子遗风。

司马谈临死前,拉着儿子司马迁的手,泪流满面地说:"我的先祖,乃周朝太史,自上古以来,掌管天文历法,记载史事。我担任太史以来,一直想要编撰一部记述历代的史书,传扬明君贤臣之功德,可惜没有实行,遗憾终生。我死之后,你担任太史,替我完成遗愿。孝之大者,扬名后世,荣显父母。谨记!谨记!"司马迁哭着说:"我愿将先人所记史乘编撰成书,绝不敢有所遗漏!"司马谈去世后,司马迁继任为太史令,开始收集历史文献,编撰《史记》一书。

司马迁著《史记》,效仿孔子《春秋》惩恶扬善,记载历代明君的功德,褒扬贤士大夫的德行,让明主贤臣得以流芳百世,成为后世学习的榜样。

这部书写了十年之久,还没有完成,这时出了一件大事,改变了司马迁

汉

的命运——李陵之祸。

李陵，汉朝将军李广之孙。他勇猛善战，爱惜士卒，深得军心，曾经率800名骑兵深入匈奴两千多里。归国后，他被拜为骑都尉。汉武帝派遣贰师将军李广利驱逐匈奴，命李陵率5000名部卒为大军运输辎重。李陵不愿做后勤工作，而要率领5000人深入前线，抗击匈奴。汉武帝欣赏他的勇气，同意他前往。

李陵深入匈奴，与匈奴单于遭遇。单于率领3万人马，将李陵的5000人包围。面临敌众我寡的局面，李陵并不畏缩，他身先士卒，奋勇杀敌，士兵受到鼓舞，也都以一当百。不多久，汉兵杀敌近万人，而李陵的士兵越战越勇。单于大惊，连忙召集兵马，一时间，有8万匈奴骑兵闻风赶来。敌人越来越多，而李陵孤立无援。李陵不甘心全军覆没，且战且走。单于将他们围困在深谷之中，依靠险峻山势，从四面八方向李陵部队放箭。两军激烈交战，李陵的士卒一天之中射完50万支箭，弓箭用完了，只能与匈奴人短兵相接。汉朝迟迟不发援兵，而匈奴单于的兵源源不断。李陵叹息道："如果还有十支箭，我们就可以突围了！"为了不被匈奴单于活捉，他们决定分开逃走。李陵在突围过程中，遭到单于追杀，随同他一起逃亡的将军韩延年被杀死。韩延年是武帝十分宠信的将军，他的死让李陵万念俱灰。李陵哭道："我无面目再见陛下！"然后，李陵投降了匈奴。

李陵没有投降时，捷报连连，汉朝文武百官无不欢喜。但是汉朝一直不肯派援兵救李陵，希望李陵创造奇迹，为朝廷争光。所以李陵投降后，汉武帝十分恼怒，群臣也纷纷指责李陵。司马迁虽然与李陵交情不深，但是很替李陵不平。他见汉武帝心情不愉快，想要宽慰几句。而此时，汉武帝恰好向司马迁征求意见。于是司马迁回答："李陵是个孝子，对朋友有信义，常常奋不顾身，急国家之所急。像他这样的人，颇有国士之风，怎么可能投降匈奴，背叛朝廷呢？李陵带领5000名步兵，与匈奴单于8万精骑兵交战，杀敌近万人。他们深入敌境，转战千里，矢尽道绝，只要李陵一声呼喊，部下都奋不顾身，徒手与匈奴交战。臣观李陵之风，虽古之名将也不过如此。李陵虽然身陷敌境，必然有一番作为，报答陛下。如今朝臣不顾李陵处境，一旦听说他投降，就随口指责其过错，实在令人痛心。"

虽然司马迁好心想要宽慰皇上，但是汉武帝认为他的话有意讽刺朝中大臣，尤其是冒犯贰师将军李广利，犯有不敬之罪。汉武帝龙颜大怒，命人将司马迁逮捕。朝中一些大臣随即落井下石，竟使司马迁被处以腐刑（即宫刑，割掉男性生殖器）。

自古以来，就有刑不上大夫的古训，而汉武帝不顾司马迁的体面，将他处以腐刑，这对司马迁是莫大的羞辱。这次变故不仅对司马迁的身体造成了极大的伤害，而且对他的心理造成了沉重的打击。

司马迁原本打算自杀，以免受辱。但是，他考虑到自己的使命没有完成，决定忍受奇耻大辱，完成历史著作《史记》。《史记》完成没多久，司马迁就去世了。

这部鸿篇巨制记述了上自三皇五帝，下至汉武帝，三千多年的历史。司马迁本着自己"究天人之际，通古今之变，成一家之言"的创作理念，创制了这部巨著的体例，分为：十二本纪、十表、八书、三十世家、七十列传，共一百三十篇，五十二万多字。司马迁创造性地运用纪传体的形式编写史书，在历史价值和文学性两方面都达到了前所未有的高峰。鲁迅先生赞誉它是"史家之绝唱，无韵之离骚"。《史记》开创了官家主修正史的先河，成为"二十四史"之首，对后世史家产生了深远的影响。

自古以来，生前享有荣华富贵，但是死后默默无闻的人不计其数。司马迁虽然生前没有享受荣华富贵，还遭受奇耻大辱，但是他死后，却因为一部《史记》而流芳百世。

霍光辅政

汉武帝晚年,宠信大臣江充。江充与太子刘据有矛盾,他担心汉武帝去世,太子即位之后对自己不利,于是开始寻找机会除掉太子。

当时民间流传一种巫蛊之术,据说很灵验。如果你痛恨一个人,就制作一个木偶,把这个木偶当作你的仇人,埋在土中,天天诅咒,你的仇人就会发病而死。汉武帝年老多病,久治不愈。江充进言,说这是因为有人用巫蛊之术诅咒他。汉武帝大怒,要江充立刻搜查可疑分子,如果有谁用巫蛊之术害人,立刻处以极刑。

江充带着一班巫师四处搜查,打着汉武帝的旗号肆意诬陷好人,上自皇亲国戚、丞相御史,下到平民百姓,被他们冤杀的不计其数,京城内外充满了恐怖的气氛。一天,江充带着人在太子刘据的宫中挖出了一个木偶人,并以此为据,要状告太子。太子十分恐惧,对江充更是恨之入骨。当时,汉武帝在甘泉宫疗养,太子无法见到父亲,无从辩解,又不知道父亲的具体情况,担心江充陷害自己。于是他与臣下商量后,私自窃取兵符,调动兵马,杀死了江充。

有人诬告太子谋反。汉武帝大为震怒,命丞相率兵与太子交战。太子兵败,自杀身亡,他的两个儿子也跟着自杀了。

巫蛊之祸,是汉武帝末年宫廷内部发生的重大事件。不久,太子的冤屈大白于天下。汉武帝痛悔不已,赐给他谥号"戾"。戾,表示冤屈的意思。

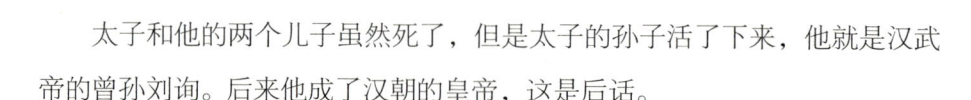

太子和他的两个儿子虽然死了，但是太子的孙子活了下来，他就是汉武帝的曾孙刘询。后来他成了汉朝的皇帝，这是后话。

太子是国家的根本。刘据去世后，武帝决定立最小的儿子，年仅8岁的刘弗为太子。在武帝的几个儿子中，刘弗年纪最小，但是很聪明，品格最好。武帝知道自己时日无多，把国家交给这个小孩子，当然是很不放心的。他希望在临死前，找一个很好的托孤大臣，辅佐刘弗治理天下。

选择托孤大臣必须十分慎重，如果看错了人，对国家社稷将十分不利。武帝环顾群臣，觉得只有霍光能担当重任。

霍光是谁？他是霍去病同父异母的兄弟。他性格安静，思虑周详，为人处世小心谨慎，从没有出过差错。他每次禀报政事，总是站在同一个地方，相差不过尺寸。由此可见，他的品格多么端正。汉武帝对霍光的能力和品格十分放心，于是，他命人画了一幅周公辅政的画送给霍光。霍光对这幅画的意思还不敢肯定。这时的汉武帝已经病重。霍光十分难过，问汉武帝道："陛下千秋万岁之后，谁来继承大位？"汉武帝说："那幅画的意思你还没有明白吗？朕要立的是小儿子刘弗，你要做周公，辅佐他。"

汉武帝去世后，刘弗即位，这就是汉昭帝。汉昭帝年幼，霍光忠心耿耿地辅佐他。国家大事全部取决于霍光，可以说他的权力比皇帝还大，但是霍光没有结党营私。

不过，有几个野心勃勃的皇亲和大臣开始图谋不轨了。第一个要数昭帝的兄长燕王刘旦。按照年龄排列，刘旦应该当皇帝，但汉武帝偏偏选中刘弗，这让刘旦十分不满。他想要除掉霍光，入朝辅政，掌握大权，篡夺皇位。

其次是盖长公主，她是刘弗的亲姐姐。盖长公主宠爱丁外人，想要为他求得官职，遭到霍光断然拒绝。

汉

再次是上官桀。上官桀因为巴结盖长公主,他的孙女成了刘弗的皇后。上官桀十分感激盖长公主,就为丁外人求官,遭到霍光的拒绝,因此也十分痛恨霍光。

最后是桑弘羊。桑弘羊为自己的亲属求官,也遭到霍光的拒绝。

盖长公主、上官桀、桑弘羊等人因为痛恨霍光,就勾结燕王刘旦,共同谋害霍光。他们三人以燕王刘旦的名义向皇帝告发霍光,说他调动幕府校尉,安排亲信掌握军权,图谋造反。结果汉昭帝识破了他们的阴谋,没有上当。他严厉告诫这帮奸臣:"大将军乃忠臣,先帝特选他来辅佐朕。谁敢诬陷他,必将严惩不贷!"

上官桀等人见诬陷霍光不成,于是密谋杀害霍光。这又被汉昭帝知道了,汉昭帝立刻召集人马逮捕了上官桀、桑弘羊等人。燕王刘旦和盖长公主自知罪不容诛,相继自杀了。

汉昭帝8岁即位,国家政事全部由霍光处理。过去汉武帝征讨匈奴,耗费了大量的人力、财力,国家由富裕变得穷困。霍光辅佐汉昭帝执政期间,轻徭薄赋,与民休息,国家变得强盛起来。

公元前74年,汉昭帝病死。由于汉昭帝没有儿子,他去世后,大臣们纷纷商议立谁做皇帝。霍光听了别人的话,立汉武帝的一个孙子昌邑王刘贺为皇帝。可是没想到刘贺的品质太坏了,终日饮酒作乐,不理朝政。霍光见了,极为愤懑。一天,他对大司农田延年抱怨说:"皇帝这个样子怎么行呢?"田延年说:"将军是国家的基石,如果觉得此人不堪担任天子,何不禀报太后,废掉此人,再选立贤者呢?"霍光十分诧异,问道:"臣子废掉天子,这在古代有先例吗?"田延年说:"当年商朝宰相伊尹,见天子太甲不贤,便废掉太甲,等到太甲改过自新之后,又重新还政于他。千百年来,人们无不称赞伊尹是个忠臣。"

霍光听了这话，下定了决心。他与田延年暗地里召集了朝中大臣，提出要废掉昌邑王。群臣听了，大惊失色，谁也不敢说话。因为大臣罢免天子，这是风险极大的事情，如果失败了，就会以谋逆之罪诛灭九族。田延年见大家唯唯诺诺，顿时拔剑而起，说："先帝托孤给大将军，就是因为大将军能安定天下，保存刘氏社稷。如今昌邑王亲近小人，胡作非为，闹得国家不安，社稷倾危。今日之事，不容商量，再要犹豫，立斩不饶！"与会大臣纷纷回答说："今天的事，大将军说了算。"

于是霍光草拟奏章，进呈给太后。得到太后许可，霍光立刻采取行动，将昌邑王引下皇帝宝座。昌邑王的亲信都得到了应有的惩罚，他们被处死之前大声哭号，说："当断不断，反受其乱！"原来他们早就预谋杀害霍光等一批大臣，以便总揽朝政，为所欲为。

昌邑王被废之后，霍光等人开始商议立谁为天子。这时候，有人提出刘询的名字来。刘询就是汉武帝的曾孙，戾太子刘据的孙子。刘询刚刚出生才几个月，就遭到巫蛊之祸，他的父亲、祖父都在祸乱中自杀身亡。他虽然是汉武帝的嫡长曾孙，而且是个不满周岁的婴儿，却因为祖父的原因，被收进监狱中。监狱长十分怜悯这个孩子，冒着风险将这个孩子抚养长大。汉武帝去世前一年，大赦天下，已经6岁的刘询这才能走出监狱。后来，朝廷查清了他的身份，就把他带到宫中抚养，接受良好的教育。

霍光上奏皇太后，说："先帝曾孙刘询，现已成人，他高才好学，操行节俭，宽厚仁慈，可以继承大统，君临天下。"皇太后同意了。

就这样，刘询被大臣们接回皇宫做了天子，这就是汉宣帝。刘询从小就遭遇人生的大不幸，饱尝了人间的艰辛，熟悉了民间的疾苦，了解了国家政策的得失。这样的经历，使他在位的25年中，躬行节俭，发展生产，战胜了匈奴，让老百姓过上了安居乐业的生活。

汉

  霍光在汉宣帝即位后的第六年去世。霍光辅佐汉昭帝十多年，让百姓安居乐业，国家富强；在汉昭帝去世后，国家遭遇危难时，他不顾个人安危荣辱，毅然废掉昌邑王，拥戴汉宣帝。他在汉朝陷入困境的时候，将这个国家重新推向强盛。因此，他对华夏民族的贡献是非常巨大的。

昭君出塞

汉文帝、景帝时，匈奴正强盛，而汉朝经过秦末动乱、楚汉之争以及汉朝建立初期多次平叛战争，没有实力与匈奴抗衡。因此，匈奴常常南下袭扰汉朝，杀掠人民。

汉武帝时，经过60余年的休养生息，汉朝国力强盛，政治稳定，开始主动出击讨伐匈奴。汉大将军卫青、骠骑将军霍去病等出塞追逐匈奴，给予匈奴沉重的打击，令匈奴痛苦疲惫至极，匈奴单于开始主动向汉朝求和亲。汉宣帝时，汉朝政治安定，国力强盛；可那时的匈奴分裂为五部，五个部族的单于率领各自的人马相互攻杀，政局动荡不安。

后来，其中一个名叫呼韩邪（yé）的单于打败了其余对手，暂时统一了匈奴。他的哥哥左贤王呼屠吾斯自立为郅（zhì）支单于，又跟呼韩邪打了起来。最终郅支单于赶跑了呼韩邪单于，占领了单于庭。呼韩邪单于流离失所，只好听从大臣的建议向汉朝称臣。

公元前51年正月，呼韩邪单于亲自来朝见汉宣帝。汉宣帝以隆重的礼节接待呼韩邪单于，并给予他丰厚的赏赐。一直困扰中原地区的匈奴终于向汉朝皇帝称臣，汉宣帝十分高兴，便要大会各国君长。数以万计的君长全部聚集在长安，在渭桥下等候汉朝皇帝的圣驾。汉宣帝登上渭桥，万国君长齐声高呼万岁，声彻云霄，震荡四野。这一年，郅支单于也派人献来贡品。

呼韩邪单于诚心归附汉朝，汉朝也给予他极多的赏赐。郅支单于见汉朝

汉

援助呼韩邪，不免心生嫉妒，不肯诚心归附。郅支单于离开单于庭，吞并了西域乌揭、坚昆、丁零三国，并发兵攻打乌孙。汉朝西域都护甘延寿、陈汤召集西域各小国兵马，攻打郅支单于。郅支单于兵败，被汉兵杀死。郅支单于的死讯传来，呼韩邪单于又是欢喜，又是害怕，连忙上书此时汉朝的皇帝汉元帝，说自己愿意再次朝见天子。

公元前33年，呼韩邪单于再一次来到长安。汉朝对呼韩邪赏赐如故。呼韩邪为了巩固两国的关系，提出要和亲，做汉朝的女婿，请皇帝将公主嫁给自己。汉元帝就将后宫良家子王嫱嫁给呼韩邪单于。

王嫱，字昭君，汉朝南郡人（现在的湖北秭归）。王嫱以良家子选入后宫，但是后宫美女太多，王嫱一直没有机会侍奉皇帝，在宫中过了几年寂寞、悲哀的生活。呼韩邪单于来朝，说要和亲。皇帝舍不得将公主嫁给呼韩邪，就从后宫中挑选五个人来代替。王嫱主动报名，得到批准。

呼韩邪临行之前，皇帝举办大会，招来选中的五个宫女。只见王嫱美貌出众，光彩照人，一举一动，令人怜爱不已。呼韩邪单于得到王嫱，惊为天人，对汉元帝感激不已，上书汉元帝，称自己愿意为皇帝守卫北疆，世世代代永不侵犯汉朝。

一个风和日丽的日子，王昭君跟随呼韩邪单于向汉元帝辞行。汉元帝陪送了大量嫁妆，光绸缎就有18000匹，丝帛16000斤，并派大量侍从护送他们返回塞外。王昭君刚到塞外很不习惯，难免产生思乡的情绪，可是匈奴人对她很尊敬，慢慢地她也就安心在这里生活了。

关于王昭君，还有一个有趣的传说。据说，汉元帝答应从后宫选拔美女嫁给呼韩邪单于，就派画师毛延寿为美女们画像，汉元帝好根据这些画像来确定将谁嫁出去。后宫美女纷纷贿赂毛延寿，希望毛延寿把自己画得更好看一点。毛延寿得到了谁的贿赂，就把谁画得更美一些。唯独王昭君个性耿

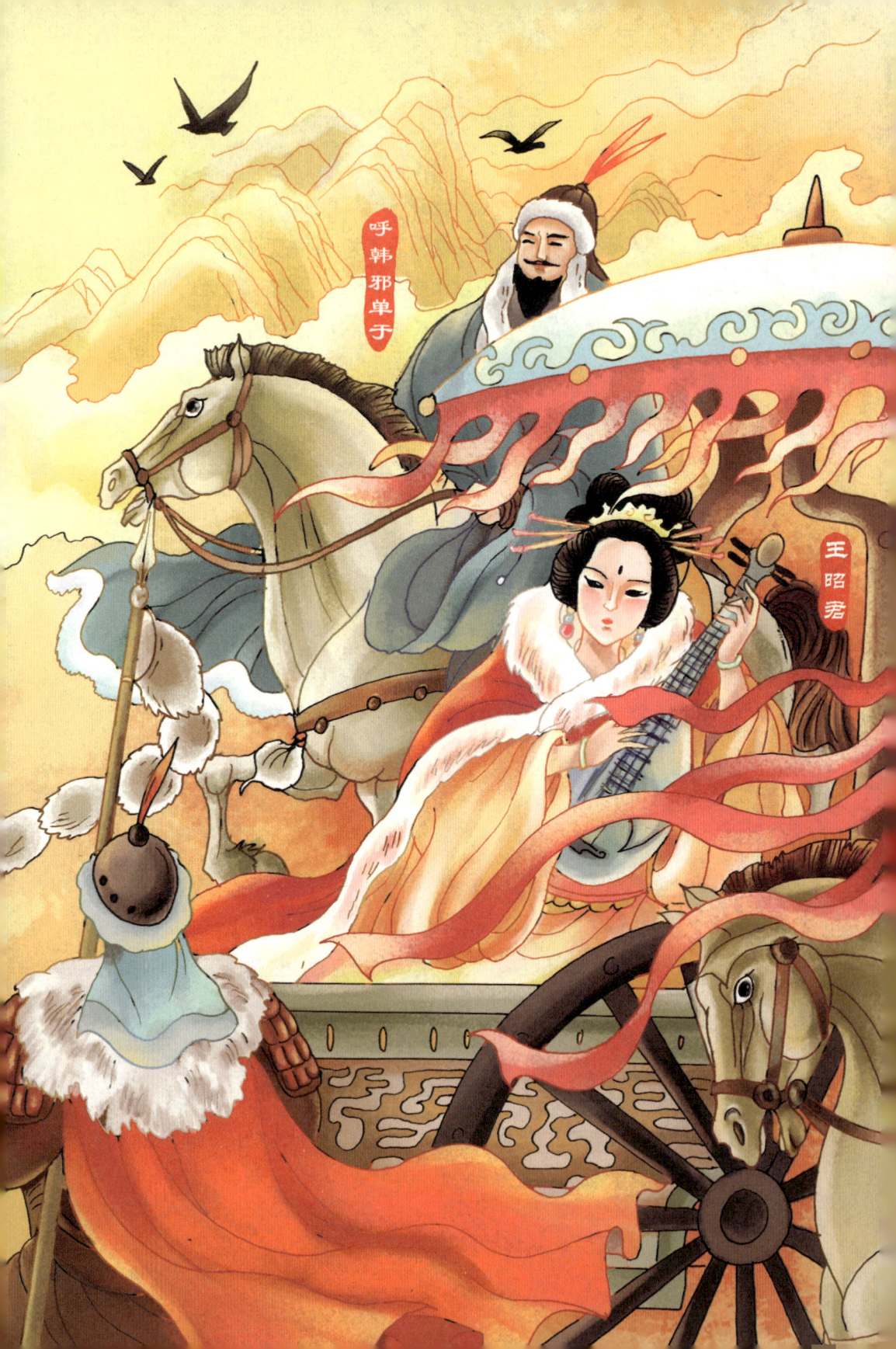

呼韩邪单于

王昭君

汉

介，不肯行贿。毛延寿得不到她的贿赂，就故意把她画丑了。结果出人意料，汉元帝把画得很美的宫女都留了下来，唯独把最丑的王昭君嫁给了呼韩邪单于。王昭君出宫之前，汉元帝召见了她。王昭君的美貌令汉元帝震惊不已，后悔将她许配给呼韩邪。可是，君无戏言。就这样，王昭君嫁给了呼韩邪。后来汉元帝大怒，想要杀掉毛延寿。

有人说，汉元帝以后 60 多年，匈奴没有进犯汉朝，都是王昭君的功劳。这种说法未免夸大其词。王昭君确实对汉朝与匈奴之间的和平做出了贡献，但是，这一段宝贵的和平时间，是汉朝千千万万将士用鲜血和生命换来的。他们用忠诚和生命捍卫华夏的尊严，用智慧和勇气抗击敌人，终于将困扰华夏上千年的强敌打垮了。从汉武帝到汉元帝，半个世纪以来涌现出了许多可歌可泣的传奇英雄。他们的英名彪炳千古，他们的精神永远激励着后代子孙。

王莽篡汉

汉元帝在王昭君出塞后不久就去世了，汉成帝即位，尊其母孝元皇后王政君为皇太后。王莽是王政君弟弟的儿子。王政君有八个兄弟，其王氏一门，一共出了九位侯爷，五位大司马。

王氏权势熏天，宗族子弟担任卿大夫者比比皆是。他们占据朝廷要职，唯独王莽因为父亲早死，家境贫寒。因此，王莽从小立志要登上权力顶峰。

王莽很善于提高声誉，他力行节俭，折节下士，勤奋学习，穿着打扮总是儒生模样。他对母亲孝顺，广交当世名流，很快成了誉满朝野的人物。他不爱钱财爱名誉，收养名士，结交诸侯，散发钱财，接济门人宾客，巴结朝廷权贵。这些人得到王莽的好处，无不对王莽交口称赞。王莽的名声远远超越了他的叔伯们。

不久，汉成帝就提拔王莽为大司马。这一年，王莽才38岁。

王莽身居高位，更加谦虚谨慎。他聘请贤良为辅佐，散发资财结交士大夫，躬行节俭。王莽母亲生病，公卿列侯夫人都来探望，王莽妻子穿着短布衣迎接。大家开始都以为她是一个奴婢，一问才知道是夫人，无不惊讶。

汉成帝去世后，定陶王即位，这就是汉哀帝。汉哀帝尊王政君为太皇太后。汉哀帝虽然是皇帝，但是朝政大权都掌握在王氏手中。汉哀帝的皇位还需要依仗王氏维持。所以，在汉哀帝当皇帝的六年中，王莽把持着朝纲。

汉哀帝去世后，由于他没有儿子，太皇太后与大司马王莽迎立中山王即

汉

皇帝位，这就是汉平帝。汉平帝只有9岁，不能治国，所以太皇太后临朝听政，大司马王莽专权。王莽为了把持朝纲，排除异己。汉哀帝所亲近、提拔的大臣全被王莽免官，流放到边疆。

朝中大臣为了巴结王莽，揣摩王莽之意，纷纷启奏太皇太后："周朝之时，成王年幼，不能治国，幸有周公辅佐，周朝转危为安。王莽事迹与周公相同，应该封王莽为安汉公。"

王莽假装不愿意，多次推让，但最终还是接受了朝廷封赏。

可是王莽没有知足，又指使亲信要太皇太后将国家大小一切政务都交给他处理。太皇太后年事已高，本来就不愿意处理烦琐政务，既然侄儿王莽愿意挑重担，当然乐得交付。从此，王莽掌握了行政大权，权势与皇帝相同。

王莽为了巩固权势，将女儿嫁给皇帝，又排斥汉平帝的母亲卫氏的人，将他们赐爵关内侯，留在中山，不得入朝与皇帝相见。他的儿子王宇实在看不下去，就写信给卫宝，要他们向汉平帝的母亲卫太后求情，以便入朝辅佐汉平帝。王莽得知此事，十分恼怒，处死了自己的儿子王宇，然后一并铲除了卫氏兄弟及朝中掌权之人。

接着，王莽指使人上奏称赞自己，说自己大义灭亲，功德可以与周公媲美。他派遣亲信巡游四方，鼓动百姓上书。共有8000多平民上书称赞王莽，说他的功德可以与伊尹、周公相比。伊尹在商朝称为阿衡，周公在周朝称太宰，王莽应该称宰衡。

王莽又以退为进，假装不肯接受这个称号，朝廷刻好"宰衡太傅大司马印"授予王莽，王莽这才接受。

汉平帝即位也才六年，就不幸去世。王莽为了实现政治野心，在诸侯王中选择了年龄最小的孺子婴为帝。孺子婴继位时才两岁。朝政大权完全掌握在王莽的手中。

孺子婴即位不久，有大臣上奏称，有人在掘井时发现了一块白石，上面用丹书写着"安汉公莽为皇帝"。王莽亲信大臣无不为王莽游说，支持王莽当"假皇帝"（假是代理的意思）。当了代理皇帝的王莽又想当真皇帝。

王莽当代理皇帝的第三年，有个叫哀章的人揣摩出王莽的心意，就制作了一个金匮（guì）。在金匮中，哀章放入两本书，书上称王莽应该即位为真天子，并以十一人为辅政大臣，其中有八位是王莽的亲信，另外俩人一个叫王兴，一个叫王盛，还不知道是谁，而哀章自己的名字也在其中。一天黄昏时，哀章身穿黄衣，手拿金匮，来到高庙，装神弄鬼，将金匮交给执事官。执事官大惊，连忙上奏，呈上金匮。王莽见了金匮，喜不自胜，连忙拜受。

公元8年，王莽称天神授意自己为真天子，不得不服从，发出诏告，召集文武百官，举行登基典礼，改国号为新。

王莽即皇帝位之后，策命孺子婴为定安公，食万户。就这样，汉朝皇帝做了新朝的臣子，汉朝的臣子做了新朝的皇帝。王莽读完策命，拉着孺子婴的手，流着眼泪说："当年周公摄位，最终将王位归还天子。而我迫于天威，终于不能如愿，不得已做了真皇帝。"王莽叹息了很久，命人将孺子婴从皇位上拉下去，站到臣子队伍中。后来，王莽将孺子婴软禁起来，关在一间空房子里，不让任何人与他说话。以至于孺子婴长大以后，连牛马都不认识。

汉

　　王莽登上皇位之后，就按照金匮图书中的名字封拜大臣。王莽的八名亲信都得以赐高爵，封大官。哀章虽不是王莽亲信，毕竟图书中有他的名字，也被封为美新公。只有王兴、王盛两个人谁也不认识，只好四处访求，一时间找到数十个同名同姓的人。王莽就派人看相，终于选出了一个守门的王兴和一个卖饼的王盛。王兴担任卫将军，被封为奉新公；王盛担任前将军，被封为崇新公。其他名叫王兴、王盛的人，王莽也不敢得罪，都拜为郎官。

　　王莽经过二三十年的努力，终于从一个外戚变成了皇帝。不过，他的皇位来路不正，必定坐不长久。

赤眉起义

王莽建立新朝后，因为治国无方，很快就让国家陷入动荡不安的局面中。

首先，王莽想要改变一些称号，以便让皇帝更加尊贵。他下诏说："天无二日，土无二王。汉朝诸侯都称王，四夷都效仿之，违背古典。从此以后，诸侯王都称公，四夷称王的，全都改称侯。"公比王要低一个级别，而侯更低一个级别。王莽这一道诏书，引发了天下诸侯的不满。

王莽还勒令刘姓诸侯王全部归还印绶，成为平民。刘姓宗族对王莽本来就恨之入骨，这道诏令下发以后，不少刘姓诸侯纷纷起来造反。

王莽要废掉汉朝通行的五铢钱，发行大泉和小泉。大泉一个值50枚五铢钱，小泉一个值一枚五铢钱，而小泉只有一铢重。原先的五铢钱不许流通。这就导致了一个大问题：五铢钱不能流通，原先拥有财富的百姓全都破产了。老百姓当然不愿意破产，就私下里将五铢钱熔化掉，铸成小钱。一个五铢钱可以铸成五个小泉，而一个小泉抵得过一个五铢钱。这样一来，老百姓不但免于破产，还可以将财富扩大五倍。谁不愿意做呢？所以私下里铸钱的人不计其数。货币多了，又导致通货膨胀，经济动乱。王莽只好下令，不准百姓私下里铸钱，私下里藏有铜与炭的，都要被处以极刑，亲戚也要跟着遭殃。很快，破产者不计其数，商家全都倒闭，百姓无助，只能在路边哭泣。

王莽又下令废除土地私有，恢复井田制，将所有田地都称为"王田"，

汉

一家人，男子不超过八个，而土地超过一井，就必须把多余的土地分给宗族亲属乡党。有人胆敢非议井田制度的，流放到边疆地区。

王莽还下令，说奴婢是私属，不得买卖。

社会经济生活完全乱套。大户人家男人有限，所以分到的田产也有限，而女人很多，尤其是奴婢。奴婢要吃饭，没有足够的土地来养活她们，只好将奴婢卖出去，而国家又禁止买卖奴婢。这样，大户人家也要破产，一家人只能在饥寒交迫中艰难度日。

在王莽朝中做官的人也没有得到好处。在汉朝，普通臣子最大的愿望就是封侯，封侯有封邑，功劳越大，拥有的户口越多，享有的俸禄就越多。但是，新朝就不一样了。新朝也封侯，大小诸侯700多人。但是，他们只有一个空头衔，却没有封邑。王莽以天下户口统计没有完成为由，不给他们封地，只让他们在都城先住着，领取国家发放的俸钱，一个月数千钱。在京城生活，一家人拿几千钱根本不够用，不少诸侯穷困潦倒，只好以替人做帮工为生。

地方官员日子也不好过，因为朝廷不发放俸禄，官员为了生存，只好贪污。这样一来，天下几乎找不到清官了。

王莽还设置六筦（guǎn）之令。官府垄断酒业、盐业、铸铁业，负责造钱；将名山大泽收归国有，百姓要打柴、捕鱼，必须交税；官府管理市场，贱价买进，高价卖出；官府出资借贷给百姓，要百姓还利息；老百姓不得携有弓弩铠甲；每县设置督酒士一人，负责统计各地卖酒利润。六筦之令，是国家与百姓争利，国家富有了，但是百姓的生路几乎断绝了。

国家内忧不已，外患沸腾。王莽早已下令，要周边附庸国全都不准称王，只能称侯，匈奴单于也不许叫单于，而是改名为善于，后来又被改名为降奴服于。各属国也都不满王莽的折辱，纷纷脱离新朝，开始造反。

王莽骗取匈奴单于的汉朝玉玺，换上新朝印章。单于原先的玉玺上有"玺"字，表示身份地位。而新朝印章将"玺"字去掉，改为"章"。单于大怒，将新朝送来的印章毁掉，举兵骚扰边疆，北方大乱。句町（qú dīng）王原本是王，到了新朝，改称为侯，十分不满，举兵造反，西南动乱。焉耆国发动叛乱，杀掉都护官员，西域大乱。王莽诱杀高句丽侯，高句丽造反，东北大乱。

为了对付周边叛乱的属国，王莽召集天下兵马讨伐。兵戈一交，死伤自不必说。为了供养士兵，又要增加赋税。天下百姓本来已经痛苦不堪，再加上繁重的赋税，更多百姓破产了。

老百姓苦不堪言，流离失所，不得不四处掠食、造反。

比较著名的造反队伍有：南方，以荆州百姓绿林起义为代表；北方，以琅琊郡百姓赤眉起义为代表。

荆州原本是鱼米之乡，百姓生活富足。但是因为连年水旱交加，百姓颗粒无收，再加上朝廷设置六筦之令，不许百姓打柴捕鱼，百姓饥饿难耐，不得不在绿林中群聚为盗贼。

琅琊吕母本是良民，县官无道，冤杀其子。吕母立志为儿子报仇，就舍弃家产，招兵买马，入海为寇。队伍发展壮大，达到上万人。

琅琊百姓因为饥饿，在樊崇等人的带领下到处掠食，队伍也发展到数万人。他们在与王莽军队作战之时，为了与敌人相区别，就将眉毛涂成红色，所以号称赤眉军。

这两队起义军沉痛打击了王莽的统治，为东汉的开国扫清了障碍。

昆阳大战

东汉光武帝名叫刘秀，是汉高祖九世孙。刘秀9岁时成了孤儿，随叔父长大。他的兄长名叫刘縯（yǎn）。这兄弟俩性格不同。刘縯性情豪迈，喜欢结交英雄豪杰，而刘秀喜欢耕种劳动。刘縯经常嘲笑刘秀，认为自己的性格好比汉高祖，而刘秀的性格却像汉高祖的二哥刘仲。

王莽新朝年间，刘秀曾到长安读书，学习《尚书》。新朝末年，天下灾害连年，老百姓无法生存，不少人落草为寇。刘秀28岁时，南阳发生饥荒，刘秀来到宛城卖粮食。宛城人李通告诉刘秀："刘氏复兴，李氏为辅。"他要刘秀做好起义的准备，刘秀忙说不敢当。可是，在回去的路上，刘秀想到兄长一直都在结交英雄豪杰，肯定是要举大事的，又想起王莽的政权已经出现败亡的征兆，就买了一大批弓弩兵器，带回了家。

这一年，刘縯果然发动起义。他招兵买马，聚集了8000多子弟，又派人鼓动新市（今湖北京山东北）、平林（今湖北随州东北）的绿林好汉，起义队伍人数剧增。新市和平林兵本来就是落草为寇的强盗，没有组织纪律，由于军中分配财物不公平，强盗们打算联攻刘氏兄弟。刘秀见状，忙将自己的战利品分给盗贼，盗众这才皆大欢喜。

绿林军立刘玄为皇帝，这就是更始皇帝。刘縯为大司徒，刘秀为太常偏将军。从这儿起，绿林军就改叫汉军了。

更始皇帝命刘縯进攻宛城，又命刘秀进攻昆阳（今河南叶县）、定陵（今

劉

巨无霸

河南郾城西北）。宛城是大都会，兵多将广，粮草丰盛，刘縯围困宛城数月不下。刘秀进攻昆阳等小城倒是顺利，夺取了大量牛马、财物以及谷物粮草。

王莽听说汉兵立刘玄为帝，十分恐惧，连忙派大司徒王寻、大司空王邑带领42万大军，号称百万，攻打汉军。这支部队是王莽的精锐部队，其中的士卒都身体强壮、作战勇猛。除此之外，还有一名奇人，他就是巨无霸。巨无霸身长一丈，腰大十围，他驱赶着一大群虎豹、犀牛、大象等猛兽为莽军助威。王莽所派遣的这支队伍前后连绵千里，自秦汉以来，还从来没有出现过这么庞大的军队。

莽军直逼昆阳而来。驻守此地的汉军将士都已吓坏了，纷纷想要逃跑。刘秀召集诸将前来商议，说："我军兵员粮草都很少，如果大家齐心协力，或许还可战胜敌人，如果临阵退逃，只有死路一条！"这时候已有探马来报，说敌军已经到了昆阳城北，军阵连绵数千里，从头看不到尾，估计有数十万人。诸将听了这话，大惊失色：看来想要逃跑已来不及了。他们纷纷要刘秀拿主意。刘秀说："我军尚有八九千人，可以支撑几天，但是必须到外地搬救兵，形成内外合击之势，方可取胜。"刘秀要诸将自动报名，看谁愿守城，谁愿意出城搬救兵。诸将面面相觑，都觉得出城搬救兵太危险，不肯去。刘秀见状，说："那只好我去了。"当天夜里，刘秀带领13名随从偷偷溜出了城门，前往郾城、定陵搬兵。

王邑调遣大军，将昆阳包围了数十重。数百个军阵一同进攻，莽军的旗帜遮山蔽野，扬起的灰尘遮天蔽日。战鼓齐鸣，声动数百里之外，呼喊之声，摇动山谷。莽军竖起了高达数十丈的云车，俯瞰城中。弓弩手登高放箭，矢如雨下。城中百姓要去打水，必须背着门板挡箭，才能出门。城内守军无法支撑，想要投降，却得不到允许，只好奋力作战。王寻、王邑以为胜券在握，不免意气风发。

两军相持了十多天，莽军还是没有拿下昆阳城。刘秀已经搬来了1万救兵，自己带1000多人为先锋，来到莽军阵前摆好阵势。王邑、王寻见刘秀人马很少，也没放在眼里，只派遣了数千人前来迎战。刘秀身先士卒，斩杀数十名敌兵。部下也都奋不顾身，杀退敌人。刘秀搬来的救兵将领们见了，都很高兴，说："刘将军见小敌胆怯，见大敌反而勇猛，真是奇怪！我等愿意帮助刘将军。"刘秀又一次出击，莽军连连后退。汉军奋起直追，斩杀上千人。

刘秀乘势率领3000名敢死之士，冲击莽军。莽军阵势大乱，刘秀乘胜急追，斩杀王寻。昆阳守军也都鼓噪而出。汉军内外合击，呼叫声惊天动地。莽军自相践踏，死伤无数。忽然之间，狂风大作，电闪雷鸣，屋顶瓦片随风乱飞，大雨倾盆而下。巨无霸所带领的一群虎豹豺狼全被吓得双腿乱颤，兽性大发，疯狂逃命。巨无霸也被挤入水中，活活淹死。

汉兵大胜，缴获粮草辎重、珍宝车甲无数。

昆阳大战，汉兵在刘秀的领导下以少胜多，沉重地挫败了王莽势力。可是起义军内部发生了严重分歧，更始帝因为猜忌杀了刘縯。刘秀深藏不露，不给哥哥戴孝，向更始帝表示效忠。更始帝被假象迷惑，继续让他带兵打仗。汉军攻破长安，王莽被起义军所杀。刘秀推心置腹，收编了一支强大的铜马起义军，队伍扩充到几十万人。

25年，赤眉军攻破长安，更始帝被杀。刘秀又率军扑灭了赤眉军，在河北称帝，定都洛阳，这就是汉光武帝。

因为相对于定都长安的西汉，刘秀建立的汉朝都城在东，故史称东汉。又因为相对于刘邦建立的汉朝，刘秀建立的汉朝在后，故又称后汉。而汉朝系刘氏家族一脉相承，中间虽有王莽建立新朝中断，却被刘秀延续下来，故称"光武中兴"。

西经东传

佛经从印度传到中国是在汉明帝时期。

有一天晚上,汉明帝做了一个梦,梦见了一个金人,身材高大,头顶放光。金人来到殿中,汉明帝正要询问,金人忽然向西边飞走了。汉明帝觉得很奇怪。早朝时,他向群臣讲述了这个梦,问金人是何方神圣。博士傅毅说:"西方有国,名叫身毒,其地有神,号称佛祖,创立佛教,撰有佛经。汉武帝时,骠骑将军霍去病讨伐匈奴,带回休屠王供奉的一座金人,就是佛像,放置在甘泉宫中。经过王莽之乱,佛像不知所终。陛下所梦金人,难道就是佛祖?"明帝更是奇怪,就派人去身毒国访求佛经。

身毒,又叫天竺,就是古代印度。公元前565年,古印度迦毗罗卫国(今尼泊尔国境内)的国王净饭王的王后生下了一个王子,起名乔达摩·悉达多。悉达多出生时,有一位老相士说:"我原以为这个孩子会成为将来的转轮王(以威望统一天下的王),没想到会是一位出家之人。不过,他出家以后,一定能修成正果,成为普度无量众生脱离苦海的导师,他的功业将无与伦比。"

净饭王听了这话,既高兴,又担心。因为出家人的生活是很清苦的,他的儿子是自己的继承人,有享受不尽的荣华富贵,怎么能够出家呢?悉达多长大以后,十分聪明好学,十一二岁时,就已经掌握了印度最高的学问,可以说天上人间,无不知晓。同时,他又武艺高超,骑马、射箭、击剑,都高人一筹。按说，像他这样的人，将来当了国君，必定可以成为一代圣主。可是，他心中有一种痛苦无人知道。像他这样的人应该很幸福，怎么会有痛苦呢？原来，悉达多的痛苦就是众生的痛苦。

生老病死，是人间痛苦之事，世人无法从中解脱出来。悉达多就想找到一种脱离苦海的方法。他认识到，生活在尘世中，面对的是喧嚣吵闹的环境，在这样的环境中是无法深入思考的，于是他立志出家。

悉达多离开了宫殿，跑到深山之中，削去头发，成了出家人。他摒弃一切嗜欲，每天以粗粮度日，在菩提树下参悟大道。经过16年的努力，他终于创立了一套教义，可以帮助人们脱离苦海。然后，他开始传授生徒。男生徒名叫比丘，女生徒名叫比丘尼。

悉达多后来被人称为佛祖，又称释迦牟尼，意思是觉悟者。释迦牟尼所开创的宗教，称为佛教，所传授的教义，称为佛法。

汉明帝派遣一队使者，前往身毒访求佛经，领头的是蔡愔（yīn）、秦景。他们风餐露宿，跋山涉水，来到大月氏国，正要南下前往身毒，却碰到在大月氏传教的身毒国高僧摄摩腾、竺法兰。两位高僧知道他们一行的目的，就说愿意将佛经写出来，让他们带回中原弘扬佛法。蔡愔等人十分高兴，就请

汉

两位高僧写经。摄摩腾、竺法兰倾尽平生所学,将佛经从梵文译成汉文,编成《四十二章经》。蔡愔等人就请两位高僧到中原去传法,两位高僧同意前往。他们一行人带上两位高僧回到中国,一路上驮负经书的是一匹白马。

摄摩腾、竺法兰来到中原后,受到汉明帝的热烈欢迎。汉明帝专门为他们建造寺院,供两位高僧居住,让他们在寺中译经传道。因为白马驮经有功,这座寺院被命名为白马寺。白马寺是中国第一座佛教寺院。

班超投笔从戎

班超，扶风人。其父名叫班彪，是东汉著名史学家，兄长是《汉书》的作者班固，妹妹班昭又称曹大家，也博学多才，对完成《汉书》做出很大贡献。

班超出身于书香门第，从小就受到家庭的熏陶。他家境清贫，但是胸怀大志，能吃苦耐劳，口才也很好。班超兄长班固得到皇帝征召，担任校书郎，班超与母亲一同来到洛阳。洛阳是首都，物价很高。班超为了贴补家用，不得不替官府抄书。班超工作十分辛苦，常常丢下笔，叹息道："大丈夫应当效仿张骞立功异域，千里封侯，怎么能长期消磨在笔墨之间呢？"旁人都笑他不自量力，班超反唇相讥："小子安知壮士志哉！"

后来，汉明帝问班固："听说你还有个弟弟，在做什么？"班固说："为官府写书，赚取薪资供养老母。"于是汉明帝召见班超，拜他为兰台令史（管理图书的官）。

73年，掌管兵权的窦固出击匈奴。班超得到窦固赏识，被派去联络西域各地方政权，共同抗击匈奴。班超一行30多人来到鄯善。鄯善王热情款待他们，表示乐意与汉朝共同对抗匈奴。可是好景不长，鄯善王忽然变了脸，对他们很冷淡了。班超十分疑惑，召集部属商议说："各位有没有觉得这几天鄯善王对我们有些冷淡？"大家都说有。班固说："大家知道是为什么吗？"大家都摇头表示疑惑。班固说："一定是匈奴派来了使臣，鄯善王的决心发生了动摇。情况对我们很不利，如果不采取行动，后果不堪设想。"一席话说得大家都很害怕。

到了用饭的时间，鄯善派来的侍者给他们送来食物。班超诈他说："匈奴使者来到这里几天了，住在什么地方？"侍者十分惶恐，以为他们全都知道了，只好如实回答。班超将侍者绑了起来，将随从官兵30多人召集到营帐中，然后与他们喝酒吃肉。酒酣耳热之时，班超用激将之法问他们："各位与班超一同来到此地，本想一同建功立业，求取富贵。可是，如今不但富贵难取，恐怕连性命也难保。前几天匈奴派来使者，鄯善王对我们立刻变脸。如果他们将我等送往匈奴，我等恐怕要葬身在豺狼口中了！"

官兵们听了，无不激愤地说："如今身处险境，无论生死都愿听司马号令！"

班超说："不入虎穴，焉得虎子？"随即，班超部署了一条杀死匈奴使者的密计。

到了夜晚，班超带领官兵在夜色掩护下，来到匈奴使臣的营帐外。风呼呼地刮着，班超命十多人带着战鼓躲在营帐后面，然后与他们约定："见我点火，就鸣鼓呐喊！"然后，他安排其他人等手持兵器，埋伏在营地门外。班超顺风点火，火势急速蔓延，战鼓震天动地，士兵大声呐喊，杀向营中。匈奴人还在睡梦中，忽然惊醒，只见四处是火，喊声震天，不知道来了多少敌人，只觉大难临头，逃命要紧。汉兵如狼似虎般杀进营来，班超亲手格杀3人，其余官兵也斩首30多人，还有100多人在睡梦中被火烧死。

第二天，班超召来鄯善王，出示匈奴使者头颅。鄯善王大惊失色，当即表示今后一定听从汉朝天子的命令。为了表示自己是真心和好，鄯善王将儿子派往长安，侍奉皇帝，同时也学习汉朝的文化。

消息传到朝廷，汉明帝十分喜悦，也十分赞赏班超，任命他为军司马，

班超

汉

留守监督西域各地方政权。窦固想要多派兵力帮助班超,班超不同意。于是,班超还是带着先前30多人共同监守西域诸地方政权。

班超再次来到西域,招降了于阗,从匈奴人手中夺回了西域通道。后来,龟兹(今新疆库车一带)、疏勒(今新疆喀什一带)等也都和汉朝交好。

班超在于阗与疏勒深得民心。汉明帝驾崩之后,刚即位的汉章帝召班超回国。班超离开疏勒时,疏勒举国忧心,一个将军说:"我不忍心见汉朝使者离开!"说完,他拔刀自刎。班超经过于阗,于阗上至王侯,下至庶民,无不流泪,抱着班超的马腿痛哭道:"我等依恋汉使,好比孩子依恋母亲。汉使千万不能离开啊!"于阗国民哭声一片,拦住班超,不肯让他东行。班超想到自己立功西域、千里封侯的志愿还没有实现,决定留了下来。班超上书朝廷,请求留下来继续监护西域各政权。朝廷同意了班超的请求,让他继续留守西域。

班超在西域一直生活了30年,他安抚西域,令西域百姓安居乐业,不受匈奴奴役;他令西域归顺中国,而没有耗费国家财力和人力,功勋卓著,足以彪炳史册。

102年8月,70岁的班超回到了洛阳,一个月后便病逝了。

王充宣扬无神论

王充家境贫寒，从小丧父。他孝敬母亲，在乡里名声很好。长大以后，王充来到京师，在太学中学习，又拜古文经学大师班彪为师。

王充读书极为刻苦认真，却因为家中贫寒，买不起书。洛阳书店很多，他常常坐在书店中，翻阅书店所卖书籍。他十分聪明，看一遍就能记住，所以他能够对诸子百家的学说了然于心。

汉朝学术界在研究儒家经典方面形成了两个学派：一派为今文经学，一派为古文经学。这两个经学流派之所以形成，与历史上的两次大火有关。第一次大火是秦始皇焚书。秦始皇为了防止儒生议论朝政，下令将天下图书除了医药、卜筮（shì）、植树等书籍以及秦国的史书之外，统统收集起来，全部烧毁。这一把火导致民间的图书大量消失。第二次大火是项羽火烧咸阳秦宫。民间的图书虽然被秦始皇烧了，但是秦朝宫廷里的书并没有被烧。宫廷里的书完整地保存了先秦以来的历史文化知识。项羽进入咸阳以后，放火烧了秦宫。大火烧了几个月才得以熄灭，庞大而富丽的秦宫化为灰烬，国家收藏的图书当然也被焚毁殆尽。

两次大火造成汉初图书的极度稀缺。汉初，朝廷对恢复历史文化的热情并不高，但是诸子百家的思想在民间开始传播。因为没有书籍，各家各派都由老师凭记忆，将古代经典背诵下来，用当时流行的隶书誊写，转而教给弟子。这些由老师背诵，用当时流行的文字隶书誊写的经典，称为今文经书，

汉

研究今文经书的流派就叫今文经学。

好在秦汉时期的两次大火,并没有将图书烧尽烧绝。在秦始皇下令收集天下图书的时候,不少学者将图书藏了起来,或者埋在地中,或者藏在壁中。这些书籍在汉朝时渐渐被发现。汉武帝时期,鲁共王想要扩建宫室,毁坏了孔子家宅墙壁,发现里面藏有不少图书,包括《古文尚书》《礼记》《孝经》《论语》等,这些古书,都是先秦时期就写好的,文字都是小篆,俗称蝌蚪文。这些用先秦流行文字小篆写成的经典著作,被称为古文经书,研究古文经书的学派就称为古文经学。

今文经学与古文经学之间存在很大区别。首先,今文经书是学者凭借记忆誊写出来的,难免有不少错误,不像古文经书那样能反映出经典的原貌;其次,今文经学是儒家学说与汉朝流行的"天人感应"思潮结合的产物,包含了大量阴阳五行、宗教神学的成分,而古文经学更符合儒家思想的原貌;再次,今文经学是官方学术,朝廷设有经学博士,古文经学在民间流传;最后,今文经学是章句之学,十分烦琐,往往用上万字来解说经文中的一两个字,古文经学要简单一些,只要求学者读通经典的大意即可。

王充、许慎、张衡都属于古文经学一派。许慎著《说文解字》,保留了每一个字的小篆写法,对于研究古文经典有极大的帮助。张衡反对谶(chèn)

纬迷信，就是挑战今文经学。而王充治学，走的也是古文经学一派。

王充喜欢博览群书，而不喜欢章句。他在洛阳书店中读书时，看的都是诸子百家的文章，对章句之学弃之不顾。而他所著《论衡》一书，更是嘲讽和批判今文经学的流弊。

王充的著作闪耀着求真务实、实事求是的精神，对人们信奉不疑的东西，用实事求是的态度，指出其虚妄的地方来，能够起到破除迷信的作用。

今文经学相信神灵，认为自然灾害都是神灵发怒降下来的。比如，有书上说：伍子胥被吴王杀害，尸体投进江中，伍子胥死后，为了发泄愤怒，在钱塘江掀起滔天巨浪，著名的钱塘海潮就是这样产生的。这些传说故事放在今天，自然人们只是听一听而已，不会相信，但是汉朝时，人们对这个故事深信不疑。那时，钱塘江附近都建有子胥庙，用来安慰伍子胥的神灵，让海潮平静下来。王充用实事求是的态度，分析这个故事自相矛盾的地方，指出了它的虚妄之处。王充指出，人死之后，不存在鬼神。他认为，人死如灯灭，精神消失，形体衰朽，化作土灰，根本不能成为神灵祸害人间。

今文经学相信天人感应。董仲舒就认为，天是爱国君的，但是如果一个国君大逆不道，一定会降下灾祸来警示国君，比如大风、雷电、地震、洪水、干旱，这些自然灾害的发生都是上天在示警，要国君改过自新。今文经学家还相信，天上星相变化，能够反映地上人事变迁。比如彗星出现，不是吉祥兆头，荧惑守心（荧惑指火星，心指一个星宿）意味着国君要去世，都必须要攘除。这种认为天与人之间可以互动的说法，董仲舒将它称为"天人感应"。

王充指出"天人感应"是虚妄的。"天人感应"学说认为，天虽然很高，但是听得见人的声音。王充指出，天与人相距数万里，如果天有身体，有耳朵，不可能天的身体在天上，耳朵在几万里之外的地上。王充打比方说，人站在高楼上，听不到地下蚂蚁的声音，天在几万里之外，怎么能听见人的声音呢？这些话，即使对现代相信迷信的人来说都振聋发聩。

王充的《论衡》善于用常识来批判虚妄，善于找出虚妄之事自相矛盾的地方，让虚妄不攻自破。所以，他的文章，读起来十分幽默、诙谐，这种风格在诸子文章中是很少见的。

王充的《论衡》产生在一个迷信盛行的年代，它的出现，对破除迷信、回归理性具有很大的作用。

许慎著《说文解字》

许慎从小博学经典，才高于世，受到大经学家马融的推崇。当时人们送给他一句话："五经无双许叔重。"许慎一生没有做过大官，但是他在学问上的建树很高，主要著作就是流传至今的《说文解字》。

许慎的《说文解字》收罗汉字9353个，数量超越了前人，可以说是一部汉字大全。

在体例上，《说文解字》也有开创性的功绩。过去的字书，内容繁杂，一个字和其他字杂陈在一起，不便于查阅。而《说文解字》用部首偏旁将同类型的字划分在一起，建立了部首偏旁查字法，将所收的汉字按照偏旁归为540个部。每一部抽出一个有代表意义的偏旁作为部首，其他的偏旁则根据形状相似或意义相近的原则，分列在这个部中，从属于这个部首。

《说文解字》将540个偏旁分成14个部，紧接其后的内容就分成14卷。

《说文解字》的内容包罗万象，是一部东汉时期的百科全书。《说文解字》对每一个字追根溯源，写出了每一个字最原始的意义，即本意。比如对"衣"字，《说文解字》是这么解释的："衣，依也。上曰衣，下曰裳。"这一句对衣服的作用、特定意义都有了解释，让后人知道，在东汉，上衣称为衣，下衣称为裳。古人下身穿裙子，"倒裳而出"，是指把裙子穿倒了，表明对客人十分热情，以至于为了与他见面，慌忙中把衣服穿反了。《说文解字》保存了古代的文化，通过查阅《说文解字》，可以更清楚地了解古人的生活习惯、礼仪制度以及法治法律等社会百科。

许慎对汉字的造字规律有很深的理解，他指出了汉字"六书"造字法。"六书"就是象形、指事、形声、会意、假借、转注。

所谓象形，就是用简洁的线条画出这个字所指的物体。比如，"日""月""山""水"，都是根据物体的形象用简单的线条画出来的。

所谓指事，是指用带有象征意义的符号来表明某种含义。比如"上"字，古人先画了一横，又在横的上方画了一竖，也就是"⊥"，"⊥"是"上"字的古代写法。

所谓形声，是一种组合造字法，一个形声字，包括形旁和声旁。形旁，就是用一个字表示该字的意义，声旁用来标注这个字的读音。如"呷"字，《说文解字》指出它是"从口从甲"，口表示这个字跟"口"有关，读音与"甲"相近。

所谓会意，是指两个或两个以上的字合成一个新字，表示新的意义。比如"休"，表示人在木下，意思是休息。

所谓假借，就是某个字并没有造出来，但是它的读音已经有了，而另外一个字的读音跟这个没有造出来的字读音一样，古人就用已有的这个字来代替还没有造出来的字。比如，"长"本意指头发很长，古人又用它来表示长久的意思。

所谓转注，就是两个字，读音相近，意思相同，可以相互解释。比如"考"与"老"在古代就是同一个意思，字形也很相似。再比如"巅""顶"读音相近，意思也相同。

许慎还保留了小篆的书写法，小篆是从甲骨文演变而来的。现代人通过看许慎的字书，掌握了小篆，进一步可以认识甲骨文，这对了解远古历史文献具有重要的价值。

《说文解字》为后人"描绘"了每一个字的读音,对了解汉字读音变化有重要意义,在语言学方面有重要地位。汉语是在不断变化发展的,每一个字,无论是意义还是读音,都有很大变化。如"恩"字,古代读音跟现代的"闻"字是一样的。

徐铉注的《说文解字》用反切法标出每个字的读音。反切,就是用两个字的读音来拼出另一个字的读音。比如"庶"这个字,标出是"商署反"。该书标出的"××反",是取前一个字的声母、后一个字的韵母和声调拼出来的。我们看到,"庶"字的读音正是"商"的声母拼上"署"的韵母和声调。再比如"恩"字,它的读音在《说文解字》中是"乌痕反",与现代的"闻"字的读音一样。

许慎的《说文解字》不仅是东汉以前字书的集大成者,而且是一部关于我国上古社会的百科全书。

蔡伦造纸

蔡伦是东汉的宦官,同时也是一位伟大的发明家。

汉章帝时期,蔡伦只有十几岁,成了宫内的小太监,负责打扫卫生、端茶送水等事务。因为他识字断文,很快,他就成了太监中的领班——小黄门,平常侍奉皇帝左右,充当皇帝特使,并且掌管皇后以下后宫中的各项事务。

汉章帝的皇后姓窦,专宠后宫,但是她没有生育,汉章帝只好立宋贵人的儿子刘庆为太子。窦皇后十分嫉妒宋贵人,就指使蔡伦诬陷宋贵人挟持媚道。媚道是后宫女子诅咒竞争对手、蛊惑皇帝爱慕自己的一种法术,为后宫严厉禁止。蔡伦受到皇后的指使,不敢违抗,最终导致宋贵人自杀。

汉章帝去世后,汉和帝即位,皇后窦氏成了太后。蔡伦因为得到太后宠信,自然受到皇帝的重用。在汉和帝一朝,蔡伦青云直上,成了中常侍。中常侍是皇帝的秘书和顾问,参与协商国家政事。蔡伦才能卓越,处事极为谨慎,为人也十分敦厚,常常犯颜直谏,引导皇帝推行善政。节假日休息之时,蔡伦往往谢绝一切交游,独自来到田野中,去享受难得的宁静,在与自然的交流中放松疲惫的身心。

由于蔡伦博学精思,皇帝任命他兼任尚方令,掌管宫廷御用剑器玩物的制造。蔡伦监督制造的秘剑和各种器械都非常坚固、精密,成为后世手工制造业的榜样。蔡伦担任尚方令期间最大的贡献就是改进了造纸术。

商朝的时候,人们把字刻在龟甲和兽骨上,叫作甲骨文。后来为了便于保存，人们又把文字用刀刻在竹片上。这种用来刻字的竹片，狭长的叫"简"，稍宽的叫"牍"。一片简牍只能写几个字，因此要写一篇文章就要用到许多片简牍，写完后再把它们用绳子穿起来，成为"册"。所以人们用"汗牛充栋""学富五车"来形容书多、读的书多，其实没有多少。这种书写方法十分缓慢，而且竹简因为太重不便于携带。当然，也有人在丝绸上写字，但是丝绸太贵了，一般人用不起。东汉时期的文化大发展，迫切需要一种更加方便的书写工具。

在蔡伦造纸之前，我国就有造纸术，但是造出来的纸根本不好用。蔡伦在担任尚方令期间，仔细观察作坊造纸。他发现，这种纸如果加以改进的话，可以代替竹简和丝绸成为新的书写工具。

一天，蔡伦和几个小太监到郊外游玩。这是一个幽静的山谷，一股清澈的小溪潺潺地流过，两岸杨柳依依，景色十分宜人。同伴们玩得十分起劲，蔡伦却看着河里漂过的一团白色的东西发呆。他捞起来一看，原来是一团破破烂烂的像棉絮一样的东西。他眼前一亮，赶忙问附近的农夫这是怎么形成的。

农夫笑着说："这就是些树皮、烂麻和破渔网，泡在河里久了，风吹日晒的，就成了这样！"蔡伦大喜过望，连连向那位农夫拜谢。

经过认真思考和反复试验，蔡伦发现树皮、破布、麻头、渔网等经过浸泡，里面的杂质去掉了，植物的纤维却保留了下来。蔡伦让工匠们把这些原料捞起，放在石臼里捣碎，形成浆状物，然后用竹篾轻轻地挑起，晾晒干燥后就可以用于书写了。

这样造出来的纸比以前的更加耐用，更加便于书写。105年，蔡伦向汉和帝阐述了新的造纸法，还进献了一批挺括良好的纸。汉和帝试用后，十分欣赏蔡伦的创新改良，当即下令把这一技术推广开去。

从此以后，文字书写的历史发生了翻天覆地的变化：纸张越来越普及，竹简等书写工具开始退出历史舞台。纸得到普遍推广以后，人们为了纪念蔡伦，称按照蔡伦的方法制造的纸为"蔡侯纸"。

纸的出现，使书卷更加容易携带，方便了文化的传播。纸的广泛应用，推动了绘画艺术的发展，促进了文化艺术的繁荣。而文化的繁荣和进步，又促进了整个社会的进步。后来，我国的造纸术传到了欧洲各国，推动了欧洲文化的发展，这对世界也是一个巨大的贡献。

蔡伦的一生，虽然也有不光彩的经历，但是我们应该理解他。因为作为一个宦官，他的命运操纵在皇帝和皇后的手中，他只是宫廷斗争的一个工具而已。他的过错是有的，但是他对人类社会的贡献是巨大的。

东汉的宦官不计其数，其中权势熏天的宦官也有很多。这些人，生前被百姓唾骂，死后遗臭万年。只有蔡伦一人，生前受人尊重，死后还能名垂千古。他充分地发挥了自己的聪明才智，为人类的进步做出了巨大的贡献。就凭这一点，他永远值得人们尊敬。

张衡和地动仪

张衡从小善于著文，年轻时游学京师，入太学进修，精通"五经""六艺"。他才华卓越，但从没有骄傲。他平时从容淡定，不愿与俗人交接。汉和帝年间，张衡被推举为孝廉，公府接连请他为官，他都推辞不就。

当时，天下承平日久，国家富强，自朝廷到民间，无不生活奢侈。张衡为了改善社会风气，用了十年时间，仿照班固《两都赋》创作了《二京赋》，以此针砭时弊，提倡节俭。这篇文章思虑精纯，文采炳焕，堪称一代奇文。

张衡富有机巧，精通天文、阴阳、历算。汉安帝听说张衡的独特才华，特意用公车征他入京，拜为郎中，然后又将他升任太史令。于是张衡得以潜心于学术，研究历法和星象变化。张衡根据天体运行规律，制成了一架天体的模型——浑天仪。

117年，世界上第一架浑天仪诞生了！它上面标有太阳、月亮和各颗星的运动轨迹，十分精确。它有南北两极，还标有赤道、黄道和二十四节气。在1800多年前，就制造出接近于现代的天文仪器那样的天体模型，是相当了不起的。

张衡进京为官期间，因为不懂得巴结权贵，不但没有升迁，还被下放了五年。汉顺帝即位之后，张衡重新担任太史令。张衡曾经写过一篇文章，表明志向。张衡在这篇文章中表达了一种正确的名利观：对功名、富贵，不应该刻意去追求，人生在世，要以修持道德、增广学问为根本，至于高官厚禄，应该要凭借实际的功劳去获取。正因为有了这样一种正确的名利观，张衡才得以成为一个道德高尚、学问广博的大科学家。

132年，张衡发明并制作了世界上第一台能测报地震的地动仪。

张衡的地动仪全部用精铜铸造而成，形状像汉朝的酒樽，顶上有一个隆起的盖子。地动仪直径有八尺，外面装饰着篆文、山龟、鸟兽的图案，里面有一个都柱，柱子旁边向八个方向开有通道，当地震余波传到地动仪下，柱子就会发动机关开始运行。地动仪外有八条龙，龙首朝向八个方向张着口，口中含有小球，底下是八只蟾蜍，张口朝向龙首。地震发生时，地动仪机关会启动，龙口中的小球受到撞击，就会掉下来，恰好掉进蟾蜍嘴中，发出清脆激扬的声音。地震发生在哪一个方向，相应方向的龙就会吐出小球，而其余方向的龙则岿然不动。守护地动仪的官员不但可以知道是否发生了地震，还可以知道哪个方向发生了地震。

有一次，地动仪发动了机关，龙口小球下坠，而京师无人感觉到地震。人们十分奇怪，怎么张衡的地动仪不灵了？过了几天，快马来报，说陇西一带发生了地震。地动仪的神奇效果，令人们敬服不已。从此以后，东汉朝廷特令史官根据地动仪的表现来记载地震方向。

张衡所发明的地动仪，开创了人类监测地震的新纪元。1700多年后，英国人米尔恩才创立了现代意义上的地震学。

自西汉哀帝、平帝以来，汉朝学界一直迷信谶纬学说。所谓谶纬，就是一种预言，古人通过观察天体运行、气候变化以及占卜等方式预测今后发生的事情，掌握这种学说的人凤毛麟角。但是，谶纬学说流传到西汉末年以后，不少人为了博取高官厚禄，伪造谶纬，替王莽篡权寻找依据。比如，有的人事先在地下埋好一块石头，刻上字，然后挖出来，把它当作图谶献给王莽。王莽见石头上刻着自己应当做皇帝的文字，十分喜悦，说天意早已注定

张衡

自己要当皇帝，自然要给献上图谶的人一定的封赏。这样一来，不少奸猾之人大量制造谶纬，博取爵位俸禄。一些儒生跟上这种风气，专心在四书五经中寻找谶言，断章取义，败坏了求真务实的学术风气。

张衡对此很不满，他运用科学家的态度，凭借广博的学识，找出谶纬学说中自相矛盾的地方，一针见血地指出谶纬学说不过是虚伪之徒欺世盗名的工具，要求朝廷下诏，收缴一切图谶书籍，禁止谶纬学说，培养良好的学术氛围。张衡的议论，有振聋发聩的作用。

从张衡对时事的针砭可以看出，他并非一个独善其身的科学家，而是有着兼济天下情怀的志士仁人。

张衡的言论引起宦官的不满，他受到宦官排挤，被排挤出京城，担任河间相。当时河间王骄奢无度，与当地权豪共谋不轨。张衡到任之后，严肃政令，暗中派人查知奸党姓名，然后一网打尽。河间一带被他治理得井井有条。

张衡的一生，为学，淡泊名利，博学精思，求真务实；为官，清正廉洁，不畏权豪，公正无私。他留给后人的不仅仅是浑天仪、地动仪，还有光辉的人格典范。

党锢之祸

东汉晚期的党锢之祸，归根结底是士大夫与宦官之间矛盾的总爆发。"党"是指当时充满正义、希望为国家开创太平盛世的一批志士仁人，"锢"就是禁锢。"党锢"就是当朝得势的宦官利用皇帝的权力，打击、扼杀主持正义的士大夫。

汉桓帝利用宦官单超等五人诛灭了专权跋扈的大将军梁冀。这五个宦官也因此被封为侯，这就是东汉末年的"五侯"。从此以后，汉朝权柄为宦官把持，朝政一日乱过一日。

他们大肆贪污受贿，并用搜刮的民脂民膏营造极尽奢华的私人住宅。他们没有后代，就养育宗亲子弟，或者买来童仆为继子，等自己死后好继承爵位。他们的兄弟或者远亲，都成了地方官僚。这些人主政一方，暴虐百姓，导致当地民不聊生。东汉"五侯"的罪恶真可谓罄竹难书。不计其数的百姓纷纷逃入山中，落草为寇。东汉晚期的政局更加动荡不安。

宦官的胡作非为，政局的黑暗腐败，引发士大夫的强烈不满。这些读书人从小受到儒家思想的熏陶，砥砺名节，修养正气，希望为国家的太平与稳定贡献自己的力量。因此，朝政越是腐败，太学生、士大夫们的治国热情越是高昂。士大夫们活跃在全国各地，而京城的太学是他们主要的活动中心。他们中很多人没有官职，或者有官职没有实权，所以他们以评论政治的方式来参与到政治活动中。

汉

　　士大夫们将对政治的评论编成"歌谣"，这些"歌谣"很简短，又能押韵，言简意赅，一针见血，十分便于口头流传。所以有些"歌谣"一旦传开，就天下皆知，深入人心。

　　当时，汉朝太学生有三万多人。而这些太学生的领袖人物又和朝臣李膺、陈蕃、王畅等惺惺相惜。太学生编造一段歌谣，称赞这三位朝臣，说："天下楷模李元礼，不畏强权陈仲举，天下俊秀王树茂。"这三位朝臣，堪称国家栋梁，东汉之所以乱而不亡，就是依靠像李膺、陈蕃等大臣的勉力维持。太学生把宦官们评为奸佞小人。

　　宦官们听了大为恼火，谁把他们评为小人，他们就把谁称为"党人"。因为孔子说过"君子群而不党"，既然纠党结社，自然是小人了。

　　党人之议，风行天下。从此，宦官和士大夫形成了两个对立的政治集团。

　　有个叫张成的人勾结宦官，他得知不久后皇帝要大赦天下，就谎称自己善于占卦，推断出不久要大赦，就叫他的儿子去杀人。李膺为司隶校尉，抓捕了张成的儿子。过了不久，皇帝果然下诏大赦天下。李膺是个疾恶如仇的人，竟然不顾赦令，处斩了犯人。张成因此怨恨李膺，上书朝廷，诬告李膺等人供养太学游士，纠结各地生徒，诽谤朝廷，败坏风俗。汉桓帝大怒，发出诏令，要求各地逮捕党人。

　　包括李膺等一大批正直的士大夫在内，一共两百多人都在逮捕名单之中。虽然有的人逃跑了，幸免于难，但还是有一大批国家精英被抓进监狱，被拷打致死的人也不少。

　　李膺在狱中想出一个办法，称许多宦官的子弟是他的同党，将宦官牵连其中。宦官们无奈，只得劝汉桓帝把党人都放了。皇帝这才赦免了党人，将他们全都放归田园，禁锢终身，永不录用为官。

经过第一次党锢之祸，正直的士大夫遭到打击，而奸邪之人更加猖獗。士大夫救国救民的热情没有降低，反而比以前更加高涨。他们品评天下名士，效仿尧帝时期的"八元""八恺"，将名士们分门别类，最上一级为"三君"，其次为"八俊"，再次是"八顾"等。

这些人是士大夫中的名流，人们评出这些人，褒奖这些人，以他们为精神领袖、德行楷模，可以相互砥砺名节，激发正气。

桓帝去世后，窦武迎接刘宏为天子，这就是汉灵帝。汉灵帝即位，以窦武为大将军。窦武见宦官祸害天下，就想要为天下除害。他与太傅陈蕃密谋，两人一拍即合，将在第一次党锢之祸中被禁锢的李膺等知名人士征集到朝中，准备联手发力，诛灭祸国殃民的宦官。可惜此事走漏了风声，被宦官觉察。宦官立刻采取行动实行反扑，矫诏杀害了窦武、陈蕃等人。

张俭担任东部督邮，考察监督山东一带的吏治民情。中常侍侯览回故乡，他的家人称霸一方，残害百姓，侵占民宅，强夺民田，另建有豪宅无数，富丽堂皇，赛过宫廷。侯览回到家乡之后，还干了一些挖掘别人祖坟、抢夺良家妇女的坏事。张俭看不惯，就上表陈述侯览罪状，请皇帝批准诛杀此人。奏章呈上之后，被侯览截获，自然压住不放，因此汉灵帝并不知情。张俭收捕侯览亲属，抄没侯览家产，再次上奏侯览罪状。于是侯览污蔑张俭同李膺等结党营私，图谋不轨。汉灵帝大怒，发下诏书，逮捕党人。

一时间，李膺、杜密、范滂等一百多位当代名流全部被杀害。皇帝又下诏令，收捕党人门生故吏，全都免官监禁，亲戚朋友全都监禁或者流放边疆。遭受毒害的全都是善良之人、有志之士，死难之人有六七百之多。

经过两次党锢之祸，东汉的正气被摧残殆尽。从此，宦官更加专横，百姓的生活更加痛苦。无法忍受的百姓揭竿而起，参加了推翻东汉王朝的起义。

黄巾起义

汉桓帝、灵帝时期,皇帝昏庸,宦官掌权,朝政腐败,再加上水灾、旱灾、蝗灾、瘟疫频发,各地百姓或背井离乡,或饿死路旁,景象惨不忍睹。

百姓在饥饿的迫使下,有的占据山头,成了土匪,打劫过路行人;有的干脆起兵造反,攻打城邑,杀死官吏,抢劫富民,瓜分钱财与粮食。各地的暴动如同星星之火,将要形成燎原之势。东汉统治者调集一切可以调集的军队,东征西讨,南征北战,平定各地的叛乱。而战争并不能解决根本问题,许多地方的叛乱是平了再叛,再平再叛,恶性循环。战争旷日持久,百姓的负担沉重。天灾人祸,让老百姓处在水深火热之中。人们渴望太平,巨鹿(今河北宁晋西南)人张角创建了"太平道",得到广大民众的拥护。

张角有一种神奇的"符水",用这种水,再加上特殊的咒语,可以为人治病,而且效果很好。因为符水灵验,再加上太平道的教义是劝人行善的,所以四方百姓都信服太平道。十多年中,太平道的教众发展到几十万人,各地无不响应太平道。张角见汉朝气数已尽,就准备发动教众同时起义,推翻汉朝。他发布宣言说:"苍天已死,黄天当立;岁在甲子,天下大吉。"其中,"苍天"指的是东汉王朝,"黄天"指的是太平道,约定在184年,举兵起义。

张角命人将"甲子"两个字写在京城城门以及各地官府衙门的墙壁上。他的弟子马元义召集数万教众来到洛阳附近,准备发动起义。起义爆发前夕,张角的弟子唐周上书朝廷,告发了张角、马元义等人。

汉灵帝立刻派人逮捕马元义,将他车裂处死,还责令官员抓捕京城百姓中信奉太平道的人,上千人因此被处死。然后汉灵帝发出诏令,追捕张角等要犯。

张角见事情败露,立刻命令各方同时举兵。起义军全部头戴黄巾,当时人们称他们为"黄巾军"。张角自称为"天公将军",其弟张宝、张梁分别称"地公将军""人公将军"。他们带领30多万教众焚烧官府,劫掠城邑。各地长官纷纷逃亡。不到十天,天下响应,京师震动。

汉灵帝立刻任命国舅何进为大将军,领兵镇守重要关口。安排之后,汉灵帝问百官如何应对黄巾军。中常侍吕强进言道:"党锢之后,百姓愤恨。如果不加赦免,恐怕党人要与黄巾贼合谋,危害更大。"于是汉灵帝赦免了党人。

此时洛阳兵马有限,将领也很稀少。汉灵帝为了抵御黄巾军,不得不以最快速度调集兵马。他下诏要求公卿以下官员捐献马匹、弓弩,要求将领子弟懂得兵法谋略的,全都入公车报到,然后派北中郎将卢植、左中郎将皇甫嵩带领人马讨伐黄巾军。

汉军初战不利。黄巾军围攻皇甫嵩,皇甫嵩兵少,士兵恐慌。皇甫嵩激励士兵们说:"作战不靠人数多少,而靠主将谋略。如今贼人在草地上安营扎寨,如果用火攻,可以破敌。"当天晚上,皇甫嵩派出精锐士兵潜行到黄巾军营寨之外,顺风点火,高声呼叫。黄巾军大乱,皇甫嵩率领全军冲进黄巾军阵营,大破黄巾军。

北中郎将卢植讨伐张角,连战连胜,斩获1万多人,将张角包围。卢植在广宗城外筑造营垒,巩固阵营,然后发动进攻。汉军一路人马开挖地道,一路人马制造云梯,眼看就要攻破城池,擒获张角。皇帝派遣小黄门左丰来到卢植军阵中,查看作战情况。有人劝卢植贿赂小黄门,卢植不肯。左丰

张角

回到宫中,对皇帝说:"广宗黄巾贼很好破,可惜卢将军按兵不动,要等老天来消灭张角。"皇帝听了大怒,立刻派出牢车征召卢植。卢植下狱,减死罪一等。

卢植被调回京城之后,皇甫嵩接替卢植,进攻黄巾军主力。此时张角已经病死下葬,黄巾军失去了主心骨。皇甫嵩与张角弟弟张梁大战,以少胜多,斩杀张梁。黄巾军被汉军追杀,落水而死者达5万多人,焚烧辎重3万多车。

皇甫嵩回到京城,向汉灵帝报捷,连声称赞卢植行军布阵方略,说自己之所以能剿灭黄巾军,全凭自己遵照卢植的方略。汉灵帝听了,就赦免了卢植,恢复了他的尚书职位。

不久,皇甫嵩再次出战,攻打张宝。张宝被杀,部下10万多人被歼灭。黄巾起义宣告失败。

汉灵帝死后,董卓进京执政,黄巾军在各地发动起义。东汉王朝为了平息黄巾军叛乱,不得不发动各地武装,袁绍、曹操、公孙瓒等在讨伐黄巾军的过程中发展壮大了自身力量,逐渐形成军阀割据的局面,推动了汉朝的灭亡。

黄巾军从起义到主力被汉朝消灭,只有一年左右的时间,时间虽然短,但是它给予了东汉王朝沉重的打击。

董卓进京

东汉末年，宦官危害国家，外戚何进与袁绍等商议诛杀宦官，遭到何太后反对。何进偷偷找来军阀董卓，想要借助武力剿灭宦官。哪知这样做分明是引狼入室，董卓的到来，给原本摇摇欲坠的东汉政权带来致命打击。

董卓性格粗猛而有谋略，少年时游于羌中，深得羌中豪杰喜爱。他臂力过人，能够左右开弓，因为战功卓著，担任凉州（今甘肃、宁夏、青海、陕西和内蒙古各一部）刺史。汉灵帝去世，大将军何进密召董卓进京诛灭宦官。董卓还没有到京师，就听说何进被当权宦官杀害。袁术发兵烧毁南宫，想要诛杀权阉。中常侍段珪（guī）见势不妙，挟持少帝与陈留王刘协逃跑。

189年，董卓引兵急进，听说少帝在北芒，连忙引兵去迎接。少帝见到董卓带领大兵前来，十分害怕，痛哭流涕。董卓向少帝问话，少帝说不出话来。董卓问陈留王刘协，刘协很镇定，将宦官杀害何进，挟持皇帝逃跑的事情一一说了出来。董卓见陈留王很聪明，又是董太后所养，就想废掉少帝，立陈留王为皇帝。

董卓奉少帝与陈留王回到京城，召集文武百官前来商议废立之事。他说皇帝暗弱，不能奉宗庙，而陈留王很聪明，应该即皇帝位。百官纷纷反对。董卓仗着自己手握重兵，目空一切，他拔出宝剑大声呵斥道："谁敢反对，军法从事！"

于是少帝被废，陈留王即位为皇帝，这就是汉献帝。董卓自封为相国，掌管军政大权。董卓上朝可以带着宝剑上殿，而一般来说，只有皇帝才能带剑上朝的。这样一来，董卓就可以与皇帝分庭抗礼了。

董卓将大权牢牢控制在手中以后，便肆无忌惮起来。当时，京都洛阳聚居着许多皇亲国戚，家家楼台相望，一片富贵荣华。董卓的士兵对京城的财富垂涎欲滴。在董卓的放纵与鼓舞下，士兵们无恶不作，他们焚烧屋舍，抢夺妇女，剽掠财物。百姓有人反抗，立即招来杀身之祸，一时之间京城百姓无不人心惶惶。董卓越来越肆无忌惮，他不但抢百姓的钱财，还敢抢当今皇帝父亲陵墓中的财物。何太后被董卓害死，下葬之时，要打开汉灵帝陵墓。董卓见帝陵中藏有无数珍宝，大喜，将那些珍宝全部搬到自己家中。董卓奸淫公主、宫女，乱施刑罚，滥杀无辜。他曾带人去阳城，回来时见成百上千的平民在祭神，就下令包围他们，全部杀头，将头颅系在车前，高唱凯歌回到京师。

董卓败乱朝纲，所犯罪行，罄竹难书。袁绍、曹操等人发起义兵，前来讨伐董卓。董卓恐惧不安，就强行带上皇帝，迁都长安。当时洛阳有数百万人口，董卓将这些人强行驱赶到长安。数百万人匆忙离开家乡，一路上饥寒交迫，又遭董卓的士兵骚扰，互相踩踏，死者无数。董卓离开洛阳时，更是将所有房屋——无论是宫殿、官府还是民宅，全部烧毁。昔日繁华的都市，被董卓夷为废墟，方圆两百里内，空无一人。

董卓罪恶滔天，人神共愤，忠义之士无不想要为民除害。可是董卓身边有一名猛将，名叫吕布，是董卓的义子，因为武艺高强被董卓留在身边，保护他的安全。董卓性格刚强急躁，愤怒时不计后果。一次，因为一件小事，董卓一怒之下，将手戟投向吕布，幸好吕布躲得快，这才捡回一条小命。吕布又因为与董卓的侍妾有私情，担心被发觉，心中很不安。

司徒王允与吕布是同乡，因此颇有交情。吕布常常到王允家中喝酒，一

汉

次，吕布谈到董卓用手戟投掷自己的事情，言语中显得十分痛恨。当时，王允正与人商议刺杀董卓的事，听吕布这么一说，就邀请吕布也加入进来，一起行刺董卓。吕布起初不肯，说董卓对自己情同父子。王允说："你本来姓吕，跟他是什么父子？他用手戟杀你的时候，可把你当儿子？"

于是，吕布答应王允一起刺杀董卓。

汉献帝在未央殿召集群臣，董卓穿上华丽朝服前去觐见。路上马受惊，溅起泥水弄脏董卓的衣服。董卓回去更衣，小妾要他不要上朝。董卓不听，带了吕布为贴身护卫，前呼后拥上朝去。王允等人早就做好准备，命骑都尉李肃带领十多个勇士伪装成护卫等候董卓。董卓来到殿外，马再次受惊。董卓有了不祥的预感，正要回去，被吕布劝住，于是继续前行。刚进入殿门，埋伏的勇士以长戟攻击董卓。董卓大惊，回头大喊："吕布何在？"吕布吼道："吕布在此，奉诏诛董贼！"董卓大骂。吕布手起刀落，将董卓杀死了。

像董卓这样的恶人，可以说是旷古未有的。董卓的死讯传出后，百姓载歌载舞庆贺，长安城中如同过大节一般喜庆异常。

孙策占江东

孙策乃孙坚之子、孙权之兄,他占据了江东(今长江下游的江南地区)。

孙坚从小就有勇有谋。17岁时,孙坚闻名州郡,官府任命他为副都尉。孙坚深受百姓爱戴,他广交英雄豪杰,父老子弟愿意追随他的有数百人。

黄巾起义爆发后,孙坚讨伐黄巾军,屡立战功。接着,孙坚官拜长沙太守。当时长沙郡造反,部众有1万多人。孙坚到了长沙,不到一个月就剿灭叛贼。孙坚威名远播,常常带兵帮助周围郡县讨平叛乱,战功显赫。

八大诸侯讨伐董卓时,袁术推举孙坚为破虏将军,兼任豫州刺史。袁术派孙坚讨伐刘表,孙坚大破刘表部将黄祖。后来孙坚被黄祖部下军士射杀,他的部属数千人马暂时投靠袁术。

正所谓虎父无犬子,孙策的胆识谋略以及武功丝毫不逊色于其父。

孙坚兴义兵之时,将家属留在吴郡。当时孙策只有十来岁,但是交游很广,当地士大夫对他十分钦慕。周瑜在这时与孙策结识,两人年龄相近,才华相当,不免互相钦慕,情同兄弟。当地人称孙策为孙郎,称周瑜为周郎。

孙坚死后,孙策护送父亲的灵柩回到曲阿。埋葬父亲之后,孙策带领全家来到江都。此时孙策已有18岁,英雄少年,血气方刚,正要立志建立丰功伟业,报杀父之仇。此时此刻,孙策十分迷茫,不知道前方的路该怎么走。

孙策在江都结识了名士张纮(hóng)。张纮告诉孙策,要他先去袁术那边要回父亲的部属,然后投靠舅舅丹阳太守吴景,召集兵马,替父亲报仇,然后平定荆州、扬州，以此为根基，成就霸业。

张纮的建议正好与孙策的想法相同。孙策来到寿春投靠袁术，向袁术讨要父亲部属。袁术不肯还，要他先去丹阳（今安徽宣州）投靠吴景，收集兵马。孙策无可奈何，先到丹阳，收集了数百兵马，再次投靠袁术。袁术十分惊讶，也很欣赏孙策，就将孙坚旧部1000多人归还给他。孙坚遗留下的部属有数千人，袁术只归还了一部分。孙策力量薄弱，只好依附袁术，慢慢寻求发展。

孙策的才干令袁术的部将钦佩不已。袁术也常常叹息说："我要是有个儿子如孙郎这样，死亦无恨了！"孙策兵马虽少，但是治军严谨，部下令行禁止，不敢违抗节度。由于纪律严明，孙策的军队成为袁术部下的精兵。

袁术要攻打九江，就命孙策为先锋，并许诺说，如果孙策打下九江，就拜他为九江太守。孙策很高兴，带兵攻打九江，很快攻克。结果袁术食言而肥，另外派遣陈纪担任九江太守。

袁术要攻打庐江，对孙策说："前一次攻克九江，我本想委任你镇守，结果错用了陈纪，十分遗憾。这一次攻打庐江，攻克之后，一定拜你为庐江太守。"孙策很高兴，再次引兵攻打庐江。攻克之后，袁术再次食言而肥，派亲信刘勋为庐江太守。

孙策见袁术毫无信义，十分失望，觉得依附他无法成就大事，决定离开。当时，汉朝派遣刘繇（yóu）为扬州刺史。孙策的舅父吴景为丹阳太守，堂兄孙贲为当阳都尉。刘繇见他们与袁术关系密切，就驱逐他们离开丹阳。

孙策想要离开袁术，自己独立发展，就向袁术请兵，说："先父在江南广布恩德，我想回到江南，协助舅父赶走刘繇之后，在江南召集三万兵马，再来协助您兴复汉室。"袁术知道孙策恨自己不守信用，又认为丹阳、会稽等江南大郡都有重兵把守，孙策前去，肯定不能成功，就同意孙策前往，并赠送他千余军资、数十匹战马。

195年，孙策离开袁术，好比蛟龙入海。当地的名士名流五六百人，因为仰慕孙策，纷纷跟随他渡江南下。其中包括著名的彭城张昭等才识卓越之人，为孙策出谋划策。孙策带领部属南下，一路上招兵买马，等到他来到历阳（今安徽和县）时，又与周瑜等会合，军队发展到五六千人。

孙策先攻打刘繇的牛渚（今安徽当涂西北），缴获大批粮食、战具。当时，薛礼、笮（zé）融与刘繇联合。孙策攻打笮融，笮融紧闭城门不敢出来。孙策又攻打薛礼，薛礼逃脱。樊能等见机攻打孙策的牛渚营，孙策回师攻打樊能，大获全胜，俘获樊能数万人。

孙策重新攻打笮融，不小心被流矢射中大腿，不能乘马，只好由人抬回牛渚营中。有人叛逃，告诉笮融，说孙郎已死。笮融大喜，大举进攻牛渚营。孙策早已设下埋伏，斩获笮融数千人，然后进兵来到笮融大营前，下令军士齐声呼叫："孙郎来了！"笮融大惊，连夜逃脱，刘繇也丢下部队，逃到彭泽。孙策接管了原先刘繇的领地。

会稽乃江南大郡，吴人严白虎率领数万人屯聚此地。孙策渡过浙江，扫平严白虎部众，占领了会稽。此时，孙策已经占有了江南五郡，他亲自担任会稽太守。

此时，袁术自立为皇帝，在江南站住脚跟的孙策立刻与袁术断绝关系。曹操为了联合孙策，表奏他为讨逆将军，封为吴侯。

袁术死后，其部属长史杨弘、大将张勋带领数万人投奔孙策，一路上被庐江太守刘勋拦截。孙策听说此事，假装与刘勋联盟，暗地里对刘勋突然发动袭击，占领了庐江。刘勋只带上数百人投降了曹操。

孙策拥有了江南六郡，实力大增。后来，孙策为仇家所杀，死前将爵位和领地传给弟弟孙权。孙权凭借兄长遗留下来的雄厚根基，创建了东吴政权。

官渡之战

东汉末年，国家动荡。董卓死后，其部将李傕（què）、郭汜（sì）等人争权夺利，妄图挟持天子，把持朝纲。首都洛阳被乱兵放火烧成废墟，汉献帝与文武百官流离失所，处境可悲。曹操起兵迎接天子到许昌定都，自封为司空，从此以后独揽大权，挟天子以令诸侯。

此时，曹操虽然控制了天子，但并没有控制天下。南北各地诸侯拥兵自重，不听曹操节制。尤其是袁绍，他控制黄河以北大部分地区，兵强将广，谋士众多，实力最强，对曹操是一个巨大的威胁。

曹操依仗天子责备袁绍土地太广，兵员太多，常下诏抑制袁绍。袁绍对曹操十分不满，曹操对袁绍也欲除之而后快。袁、曹之间的战争一触即发。

但是曹操最担心的敌人不是袁绍，而是刘备。为稳固后方，曹操亲自带兵讨伐刘备。部将都劝阻曹操："与主公争夺天下者，袁绍也！为何不先战袁绍呢？而且，我等攻打刘备，袁绍乘虚攻打许昌，那时，我们就危险了。"曹操说："刘备乃天下枭雄，不早日除之，必为后患。至于袁绍，见事太慢，我们攻打刘备，他必然按兵不动。"

曹操与刘备交战时，袁绍果然按兵不动。袁绍手下的谋士田丰劝袁绍说："与主公争夺天下者，曹操也！如今曹操攻打刘备，许都空虚，我们乘虚直入，必然大获全胜。此乃千载难逢的时机！"袁绍不肯，说小儿子生了病，不忍心离开。田丰听了这话，十分恼怒，说："大事去矣！遇到这大好时机，不知道把握，因为婴儿生病而耽误国家大事，可惜啊可惜！"说完，他用手杖杵地叹息。

刘备吃了败仗，投奔袁绍，袁绍这才发兵攻打许昌。

田丰又说："曹操得胜回到许都，许都并不空虚，而且曹操善于用兵，如果直接讨伐，肯定要吃败仗。"袁绍大怒，说田丰动摇军心，下令拘捕田丰。

袁绍先派遣颜良攻打白马（今河南滑县）。颜良乃袁绍部下名将，白马岌岌可危。曹操派张辽、关羽迎战颜良，一战将颜良斩首。袁绍又亲自带兵渡过黄河，驻扎在延津以南，派刘备、文丑向曹操挑战。曹操又击破袁军，斩杀文丑。

两次交兵，损失两员名将，袁军大为震恐。曹操退回官渡（今河南中牟东北），两军在此对峙。

谋臣沮授劝袁绍道："我军人数众多，但勇猛不及曹军。曹军虽然勇猛，但粮草不如我军。所以速战对曹操有利，持久作战对我军有利。"袁绍不听。

200年，袁绍求胜心切，带领大军攻打官渡曹营。两军交战，曹军不利，只好坚壁不出。袁军架起高橹，垒起土山，向曹营放箭。曹军架起发石车，向袁军高橹发射石头，摧毁高橹。袁军挖地道，想要攻入曹营。曹操命人挖深沟，抗拒地道。两军交战，兵来将挡，难分难解，相持了100多天。

袁绍派淳于琼率领1万人马驻扎乌巢（今河南延津东南），保护囤积的粮草。乌巢距离袁军大营40里。

沮授建议袁绍另外增派一支人马加强巡守，防备曹操偷袭粮草，袁绍不听。

谋臣许攸告诉袁绍："曹操原本兵少，又倾巢出动抗拒我军，许都必定空虚，我军另派一支军队攻打许都，曹操必然退却，我方乘胜追击，必然大获全胜。"袁绍不听。不久，许攸因为贪财，触犯袁绍法令。袁绍派人拘捕许攸

曹操

家属，许攸畏罪潜逃，投奔了曹操。

许攸是袁绍的重要谋臣，熟悉袁军机密。他告诉曹操袁军粮草的所在地以及守军虚实，建议曹操偷袭乌巢，断绝袁绍粮道。曹操亲自率领5000名骑兵趁夜色衔枚疾走，偷袭乌巢，放起大火。

袁绍闻讯，派遣大量骑兵救援乌巢。左右报告曹操："敌人已经逼近我军了，请求分兵抵抗！"曹操大怒说："等敌兵追到我的背后，再告诉我！"曹操手下的将士都殊死战斗，淳于琼守军惊慌失措，全军覆没。

袁绍听说曹操亲自带兵攻打淳于琼，倒也不惊慌，他对长子袁谭说："曹操攻打乌巢，营内必定空虚，我等乘虚而入攻打官渡曹营，必可获胜。"于是，袁绍派张郃（hé）、高览进攻曹军官渡大本营。谁知，张郃、高览听说淳于琼战败被杀，袁军命脉被曹军切断的消息之后，就投降了曹军。

消息传来，袁军溃散。曹军追亡逐北，袁绍只带着800多人匆忙渡过黄河，落荒而逃。

袁绍兵败之后，回到北方。有人对田丰说："您深谋远虑，必将得到重用。"田丰说："不然，我死期将至了！袁公外表宽厚，内心却喜欢嫉妒。如果他获胜回来，一定高兴，说不定放了我；如今吃了败仗，必定嫉妒我，我必死无疑了！"袁绍回来后，果然说："不听田丰的话，吃了败仗，恐怕要被他取笑了！"于是，他派人杀了田丰。

经过官渡之战，曹操打垮了实力最强的对手，为统一北方扫清了障碍。

张仲景著《伤寒杂病论》

张仲景,南阳人,大约生活在东汉桓帝时期,卒于建安末年。张仲景从小聪明好学,勤于思考。他读历史书,读到《扁鹊见蔡桓公》一段,对扁鹊的医术十分钦佩。于是,他从小就立志做一个像扁鹊那样的神医,既可以为亲友治病,又可以拯救贫寒家庭,对自己的养生也很有益处。

在张仲景所生活的时代,有知识的是士大夫阶层。但是,士大夫们宁愿去追名逐利,巴结豪强,希求荣华富贵,很少有人愿意学习医术。张仲景认为这样做是舍本逐末:如果一个人的生命都不能保全,要身外的荣华富贵有什么用呢?

由于士大夫阶层不屑于学医,因此东汉社会医生很少,而良医更是稀缺。很多人一旦生了疑难杂症之后,苦于找不到好的医生,只能坐以待毙。还有很多人,所患疾病很平常,但是因为给他治病的是个庸医,结果被庸医耽误,遂成不治。士大夫阶层因为都只想去做官,汲汲于富贵,而不肯做一些实际的事情,最终都自食其果。张仲景认为,这些都是很可惜的。

东汉末年,瘟疫流行,却没有好的医生拯救世人,很多人都失去了生命。"出门无所见,白骨蔽平原",当时的这首诗歌描绘了东汉末年的惨状。张仲景家族在历次瘟疫中,死亡的人也很多。建安初年,张仲景家族有200口人,到了建安末年,只剩下70来人,死亡人数占了三分之二,而大多数人都死于伤寒。张仲景目睹社会与家族的惨状,希望自己能找到治疗伤寒的良方。他开始遍览古籍，研究各种医书，包括《素问》《九卷》《八十一难》《阴阳大论》和《胎胪药论》等古代医学名著。通过数十年的刻苦钻研、探索，加上艰辛的医学实践，张仲景终于写成了《伤寒杂病论》。

《伤寒杂病论》包括两个部分，一个是《伤寒论》，一个是《金匮》。自张仲景以后一千多年来，《伤寒杂病论》一直是学习中医的必读书。这部书培养了一代又一代名医，救活了无数条生命。据说，当年华佗看到这本书也十分欢喜，称赞说："此真可以活人也！"

《伤寒杂病论》之所以如此重要，包括两个方面的原因：

第一，《伤寒杂病论》收录了260多个行之有效的药方。各种疑难杂症，比如心律不齐、肺炎、乙脑、急慢性阑尾炎、急性黄疸肝炎等，都可以在这部书中找到相应的方剂。很多方剂一直使用至今，并且流传到世界各国，就连日本著名的中药制造厂生产的中成药，大多都是按照张仲景的药方配制生产的。张仲景的学说，为我国方剂学奠定了基础。人们评价张仲景的《伤寒杂病论》为"众方之宗，群方之祖"。

第二，《伤寒杂病论》确立了辨证论治的医学理论，辨证论治是中医的灵魂。辨证，就是认识病情；论治，就是治疗疾病。中医认识病情的方法非常独特，包括"四诊"：望，闻，问，切。中医通过望闻问切来了解病人患病何处、病痛深浅、阴阳邪正等。通过"四诊"收集病患资料后，再通过分析，对症下药。

在张仲景之前，我国还缺乏一套完整的医学理论，很多医生不能准确把握病人的症状。但是，有了张仲景的辨证理论的指导，这一切有了改善。

张仲景的《伤寒杂病论》中，收入了一个"蜜煎导方"，专门治疗因津液亏欠太多，大便秘结的病症。那还是在少年张仲景跟随张伯祖学医时的事。一天，来了一位病人，只见他嘴唇干燥得都起了泡，额头滚烫，高烧不退，

汉

精神萎靡。张伯祖诊断后，认为应该用药物把病人体内的热毒排出来。可是病人身体十分虚弱，如果用常规的泻药通便，病人可能承受不住。这可怎么办呢？

张仲景看到嗡嗡飞舞的蜜蜂，忽然灵机一动，说："老师，你看这样行不行？"张仲景附在张伯祖耳朵上说了一通，张伯祖听了点头微笑。于是张仲景找来一碗蜂蜜，架在火上慢慢熬煮，期间不断地用筷子搅拌，一会儿蜂蜜就变成了黏稠的糊状。张仲景挑出来一块，趁热用手拉成长长的一条，然后把尖端慢慢地塞进病人的肛门里。不一会儿，病人就泄出一堆臭秽的大便，病也好了大半。这是世界上最早的人工灌肠法。

张仲景在医学上的伟大贡献，使他获得了"医圣"的称号。

三顾茅庐

东汉朝廷为了镇压黄巾起义，下令各地地主豪强可以自行组织军队。结果，起义虽然镇压了下去，却培养出了许多割据势力。从此东汉王朝名存实亡，天下进入了群雄逐鹿的时代。

在诸多豪强中，曹操和刘备都是胸怀大志的英雄。曹操的父亲是朝廷宦官的养子，曹操早年狡黠放浪，只有名士乔玄认为他是人才，对他说："如今天下将乱，非雄才大略之人不能安定它，能安定天下的，我看就是您了！"曹操听了哈哈大笑。

后来，曹操在镇压黄巾军的起义中有功，被朝廷任命为典军校尉。但是他看到军阀董卓把持朝政，就逃出洛阳，来到陈留，散尽了自己的家财招募义兵，反抗董卓。后来，汉朝司徒王允联合董卓的部将吕布设计刺杀了董卓。董卓的部将李傕、郭汜又发动叛乱，曹操趁机迎接汉献帝到了许昌，取得了政治上的优势。曹操还任人唯贤，笼络了一大批政治、军事人才。因此，曹操逐渐在北方诸多豪强中脱颖而出。

刘备的命运就坎坷的多。他是中山靖王的后代，但是到他这一代已经家道中落，只能靠贩草鞋为生。刘备决心干一番轰轰烈烈的事业，笼络了关羽、张飞、赵云等一批能征善战的虎将，但依然实力弱小，尤其是缺少一位运筹帷幄的谋士。因此，他在北方颠沛流离，先后投奔陶谦、吕布，始终建立不起自己的事业。后来吕布被曹操攻灭，刘备被迫做了曹操的属下。为了

汉

不引起曹操的戒心，他假装胸无大志，整天在后园里浇菜。

后来汉献帝不甘心忍受曹操的摆布，命人把打算除掉曹操的诏书缝在衣带里交给刘备。刘备接受了汉献帝的"衣带诏"，只是还没有实施行动。

不久后的一天，曹操突然派人来请刘备去府中饮酒。刘备大惊，以为衣带诏的事泄露了，但又不敢不去，只好跟着来人来到曹操府中。曹操笑着说："我看园中的梅子熟了，特意请你来饮酒。"刘备虚惊一场，两个人坐下来赏梅饮酒。

饮了一阵，曹操问："你走南闯北，依你看来，当今世上谁是英雄？"刘备小心地回答说："我是个庸庸碌碌之辈，哪里敢妄加评论英雄！"曹操一定要他说。刘备只好打马虎眼，一连说了袁绍、袁术、刘表等好几个州的首领，曹操连连摇头。最后，刘备只好说："那依曹公看来，谁是英雄呢？"曹操哈哈大笑说："当今能称得上英雄的，只有我和使君你啊！"

刘备听了大惊失色，吓得连手中的筷子都掉在了地上。这时，正巧天上打了一个响雷。刘备急中生智，马上巧借惊雷来掩饰说："好响的雷，吓得我连筷子都掉了。"这就是著名的"青梅煮酒论英雄"。

曹操虽然暂时被瞒过去了，但始终没有彻底消除对刘备的戒心，于是刘备找了个机会，逃离了曹操身边，投奔袁绍。

200年，曹操与袁绍为了争夺北方的霸权，在官渡展开了决战。曹操率领5000名骑兵突袭袁绍存放粮草的乌巢，一把火把粮草烧了个精光，最终以少胜多，取得了官渡之战的胜利，统一了北方，成为北方实际的统治者。

刘备早就看出袁绍不是曹操的对手，于是找了个联络荆州（今河南南部、湖北和湖南大部）刘表的借口，离开了袁绍，投奔刘表。一次，刘备和刘表饮酒，席间去了趟厕所，回来后面带泪痕，刘表奇怪地问他出了什么事。刘备说："我从前南征北战，经常骑马，大腿内侧都不长肉；刚才去厕所

诸葛亮

刘备

却看见大腿上长出了肥肉，自己这么大年纪了，可惜功业未成。"刘表听了，感叹说："贤弟真是胸怀大志的人啊！"

要想建立功业，首要的是人才。刘备听说襄阳一带藏龙卧虎，就仔细寻访，终于打听到有一位隐士名叫诸葛亮，字孔明，道号卧龙先生，是个不可多得的奇才。于是刘备诚心实意地斋戒沐浴，想要去请诸葛亮出山辅佐自己。

诸葛亮也是个有远大志向的人，他早就听说过刘备的大名，但是他想考验一下刘备是不是真的有诚意，于是接连两次刘备来拜访，他都故意躲开了。

刘备一心要请诸葛亮出山，毫不气馁，又第三次拜访。这次诸葛亮在家等候他，两个人通过谈话，都觉得相见恨晚。于是刘备向诸葛亮请教自己如何才能建立基业，实现理想。诸葛亮就给刘备谈论了一番天下大势，这就是著名的"隆中对"。

诸葛亮说："曹操已经统一了北方，挟天子以令诸侯，别人是没法和他争锋了；江东的孙权，父兄三代经营江东，根深蒂固，又有长江天险，因此只可以和他联盟，不能打江东的主意；而荆州的刘表年事已高，两个儿子都不成器，因此可以谋取荆州；益州（今四川一带）的刘璋软弱无能，虽然益州是天府之国，但刘璋肯定守不住，也可以谋取。所以将军可以北让曹操占天时，东让孙权占地利，自己占人和，夺取荆州和益州，联合孙权，对抗曹操，等待时机，一旦北方发生战乱，就可以挥军北上，平定中原，恢复汉室。"

刘备听了诸葛亮的一番话，大为佩服，激动地说："先生的一席话，让刘备如同拨云见日！"于是，他坚决请诸葛亮出山辅佐自己。诸葛亮见刘备如此至诚，也就答应了。

火烧赤壁

208 年，刘表病死。曹操趁机率大军南下，打算一举平定南方。刘表的小儿子刘琮在母亲蔡氏和舅舅蔡瑁的扶持下继承了刘表的事业，但是蔡瑁等人畏惧曹操的势力，居然毫不抵抗，就挟持刘琮投降了曹操。

曹操继续派兵南下，追击刘备。刘备虽然在诸葛亮的谋划下打了几个胜仗，但是终究寡不敌众，只好一路败退。曹操占领荆州之后，就想顺江而下，夺取江东，统一天下。

刘备在途中正巧遇到江东孙权派来打探虚实的鲁肃，于是他派诸葛亮过江劝说孙权和自己一起对抗曹操。诸葛亮一到江东，就劝说孙权联刘抗曹，他指出："曹操虽号称有 80 万人，但很多是荆州刘表的降兵，军心不稳；曹军大多是北方人，不习水战，而且劳师袭远，人马疲惫，且水土不服，多有疾病；刘玄德虽在长坂坡战败，但仍有水兵 2 万驻扎在夏口，孙刘联合，必能攻破曹军。曹军一败，必然退回北方。到那时，三分天下的局势就形成了。胜败在此一举！"孙权虽答应抗曹，可又担心曹操势力太大，于是找来群臣商议。以张昭为首的群臣听说曹操的大军有 80 万人，都劝孙权投降，孙权犹豫不决。

鲁肃趁孙权上厕所时跟了出去，对他说明"臣子可以投降，但曹操绝不会容忍一个投降的君主"的道理。于是孙权召回在鄱阳训练水军的周瑜，询问他的意见。周瑜客观地分析了曹军的劣势，他说："第一，曹军疲惫不堪，必生疾病；第二，马超、韩遂尚在关西，为曹操的后患；第三，中原人舍弃

曹操

鞍马，不习水战；第四，来自中原的曹军不过十五六万，所得刘表的降兵七八万人，而且人心不向曹操。"听了周瑜的分析，孙权坚定了抗曹的决心。

于是，曹操的军队和孙刘联军隔江对峙，在长江上展开了一场惊心动魄的大战——赤壁之战。

起初的几次小规模水战孙刘联军都取得了胜利，但是曹军的主力并没有受到致命的打击。曹操的士兵大多是北方人，不习惯水战，一上了船就呕吐不止。于是有人向曹操献计说："把所有的大船三五十条用铁索连在一起，不就平稳了吗？"曹操依计而行，果然很平稳。

但是周瑜部将黄盖看出了曹军的破绽，他向周瑜建议说："目前敌众我寡，难以与他们持久作战，可以采用火攻的方法战胜他们。"周瑜采纳了他的建议，决定派他以投降曹操为名，借此接近曹营。

于是，在一个刮着东南大风的日子，黄盖率领十余条轻快的小船，船上载满膏油稻草，蒙着幔帐，插上青龙牙旗向江北快速驶去。江北曹营的士兵看到预先约定好的标记，以为是黄盖来投降，毫无防备。等小船到离北岸只有两里的地方，黄盖一声令下，十余条小船一起点燃了船上的蒿草，向曹营冲去。

曹军顿时大乱，但是曹军的战船都用铁索相连，一条船起火，其他船也跑不了。一时间长江上烟火漫天，曹军烧死、溺死者不计其数。孙刘联军乘势随后冲杀，曹军大败，几乎全军覆没，曹操仓皇逃回了北方。

赤壁之战后，刘备趁机扩充势力，占据了荆州，又西进益州，夺取了益州和汉中地区。诸葛亮所预言的三足鼎立的局势，就这样形成了。后来曹操去世，他的儿子曹丕即位，废掉了有名无实的汉献帝，建立曹魏政权；而刘备则继承汉王朝的大统，即位做了皇帝，建立了蜀汉政权；孙权先是称王，后来也称帝，建立了东吴政权。这就是历史上的魏蜀吴三国鼎立，这个局面维持了四十多年。

"神医"华佗

华佗是东汉末年杰出的医学家，被誉为"神医"。

华佗博学多才，通晓经典。官府推举华佗为孝廉，征他为官，可他不肯出仕。华佗善于保养，又精于医术，传说他年过百岁，但是容颜不衰。

华佗在医术方面建树很高。他为人治病，下药不过数种，而且抓药之时，不用秤称就知道分量，煮熟便喝，药到病除。

华佗善于针灸，为人下针，也不过一两处而已，下针之时，常常要叮嘱病人一番，叫病人配合，针扎进体内，到了指定的地方，病人说："到了！"华佗应声拔针，病痛也随之而解。

华佗发明了一种麻醉剂，取名麻沸散，人喝了之后，浑身麻痹，仿佛死了一般。如果有人生病必须动手术，华佗就命病人饮下麻沸散。等病人麻醉之后，就剖开人的皮肤，深入到人的肠胃，将患病的地方割除，清洗干净，然后将伤口缝合，涂上膏药。过了几天，伤口愈合，不到一个月，病人也就痊愈了。

华佗医术高明，精于望闻问切。望，就是望人气色，查看病人症状；闻，就是听人声音，了解疾病轻重；问，就是问人生病经过，了解疾病的起因、发展；切，就是切脉，了解病人的身体情况。

甘陵相夫人怀孕六个月，腹中疼痛不安。华佗为她把脉之后，说："胎已经死了。"于是，华佗为她开了一剂药。不久她就产下一个胎儿，果然死了很久。

府吏倪寻、李延一起找华佗看病，他们的病症都是一样的，都是头痛、发热。华佗为他们诊过病，说："寻应当通便，而延应当发汗。"然后，他开出不同的药方。两人不解，说："我等病痛相同，为何治法不同呢？"华佗说："倪君病痛在肠胃，李君病痛在躯干。病理不一，用药当然不同。"两人吃过药之后，第二天都好了。

华佗外出，见路边有人呻吟，家人用车载着他四处寻医。华佗停了下来，前去察看，原来这个人想吃东西，但是吃不下去，饿得气息奄奄。华佗对病者家人说："前面路边有个卖饼的人家，那里有炸酱蒜泥，取水冲一冲，喝下去，病患立除！"家属遵照华佗所说而做，病人立刻吐出一条蛇来，病马上就好了。家人大喜，将蛇悬挂在车边，要去感谢华佗。华佗不在家，他的孩子看到车上的蛇，说："这些人一定见过我父亲，车旁的蛇就是我父亲打下来的！"病人家属走进华佗家，见墙上还挂着好几条这样的蛇呢！

有一位郡守生病了，华佗给他看过病，知道这个人只要发一发怒火，就能痊愈。他故意收了郡守很多钱，却不给他看病，过了不久，华佗还偷偷溜走了。郡守十分生气，派人去追赶华佗，要将华佗处死。郡守的儿子知道华佗的心意，就叫吏卒放过华佗。郡守更加生气，吐出黑血数升后，病反而好了。

广陵吴普、彭城樊阿跟随华佗学医。吴普依照华佗的传授，救活了很多人。华佗曾对吴普说："流水不腐，户枢不蠹，都是因为运动的原因。人要远离病患，必须经常运动，只是不能运动过度。我有'五禽戏'，一曰虎，二曰鹿，三曰熊，四曰猿，五曰鸟。这五戏，可以调节经脉，治疗病痛，增强体魄。如果身体有些不适，可以做一禽之戏，发汗之后，搽上粉，就会感觉身心愉快，饥饿欲食。"

吴普按照华佗的五禽戏自我调养，年过90岁，依旧精神飒爽，四体强健。

曹操患有头风，病情发作时痛苦不堪，他听说华佗医术如神，就命人召来给自己看病。华佗为他扎针，针扎过后，疼痛立刻消除。

但是曹操的病不能根除，他就要华佗留下来专门为自己看病。华佗生性喜爱自由，不愿在朝中被曹操拘束，就推说要回去寻找药方，根治曹操的头风。曹操准许他回去。华佗回去之后，又不肯回来，推说妻子病重，需要人调理。曹操头风复发，疼痛不堪，急召华佗进京，华佗不肯。曹操就派人去华佗家中查看，事先嘱咐吏卒：如果华佗的妻子果真生病，就赐给他小豆；如果她没有生病，就立刻收捕华佗。

吏卒来到华佗家，见华佗的妻子并未生病，就将华佗收捕，押送到京城，关进狱中。曹操见华佗欺骗自己，十分恼怒，要杀掉华佗。荀彧（yù）劝他道："华佗医术实在高超，免他一死，还可以救活不少人。"曹操说："不要担心，像这样的鼠辈，还怕找不到第二个吗？"

华佗竟然被曹操处死。华佗临死前，将自己写的一本书《青囊经》拿出来，交给狱卒，说："这个，可以救人！"狱吏接过这本书，但是担心触犯法律，就将这本书烧掉了。

华佗死后，曹操的病又发作了。但是曹操忍着痛，说："华佗能治好我的病，但这小人故意养着我的病，妄图钓取富贵。我不杀他，他终究不会替我治好。"

后来，曹操的爱子曹冲病重，曹操叹息道："真不该杀了华佗，眼睁睁地看着我的小儿病死！"

刘备夺取益州

经过赤壁之战，刘备得到了荆州，从此有了一块根基。根据诸葛亮隆中决策的战略，刘备应该抓紧时间夺取益州。益州即今四川、汉中一带，土地肥沃，士民富庶，自古有"天府之国"的美称。而且益州四面环山，易守难攻，汉高祖借助这块宝地成就了帝业。

益州牧刘璋与刘备同为汉朝宗室，但是刘璋没有雄才大略，难以保全益州。曹操派兵讨伐汉中的张鲁。汉中一带具有十分重要的战略意义，从这里走水路可以威胁荆州，走陆路可以威胁益州。刘璋听说曹操派人攻打汉中，十分惶恐，就与臣属商议应对之策。

刘璋的谋士张松深受刘璋器重，张松却十分钦慕刘备，希望刘备能进入益州，取代刘璋。当刘璋问群臣如何对付曹操时，张松对刘璋说："曹公用兵如神，无敌于天下，如果占有了汉中，再来威胁益州，我们如何抵挡？"刘璋说："我正担心此事，不知计从何出？"张松说："刘豫州（刘备）乃主公宗室，又是曹公仇敌，善于用兵。可以令他讨伐张鲁，张鲁破，益州强，就算曹公来了，也无能为力。"刘璋表示同意，随后张松推举好友法正前去联络刘备。刘璋就派法正率领人马，带上无数贵重礼物前去迎接刘备。

法正是个胸怀王佐之才的人，但是他在刘璋这里怀才不遇，常常对好朋友张松叹息。张松推荐他去见刘备，是希望他迎接刘备取代刘璋。法正见到刘备，顿生钦慕之心。刘备也十分器重法正，两人相见恨晚，交谈十分投机。法正对刘备说："刘璋暗弱，不能成事，将军应当取而代之。张松乃刘璋股肱，可以做内应。将军拥有益州之后，成就大业，易如反掌！"

法正将益州虚实全盘告诉刘备，鼓舞刘备夺取益州。刘备安排诸葛亮同关羽守荆州，自己与军师庞统带数万步兵溯江而上，来到益州涪（fú）陵，与刘璋相会。刘璋早已摆好宴席，两人相见甚欢。

张松叫法正告诉刘备，可在宴席之间袭击刘璋，夺取益州。军师庞统也劝刘备："如果立刻捉拿刘璋，可不战而夺取益州。"刘备不同意，说："我初来乍到，恩信未结，贸然行动，有失人心，不可！"

宴会之后，刘璋增派兵员、物资支援刘备，并派遣刘备前往葭（jiā）萌关（今四川昭化东南）讨伐张鲁。刘备在葭萌关按兵不动，只是树立贤德，收买人心。庞统劝刘备道："主公要夺取益州，有三种策略：精选士卒，昼夜兼程，袭击成都，刘璋没有大略，必然缺乏防备，大军忽然袭击，可一战而平定益州，此上策也；杨怀、高沛，乃刘璋悍将，各拥重兵据守关头，此二人一直劝谏刘璋送主公回荆州，主公可假托荆州有急，迅速班师回去，杨怀、高沛必然欢喜相送，主公可在此时袭击杨、高二人，夺取兵权，攻打成都，成都没有外援，必然不能支持，此中策也；将军退回白帝城，联络荆州兵，步步为营攻打益州，此下策也。如果犹豫不决，错失良机，恐怕祸害缠身，追悔莫及！"

此时曹操兵分两路，一路攻打关羽，一路攻打孙权。孙权派人报信，要刘备前来救援。刘备上书刘璋，请求回荆州援助关羽、孙权，并向刘璋借物资与兵员。刘璋只同意借给刘备4000人，刘备十分不满。这时，张松写信问刘备，为何急忙离开。张松兄长担心张松与刘备密谋的事情连累自己，就将张松告发了。刘璋大怒，斩杀张松。因此，刘备与刘璋关系彻底破裂。

刘璋命令各大关口加强防备，不许放走刘备。刘备大怒，派遣黄忠等人攻打刘璋。

刘备首战告捷，夺取了涪陵，就在涪陵停下来庆功休整，置酒高会。

宴席间，刘备兴致高昂，对庞统说："今日聚会，真是高兴！"庞统开玩笑说："讨伐别人国家，还这么高兴，不能算仁人君子！"刘备喝醉了，听了这话十分恼怒，说："武王伐纣，也是前歌后舞，十分高兴，难道不是仁人君子吗？你说的什么话？赶快出去！"庞统也很生气，说走就走了。过了一会儿，刘备后悔了，赶紧让人去请庞统。庞统回来了，神态自若，也不道歉。刘备问："刚才的事，是谁的错？"庞统说："一个巴掌拍不响，君与臣都有错！"刘备大笑。

刘璋几次派兵攻打涪陵，都被刘备击败。刘备军队更加强盛，派遣兵马攻打益州各县。诸葛亮、张飞、赵云等人率兵溯江而上，平定白帝、江州、江阳等地。

刘备、庞统带兵攻打雒（luò）县（今四川广汉北）。双方交战十分激烈，军师庞统被流矢射中，不幸身亡。刘备十分痛心，每次说话都流泪不止，追尊庞统为关内侯，极尽哀荣。

214年，刘备夺取了雒县，包围了成都。过了十几天，刘璋出城投降。

蜀中十分富饶，刘备将缴获金银都奖给士卒，将谷物散发给百姓，蜀中百姓无不欢喜。拥有益州、荆州的刘备，实力大为增强。群臣拥戴刘备为益州牧。刘备终于三分天下有其一，与孙权、曹操形成鼎足之势。

大意失荆州

赤壁之战后,刘备、孙权都想拥有荆州。曹操虽然兵败,尚有乐进守襄阳,曹仁、徐晃守江陵,对刘备、孙权的威胁还没有解除,孙、刘必须合力对抗曹操。孙权实力更强,声称荆州是自己的,刘备弱小,只好向孙权借荆州。孙权一时无力镇抚此地,而刘备在荆州素有威望,孙权需要刘备镇抚荆州,也需要与他联合对抗曹操,因此暂时将荆州借给刘备。刘备派关羽镇守荆州。

刘备夺取益州以后,孙权担心刘备坐大,威胁自己,深感不安,就派诸葛瑾向刘备索要荆州。刘备回答说:"须让我夺取凉州之后,再将荆州还给你们。"孙权大怒,说:"这分明是拖延时日,有借无还!"

于是,孙权派遣荆州南部三郡太守,叫他们即日动身赴任。三个太守都被关羽驱逐出境。孙权大怒,派吕蒙率领2万人马夺取长沙、零陵、桂阳,又派鲁肃带领1万人马驻守巴丘抵御关羽。孙权亲自来到陆口,监督诸将作战。吕蒙军队一到,长沙、桂阳两郡全都投降,只有零陵太守坚持抵抗。刘备在蜀中听说荆州告急,连忙带领5万人马驰援荆州,镇守公安,派遣关羽率领3万人马准备攻打鲁肃。吕蒙招降零陵太守,然后带兵协同鲁肃抵御关羽。两军还没有交战,刘备又得到蜀中战报称,曹操正进军汉中威胁蜀中。

刘备只好与孙权讲和,同意将荆州分为两半:长沙、江夏、桂阳以东地区分给孙权;南郡、零陵、武陵以西属于刘备。

孙、刘两家各自罢兵,向北对抗曹操,暂时不再争夺荆州。

刘备回到蜀中，派张飞攻打曹军。曹军大败，退回汉中首府南郑。刘备带领法正、黄忠等进攻南郑，黄忠在定军山斩杀曹操上将夏侯渊。曹军溃败，刘备占领汉中，进位汉中王，命刘封、孟达镇守上庸。上庸离襄阳很近，可以与驻守荆州的关羽遥相呼应。

219年，关羽率领荆州兵攻打樊城。守卫樊城的是曹操的大将曹仁。曹操见形势对自己不利，连忙派遣跟随自己多年而且能征善战的于禁带领七路大军前去援助。于禁手下有一员猛将名叫庞德，曾经追随马超，后来投降曹操。他深受曹操知遇之恩，想要立功报效。他曾说："今天我不杀关羽，就是关羽杀我！"他视死如归，慷慨激昂。后来他与关羽交战，一箭射中关羽前额，险些令关羽丧命。关羽对他十分忌惮。

当时正值秋天，连降大雨，汉江泛滥，平地水都有五六丈高。于禁所率领的七路大军被水淹没，登上高处，四顾一片茫茫。北方人本来不善水战，也没随军带船只。关羽擅长水战，乘大船前来攻打于禁，四面发箭。于禁无法抵挡，只好投降。唯有将军庞德，坚持作战，不肯投降。他的部下见抵抗下去没有活路，纷纷投降关羽。庞德找到一条小船，准备投靠曹仁，不幸小

汉

船漏水，庞德被关羽擒获。庞德破口大骂刘备、关羽，被关羽斩杀。

曹操听到于禁降、庞德死的消息，不禁感叹道："我认识于禁已有30年，没想到临难之时，他还不如庞德。"

关羽大破于禁七军，威震华夏。曹操不得不考虑迁都之事，以避关羽的锋芒。司马懿（yì）等人对曹操说："关羽大胜，孙权必定不满意。可派人联络孙权，要他偷袭荆州，如果樊城解围，就将江南全境割让给孙权。"曹操认为此计大妙，就派人去联络孙权。

此计正中孙权下怀，孙权同意攻打荆州。但是

关羽早就防备东吴袭击荆州，因此在沿江各处都设有烽火台，一旦有警，关羽就会派兵救援。

如何不惊动守军而夺取荆州呢？吕蒙与孙权商议，对外假称自己回建业养病，派年轻的将领陆逊继任。孙权依计而行。荆州守兵将此事报告关羽，关羽大喜，根本不把陆逊放在眼里，就不再担心东吴。关羽围攻樊城，需要兵员，就将荆州守军抽调出来，帮助攻打樊城。

吕蒙获悉关羽上当，连忙将精兵藏在船舱中，伪装成商船，昼夜兼程偷袭荆州，将守城官兵全部捆绑，不准通风报信。吕蒙攻克公安、南郡，糜芳、傅世仁全都投降。这就是著名的战役"白衣渡江"。

吕蒙来到城中，善待百姓，勒令军中不得取民财物。吕蒙派遣亲信慰问孤寡老人，有病的给予医药，饥饿的给予粮食。荆州府中所有珍宝，也全都封藏起来，专等孙权前来接收。关羽听说东吴趁机袭取荆州，又惊又怒，急忙从樊城撤军，派人去荆州打探消息。

关羽派遣使者查看荆州实情，吕蒙对这些使者都很好，让他们在荆州城中四处查看。关羽将士的家属见到使者，纷纷询问士卒的情况，写信要使者带去报平安。使者回到军中，将士们纷纷询问家人情况，听说家人得到吴军照料，过得比以前还好，个个安下心来。关羽军士心中感念吴军，都失去了与吴军作战的热情，不少人甚至偷偷跑回荆州。

关羽立刻处于进退两难的困境中，只好退守麦城。麦城城小，不堪防守，关羽准备逃往上庸。部下士兵大部逃走，留在关羽身边的只有十多人。半路上，关羽中了吴军埋伏，父子全都被擒遇害。

刘封、孟达守上庸，关羽危机之时，多次向他们求援，他们按兵不动。后来，孟达投降曹魏，刘封回到益州。刘备怨恨刘封没有救关羽，就将他赐死了。

三 国

曹丕称帝

220年，魏王曹操去世，其世子曹丕继为魏王、汉丞相。曹丕将汉献帝的年号从建安改为延康，并着手准备取代汉朝，建立魏朝。首先，曹丕任命贾诩为太尉、华歆为相国、王朗为御史大夫。贾诩、华歆、王朗，全都是曹氏亲信。曹丕安排他们担任汉朝军政要职，进一步加强了对汉朝实权的掌控。曹丕为了完全架空汉献帝，又任命四名亲信担任散骑常侍、侍郎，并且下令不准宦官靠近各大政府机关，同时任命部将夏侯惇为大将军。这样一来，汉献帝完全成了傀儡皇帝，手中没有任何实权，也不具备发动政变、夺取政权的能力。汉献帝只是一个名义上的皇帝而已。

这一年，汉献帝不得不向曹丕禅位。他将皇帝的玺绶交付曹丕，正式将皇位让给了曹丕。汉朝终结，魏朝建立。曹丕即位以后，追尊曹操为魏武帝。

那么，曹操父子是如何一步一步取代汉朝的呢？

董卓担任相国时，因为他大逆不道，激起诸侯反抗。为了躲避诸侯联军，董卓将京城洛阳上百万人驱赶到西京长安，并且放火烧毁了洛阳的宫殿、民居。东汉都城洛阳原本是一片歌舞繁华之地，经过董卓的摧残，变成一片废墟，方圆数百里荒无人烟。都城毁坏，皇帝无家可归。

董卓被汉朝大臣王允等诛杀后，其部将李傕、郭汜等开始疯狂报复汉朝。他们攻打长安，诛杀王允等大臣，屠杀长安百姓。董卓部将取得胜利之后，内部又开始分裂，相互攻战。195年，李傕劫持了汉献帝，将他带进自己营帐中，然后放火烧毁汉献帝在长安的宫殿。汉献帝再一次流离失所。郭汜攻打李傕，李傕带着汉献帝逃到北坞。两人争夺皇帝，想要达到挟天子以令诸侯的目的。汉献帝在这场争夺战中，险些丧命。幸好有杨奉、董承等一批将领愿意效忠汉朝，抵御郭汜、李傕的叛军。经过殊死搏斗，汉献帝才得以回到洛阳。

此时的洛阳已经是一片废墟，大臣只能拔去杂草，在废弃的墙壁间休息，汉献帝也只能在原中常侍赵忠的家中暂时安身。后来众人又打扫修复了南宫，这才有了一个落脚的地方。

趁着国家动乱之时，各地军阀扩张自己的势力，军事、经济实力远远超过了汉朝。汉献帝已经失去了对全国的控制权，因此得不到地方的赋税。汉朝失去了经济来源，从皇帝到百官都饥寒交迫，尚书郎以下的官员不得不出门寻找野菜充饥，有些官员甚至饿死在断壁残垣间，有些官员被饥饿的士兵杀害。

这时候，曹操出现了。

曹操本是东郡太守，实力薄弱。当时青州黄巾军发展到100多万人，来到兖州，杀死兖州刺史刘岱。曹操发兵攻打黄巾军，大获全胜。黄巾军100多万人向曹操投降。曹操从这100多万人中挑选精锐编入自己的部队，组成青州兵，实力大增。

汉朝君臣度日艰难，曹操的谋士荀彧、陈昱劝说曹操迎接天子。他们认为尊奉天子，可以赢得天下民心；用至公之心对待天子，可以屈服四方豪杰。曹操当然另有野心，为了挟天子以令诸侯，他率军迎接汉献帝。

曹操来到洛阳，立刻铲除异己，提拔汉献帝身边的实力派人物，将董承封为辅国将军，将伏完等 13 人封为列侯。不久，曹操又以"洛阳残破，许昌富庶"为由，将汉献帝带到了许昌，并在那里建立都城。

表面上，曹操是为汉献帝着想，汉献帝依靠曹操，朝廷开始安定下来，有了粮食、钱物的供应；实际上，汉献帝离开东汉都城洛阳来到许都，就失去了政治根基，不得不受制于曹操，成为曹操的傀儡。

曹操将天子迎接到许都之后，政治地位直线上升。他成了汉朝的司空，行使车骑将军的职权，所有官员都必须听命于曹操。汉献帝不甘心做傀儡皇帝，曾经下密诏要董承、刘备等一同诛杀曹操。后来事情败露，董承被曹操杀害。刘备逃出许都，辗转来到荆州，举起反曹旗帜。

曹操为了防止汉献帝谋害自己，诛杀了汉献帝身边的董贵人，废掉伏皇后，将自己的女儿嫁给他为皇后，以便加强对汉献帝的控制。

曹操独揽大权，汉朝朝廷几乎成了曹操的一言堂。只有地方各大军阀不肯服从曹操，于是曹操打着朝廷的旗号，征讨不服从自己的各地军阀。他先后打败了吕布、张绣、袁术、刘备、袁绍等大军阀，统一了北方。建安年间，曹操始终牢牢掌控天子，并加强对地方的控制力度。他的权势越来越大，国家的政令不从天子发出，而是由曹操发出。曹操先进位为丞相，后又被封为魏王。

曾经有人劝曹操直接取代汉献帝，建立魏朝。曹操不肯，他

曹丕

说:"倘若天命要魏朝取代汉朝,我宁愿做周文王。"意思是在自己这一代,不会取代汉朝,但是允许儿子曹丕完成自己未竟的事业。曹操一死,曹丕就迫不及待地称帝,将汉朝取代了。

曹丕称帝后,对曹操的诸子不放心,尤其是弟弟曹植。曹植聪颖过人,南朝文学家谢灵运曾有评价"天下才有一石,曹子建独占八斗"。一天,曹丕把曹植召到殿上,说:"人都夸你文采过人,今天限你在七步之内作诗一首。你我是兄弟,你就以兄弟为题,但文中不得出现'兄弟'二字。作不成就要治罪!"

曹植只得接旨,一边慢慢踱步,一边张口吟道:

煮豆燃豆萁,

豆在釜中泣。

本是同根生,

相煎何太急!

意思是说,用豆子的秆做燃料来煮豆子,豆子在锅中哭泣:"原本是同一个根生长的,为什么要逼得如此急迫呢?"听了这首诗,曹丕也流下泪来,饶曹植不死,把他贬为安乡侯。

汉献帝退位的消息传到益州,有谣言说汉献帝已被曹丕害死。刘备信以为真,替汉献帝发丧致哀。刘备是汉朝宗室,见汉帝已死,就想在蜀地延续汉朝命脉。221年,刘备即皇帝位。历史上将刘备所建立的汉朝称为蜀汉。曹丕为了联合孙权对付刘备,封孙权为吴王。从此,历史进入了三国时代。

火烧连营

刘备与孙权两家一向是同盟。孙权袭击荆州,诛杀关羽,撕毁盟约,令刘备十分恼怒。刘备即皇帝位以后,首先要做的就是讨伐东吴,为关羽报仇。

赵云曾劝阻刘备伐吴,他说:"国贼是曹氏,不是孙权。先灭魏,则吴国必然臣服。如今曹操已死,曹丕即位,应当迎合民心,进军中原。如果讨伐东吴,战事一开,旷日持久,两虎相斗,让曹丕得利,不可!"这个意见没有被采纳。

刘备调集兵马,令车骑将军张飞率领1万兵马前往江州会合大军,共同伐吴。张飞性情暴躁,常鞭打身边士卒。刘备劝他改掉这个恶习,张飞不听。临出发前,张飞手下张达、范强杀了张飞,割下首级,投奔东吴去了。

刘备正在朝廷议事,忽然有人来报告,说张飞部下都督有书上奏。刘备一听,顿时大惊道:"噫,飞死矣!"

221年,刘备率领大军讨伐东吴。孙权写信求和,刘备不允。刘备命黄权率领江北军,防备魏军南下。刘备亲自率领江南军,攻占了巫峡、秭归,屯扎在猇(xiāo)亭,又派马良联络五溪蛮夷。五溪蛮夷全都响应刘备,胡王沙摩柯也带兵前来帮助刘备对抗东吴。

起初,黄权劝告刘备说:"吴军剽悍,我军走陆路与之交战,恐怕伤亡惨重。不如走水路顺江而下,大军易进难退,必然奋勇杀敌,大破吴军。"刘备不同意，还是以步兵为主。

吴军都督吕蒙死后，孙权拜陆逊为都督。陆逊是个年轻书生，在东吴并没有什么威望。孙权大胆提拔陆逊，让他带领一群老将，统领5万人马，前来迎战刘备。陆逊一到夷陵，见蜀军以步兵为主，就写信宽慰孙权说："臣一开始担心刘备水陆俱进，现在他舍弃水军，专任步兵，主上可以高枕无忧了。"

刘备的江南大军驻扎在猇亭，此地山势险峻。刘备在山中开辟道路，筑造数十座军营，军营一座连着一座，连绵上百里。刘备初来乍到，就派将军吴班带8000人做先锋，在一块平地上驻扎下来，向吴军挑战。吴军将领纷纷请战，陆逊不准。老将们十分气愤，认为陆逊胆怯，错失了良机。吴班派人叫骂，惹得吴军老将们怒火熊熊，摩拳擦掌，再三请战，都被陆逊阻拦。陆逊说："这里必然有诈，且再观察几天。"

吴班挑战没有结果，刘备见吴军不肯上当，这才命埋伏了几天的士兵从山谷中现身。

陆逊这才告诉诸将说："刘备十分狡猾，我料定他必有埋伏，这才不让诸位出战。"吴军老将还是对陆逊不服气，认为他太过胆怯，不敢应战，见到刘备有伏兵，才说这样的话自我吹嘘。

陆逊与刘备相持了七八个月，始终不肯与刘备交战。诸老将都很生气，说："打仗就是要趁敌人还没有站稳脚跟时给予痛击。如今我们与刘备相持半年之久，刘备见我们胆怯，早已占据险要地势，我等再与他交战，必败无疑。"

陆逊说："刘备十分狡猾，当他初来乍到之时，部署周密，我军与之交战，必然吃亏；如今相持半年，刘备必然倦怠，士兵必然疲惫，我军趁其不备，必然能大获全胜。"

陆逊派一队人马攻打刘备一座军营，并没有占到便宜。吴军老将纷纷嘲笑陆逊，认为他是在叫士兵白白送命。老将们对陆逊丧失了信心，都认为他太过胆怯，又根本不懂兵法，错失了战机。他们都疑惑不解，为什么主上派来一个根本不懂兵法的年轻人来担当都督的重任。

陆逊见军心涣散，十分不利，就按住宝剑，厉声训斥说："刘备乃天下枭雄，连曹操都很忌惮，是一个劲敌。诸君与我同受国家重托，应该齐心合力，共赴国难。如果上下离心，如何对付强敌？我虽然是一介书生，也是受主上之命前来担当大任的。主上之所以委屈各位听从我的号令，是因为我有可取之处，能够忍辱负重。从此以后，不听号令者，军法处置！"诸将这才有所收敛。

陆逊向刘备挑战一次之后，已经探知了对方虚实。然后，陆逊下令，叫将士每人持茅草一束，趁风势火烧刘备军营。风大火猛，蜀军顿时一片混乱。陆逊发动袭击，蜀军大乱，40多座军营全被攻克，将士死的死，降的降。刘备登上马鞍山，召集散兵抵抗吴军。吴军从四面杀来，蜀军土崩瓦解，士兵牺牲者数以万计。

刘备连夜逃脱，一直逃到白帝城（今重庆奉节东白帝山上）。蜀军的辎重器械、粮草物资全被吴军缴获，死亡士卒顺水漂浮，堵塞长江。

经此一役，刘备深感惭愧，无颜见江东父老，所以不敢回到成都，就此在白帝城住了下来。

刘备住在白帝城，距离吴军不远。陆逊部将徐盛、潘璋等人以为可以袭击白帝城，生擒刘备。孙权问陆逊是否可以，陆逊认为不可。陆逊说："曹丕表面上帮助我们攻打刘备，实际上内怀奸心。我军攻打白帝城，蜀军必然殊死反击。战事一开，旷日持久，曹丕见我大军都在白帝城下，必然乘虚南下。那时，东吴就危险了！"孙权听从了陆逊的建议，没有对刘备穷追不舍。不久，曹丕果然派了三路兵马攻打东吴。幸好东吴已有准备，这才没有吃亏。

　　刘备带领数十万大军攻打东吴，却惨败而归。经此一役，蜀汉元气大伤。刘备又羞又怒，加上年老体弱，竟染上了疾病，带着无尽的遗憾溘然长逝了。

诸葛亮北伐

刘备临死前，曾托孤于丞相诸葛亮，要他协助刘禅兴复汉室，一统华夏。刘备还叮嘱太子刘禅，对待丞相要如同对待父亲一样。刘禅即位以后，称诸葛亮为相父。

刘禅封诸葛亮为武乡侯，领益州牧，将国家政事无论大小都交给诸葛亮裁决。诸葛亮集军政大权于一身。当时蜀汉南方诸郡叛乱，诸葛亮并没有立即讨伐他们，而是先与孙权重修旧好，然后大力发展生产，与民休养生息。225年，蜀汉人力、物力齐备，诸葛亮这才开始南征，平定南方叛乱，稳定了蜀汉后方。

诸葛亮凯旋之后，又加紧训练士卒。经过多年的积累，国家富饶，227年，诸葛亮开始北伐。北伐之前，诸葛亮向后主刘禅上了一份表，这就是感人肺腑的《出师表》。在《出师表》中，诸葛亮表达了自己感念先帝知遇之恩、思图报答后主的耿耿忠心。

228年春，诸葛亮扬言要走斜谷，夺取郿县。郿县与长安邻近，丧失郿县，长安不保；长安丢失，中原就受到巨大威胁。因此，魏明帝十分恐惧，委派曹真抗击诸葛亮。

哪知，曹真在斜谷一带没有遇见诸葛亮，而是遇见了赵云、邓芝所带军队。诸葛亮率领主力军攻打祁山。诸葛亮所领军队整齐肃穆，赏罚分明，威震关中。南安、天水、安定三郡纷纷背叛曹魏，投降蜀汉。魏明帝十分着急，连忙赶赴长安亲自督战，派老将张郃抵挡诸葛亮。

诸葛亮部下有一名参军名叫马谡（sù），才华横溢，善于谈论兵法，诸葛亮对他十分器重，常常与他商议国事。刘备临终前曾告诫诸葛亮说："马谡言过其实，不可大用。"诸葛亮没有听进刘备的劝告，仍然重用马谡。

当时，张郃前来迎战，诸葛亮需要一个先锋去守卫街亭。街亭是战略要地，是蜀汉通往关中的咽喉，易守难攻。刘备去世后，曹魏君臣以为蜀汉不会进犯关中，所以疏于防范，街亭无人看守。诸葛亮忽然到来，曹魏君臣猝不及防。张郃要来抵挡诸葛亮，首先要抢占街亭这个战略要地。

诸葛亮手下有魏延等老将，不少人建议诸葛亮从他们当中选派先锋。诸葛亮不听，提拔马谡为先锋去守卫街亭，迎战张郃。马谡得令，诸葛亮授予他方略，要他依计而行。谁知，马谡没有按照诸葛亮的方略行事，结果被张郃打败。

街亭丢失，诸葛亮无法再进兵，只好退兵回汉中。

赵云、邓芝得到诸葛亮指令，也撤回汉中。大凡撤军之时，军队都有些混乱，如果遭到敌军追击，往往会损失惨重。赵云考虑到这一点，在撤军路上，亲自断后。因此，赵云与邓芝的部队没有丝毫损伤。诸葛亮十分赞赏赵云，要给他奖励。赵云不肯接受，说："出师不利，岂敢领赏！"

马谡违背诸葛亮军令，论法应当斩首。不少人为马谡求情，说他是个难得的人才，蜀中地方偏小，要人尽其用。诸葛亮也极敬重马谡才华，但是他说："孙武之所以百战百胜，就是因为法令严明。如今天下一分为三，正是用兵之时，如果有法不依，何以讨灭国贼？"

于是诸葛亮流着泪，命人将马谡斩首。

诸葛亮上书后主，要求贬职降爵，以惩罚自己用人不当之罪。后主依照他的意愿，要他以右将军的身份行使丞相职能，像以前一样统领政事。

228年冬天，诸葛亮再次北伐，斩杀魏将王双。

229年，诸葛亮第三次北伐。蜀军占领了武都、阴平，获得小胜，诸葛亮恢复丞相职位。

230年，诸葛亮第四次北伐，大破魏将雍州刺史郭淮。

231年，诸葛亮第五次北伐。这一次出征，为了解决粮食供应问题，诸葛亮制作了"木牛流马"（据说实际上是一种独轮小车），用于运粮。诸葛亮联络鲜卑轲比能叛离魏国，响应蜀军。魏明帝见形势紧急，派司马懿对抗诸葛亮。司马懿不与诸葛亮交锋，只是一味坚壁自守。诸葛亮大破魏军，射杀张郃。后来蜀兵粮草短缺，只好退兵。

234年春，诸葛亮第六次北伐。这一次，诸葛亮率军从斜谷占领五丈原，与司马懿在渭南对峙。为了解决粮食问题，诸葛亮让士兵屯田，即在军营附近种植粮食，种地的士兵与百姓一起生活，相安无事。两军相持一百多天，诸葛亮多次向魏军挑战。但是司马懿坚守不出，阻挡诸葛亮进军。

为了安定军心，司马懿还故意多次向魏明帝请战。魏明帝发下明诏，不准司马懿应战。司马懿率领的各路军马见有皇帝诏令，自然不敢违背命令。

蜀、魏两军使节互有往来。诸葛亮派使者备了一套女人的服饰，送给司马懿，意思是嘲笑他像女人一样胆小，不敢出营决战。司马懿看出这是诸葛亮的激将法，微微一笑，接见了蜀军使者。

司马懿不问军事，只问诸葛亮饮食起居。使者回答说诸葛丞相勤于治国，夙兴夜寐，事无大小都要过问，而每天吃得却很少。司马懿听了，又高兴又惋惜地说："诸葛亮要死了！"

就在这一年，诸葛亮积劳成疾，离开了人世，年仅54岁。

蜀军护丧回国之后，司马懿来到蜀军营垒前查看，看过之后，不禁感叹道："诸葛亮天下奇才也！"

司马懿

三国

蜀军退回时，司马懿带领大军前去追赶。蜀军将领杨仪、姜维等率领蜀军杀了回来。司马懿大惊，以为诸葛亮没有死，慌忙逃走了。这就是"死诸葛吓走生仲达"的故事。等到魏军走远，蜀军这才发丧。

按照诸葛亮遗命，蜀军将他葬在定军山，因山筑坟，坟冢大小只能容下一口棺木，而且也没有什么贵重财物作为陪葬。

杜甫在《蜀相》中就有一句诗来评论诸葛亮北伐："出师未捷身先死，长使英雄泪满襟。"这是一句很精辟的评论。诸葛亮的北伐虽然失败了，但是他的"鞠躬尽瘁，死而后已"的精神永远感召着后人。

司马懿装病夺权

239年,魏明帝发下急诏对司马懿说:"速回京城,直入宫廷,视吾面。"司马懿不敢怠慢,急忙一日一夜行了400里,终于赶到洛阳。他直接进入宫廷,见到了魏明帝。

魏明帝已经病重,见到司马懿,这才放心。他流着眼泪,拉着司马懿的手说:"我已经病重,忍着没有死,就是要等你回来,将后事托付给你。你与曹爽一起辅佐太子。"

魏明帝无子,以侄儿曹芳为太子。魏明帝去世后,10岁的太子曹芳即位,尊明帝郭皇后为太后。大将军曹爽、太尉司马懿受魏明帝委托,共同辅政。

曹爽,魏大司马曹真之子。曹真死后,曹爽继承父职。魏明帝又拜曹爽为大将军,封曹爽的几位弟弟为侯。曹爽兄弟权势很大,咄咄逼人。除此之外,曹爽还交结何晏、邓飏、李胜、丁谧等人,让他们担任朝廷大员。丁谧、何晏等人为了掌握更大权力,要曹爽排挤司马懿,他们说:"权重不可以与人共享。"

在曹爽的策划下,魏帝曹芳拜司马懿为太傅。太傅官位虽然最高,但是并不掌握实权。司马懿担任太傅之后,曹爽将亲信安排在重要位置,掌管国家大权。自此以后,政事很少向司马懿禀报了。

何晏等人一旦窃取高位,便更加放纵自己。他们强占民田,窃取官府财物，扩大自己的地盘。

曹爽也不甘落后，他奢华无度，整日与何晏等人饮酒作乐，整天喝着皇帝才能喝的御酒，听着皇帝才能听的太乐。他出行在外，仪仗的规模与皇帝相等。他家中的护卫使用的兵器，也是从皇帝的武库中偷来的，他所娶的妻妾，很多都是魏明帝的才人。曹爽作威作福，醉生梦死地生活了好几年。

司马懿在这几年中，屡次建立战功，功劳很高，子弟十多人封侯。司马懿常常告诫他们说："月满则亏，物极必反。我们权势太重，容易招来祸患。损之又损，可以免祸。"司马懿功德越高，为人越是谦卑。

久而久之，曹爽等人开始图谋不轨，为了专擅朝政，他们将太后迁往永宁宫，使太后远离朝政。曹爽派亲信执掌禁军，又大肆修改国家制度。司马懿多次劝阻，曹爽一意孤行，两人开始发生矛盾。司马懿明白了曹爽的意图，知道再争论只会对自己不利，所以开始称病不朝。而曹爽想要图谋大事，担心司马懿对自己不利，就派人暗暗防备。曹爽的同党李胜要去荆州赴任，临行前来到司马懿家，向他告别，顺便侦查一下司马懿的病情。司马懿早有防备，装出一副病危的样子来接见李胜。

司马懿假装四肢已经麻木，他从婢女手中接过衣服时，双手颤抖，将衣服掉在地上。婢女为他穿上衣服，他又指了指肚子，表示饿了。婢女为他端来稀饭，司马懿吃稀饭时，稀饭从嘴边流了出来，将胸前弄脏一大片。李胜看了，以为司马懿真的生了重病，不禁惋惜，说："人们都说太傅旧病复发，没想到病成这个样子，实在令人惋惜。"司马懿假装呻吟了很久才缓过气来，说："将军是来辞行的？要去哪里上任？"李胜是荆州人，称荆州为本州，他说："我要去本州上任。"司马懿假装听错了，说："要去并州吗？并州靠近匈奴，一定要小心。我老了，病成这样，恐怕见不到你了。"李胜说："不是并州，是本州。"司马懿继续装作没听见，说："并州好啊，并州好。"李胜只好说："我要去的是荆州。"司马懿这才说："我年纪大了，病得不行，听错了。你要去的是本州，好，正好立功。"

李胜回去，禀报曹爽说："司马公年老病重，头脑昏聩，命在旦夕。您不用担心！"

第二年正月，天子出城到高陵为曹操扫墓，曹爽兄弟也随同前往。司马懿忽然行动起来，禀报太后，要废掉曹爽兄弟。得到太后同意之后，司马懿宣布戒严，派儿子司马师带领3000多名亲信关闭都城城门。

大司农桓范是曹爽同党，颇有谋略，他溜出城外向曹爽报信。太尉蒋济说："智囊跑了。"司马懿说："桓范虽然是曹爽智囊，但所提意见曹爽不会采纳。"

司马懿派亲信接管了军队，自己带着蒋济亲自出城迎接魏帝曹芳。司马懿下令将曹爽等人免掉官职，但是还保留了他们的爵位，勒令他们立刻让天子回京城，如有人敢阻拦，以军法从事。

桓范劝曹爽带天子回到许昌故宫，以诏书召集天下兵马勤王，对抗司马懿。曹爽不听，派侍中许允、尚书陈泰回到京城，会见司马懿。司马懿当着许允和陈泰的面斥责曹爽的过失，说只是要免掉曹爽的官职。两人回报曹爽，曹爽见司马懿并不想杀死自己，也就安心了许多。桓范劝曹爽不要相信司马懿的话，曹爽不听，护送天子车驾回到京城。

曹爽回到洛阳之后，有人告发他参与谋反，司马懿抓住这个由头，捕杀曹爽及其兄弟和党羽。司马懿依靠诈谋，扫除了曹爽党羽之后，独揽大权。

司马昭之心

司马懿杀死曹爽之后，魏国大臣之间的激烈争斗已经平息，但是皇帝与司马氏之间的矛盾逐渐加深。皇帝的实权日渐削弱，皇位岌岌可危；司马氏的权势逐渐增强，正觊觎皇位，形势所逼，非要取而代之不可。

司马懿病逝，朝中大臣纷纷赞同要司马懿长子司马师继承司马懿的爵位和职务。于是，司马师成了大将军，集军政大权于一身，可以不必请示皇帝发布诏令。司马师上任之后，广招贤才，整饬朝政，颇有政绩。

东吴太傅诸葛恪北上侵犯曹魏，司马师亲自带兵前去征讨。结果司马师大败诸葛恪，又一次建立大功。

从司马懿到司马师，父子两代保卫曹魏政权，建立的功勋无人能比。司马氏功勋高，权势重，这令曹魏皇帝曹芳十分不安。曹芳开始与亲信大臣李丰、张辑等人密谋废黜司马氏，以便巩固自己的地位。

李丰是曹魏的老臣，张辑是曹芳的国丈，即张皇后的父亲。他们密谋，让曹氏近亲夏侯玄取代司马师。司马师截获这个秘密消息，强行将李丰招到自己府上，责问李丰。李丰见事情已经败露，就大骂司马师。司马师大怒，命人诛杀李丰，然后紧急逮捕夏侯玄、张辑，将他们斩首，夷灭三族，其余同党，也被司马师一网打尽，尽行诛灭。

魏帝曹芳也参与同谋，他见司马师擅自诛杀大臣，知道自己也性命难保，十分惶恐不安。为了讨好司马师，曹芳下诏，称赞司马师诛杀夏侯玄、张辑等人好比周勃诛灭诸吕、霍光擒获上官桀，对他厚加封赏。

司马师暗示曹芳，必须废黜张皇后。曹芳不得已，将张皇后贬为庶人。

司马师诛杀李丰等人之后，担心同样的事情将来还会发生。他觉得皇帝曹芳太不听自己的话，必须将他废黜，另外拥立一个听话的小皇帝来做傀儡。

于是司马师向永宁宫太后提出了废黜曹芳的要求。永宁宫太后并非曹芳的母亲，又受到司马师的挟持，所以她同意废黜曹芳，下诏说："齐王曹芳自即位以来，沉湎酒色，亲近小人，不理朝政，危害社稷，不配为天下之主。"

司马师召集朝中大臣，流着泪说："太后诏书如此，我等应该如何对待？"

朝中大臣大部分已经是司马氏的亲信，少数人虽然反感司马师，也不敢表露。于是，群臣都说："当年伊尹流放太甲，霍光废黜昌邑王，古人行之于前，明公仿效于后。今日之事，我等唯命是从。"

司马师大喜，与群臣共同废黜曹芳，迎立新君曹髦（mào）即位。可是曹髦只是空有皇帝的虚名，实际上一点实权都没有，朝中权力全部集中在司马师和他的二弟司马昭的手中。

第二年，司马师在许昌病逝。

当时，曹髦考虑到司马氏权势过大，如果司马昭回到京城，必定会危害皇权，就下令要司马昭镇守许昌。可是，司马昭对皇帝的诏令置之不理，擅自带兵回到洛阳。

司马昭统领大军回到洛阳，曹髦自然不敢怠慢，只好封司马昭为大将军，统领军政大权。

适逢诸葛诞在淮南一带造反。司马昭率军东征，平定了叛乱。回到京城后，曹髦拜司马昭为相国，封为晋公，封地为八个郡，并给他最高的礼遇——加九锡。

后来有人上报，说有黄龙出现在井中，人们都说这是吉兆，曹髦却说："龙乃天子，不是在天上，就应该在水中。而这条龙却困在井中，并非吉兆。"曹髦还作了一首《潜龙》诗："……蟠居于井底，鳅鳝舞其前。藏牙伏爪甲，嗟我亦同然！"

曹髦写这首诗，把自己比作困在井中的龙，把司马昭比作泥鳅、鳝鱼，表达了心中的愤懑不平。司马昭见到曹髦的《潜龙》诗，勃然大怒，上朝时，他当着群臣的面大声怒骂曹髦道："我司马氏父子为大魏立下多少功勋，你却将我比作泥鳅、鳝鱼！"

曹髦被司马昭吓得瑟瑟发抖，皇帝的尊严在群臣面前荡然无存。

曹髦十分气愤，可心里知道，自己迟早有一天要被司马昭废黜，自己作为皇帝被大臣废黜，那是奇耻大辱，说不定连性命也难保。与其坐以待毙，不如挺身而斗：如果失败了，不过是一死；如果成功了，可以替曹魏扫除祸害，开创太平。想到这里，曹髦对近臣王经、王业说："司马昭之心，路人皆知。我不能坐以待毙，今天与你们一同诛灭此贼！"

王经劝道："国家大权掌握在司马氏手中已经不止一日。从朝廷到地方，各级官僚都乐意为司马氏效忠，早就不顾什么君臣之义。再说，司马昭统领百万大军，而陛下却没有一兵一卒。如何讨伐此人呢？如果陛下能顺从，还可以颐养天年；如果不能顺从，难免引来杀身之祸！"

曹髦不听，说："就算死也无所谓，更何况未必会死呢？"

曹髦先向皇太后禀明自己的意愿，然后率领数百个童仆，拿起武器，杀向司马昭府第。王经、王业早已通风报信，司马昭早有防备。司马昭的亲信贾充率领护卫军迎战曹髦。皇帝奋勇当先，将士们都很害怕，纷纷退却。太子舍人成济问贾充："情况紧急，如何是好？"贾充说："大王蓄养你们，正为了今天。今天的事，还需多问吗？"

成济一听，就拿起长矛，刺向曹髦。曹魏皇帝曹髦就这样被杀掉了，年仅20岁。

司马昭听说皇帝被自己的亲信杀死，大惊失色，说："天下人要怎么看我呢？"他跑到曹髦尸体旁，大声哭喊道："杀陛下者，臣之罪也！"

朝中大臣要求杀死贾充以谢天下。贾充是司马昭的亲信重臣，司马昭舍不得。于是人们要求司马昭处死成济。成济在司马昭心中的地位比不上贾充，所以成济被司马昭处死了。

司马昭杀了曹髦，他要篡夺曹魏政权的意图更加暴露无遗。曹魏与司马氏经过多次的较量之后，已经气息奄奄，名存实亡；而司马氏逐渐强大，完全具备了取代曹魏的实力。曹魏灭亡、晋朝建立，只是一个时间问题了。

王濬楼船破东吴

东汉末年,孙权凭借长江天险,盘踞东吴,刘备依靠秦岭、剑阁的崇山峻岭,偏安巴蜀。曹魏、蜀汉、东吴形成鼎立之势,国家分裂长达60年之久。三国都想统一华夏,只是时机尚未成熟。到了三国晚期,曹魏、蜀汉、东吴相继衰落,晋朝崛起。

263年,司马昭派遣邓艾、钟会讨伐蜀汉。蜀汉派大将姜维、廖化等率军抵抗,因后主刘禅听信宦官黄皓谗言,不肯发援兵,姜维被迫退守剑阁。剑阁是雄关险道,地处入川的咽喉要道上,邓艾、钟会也一时无法攻破,两军形成对峙。

后邓艾率5000名精兵,手持开山斧,在崇山峻岭之中开出一条小道,神不知、鬼不觉地偷袭蜀汉都城成都。刘禅惊慌失措,开城投降,蜀汉灭亡。

司马昭消灭了蜀汉,掌控长江上游,东吴失去了长江屏障。如果司马昭派兵顺江而下,势必对东吴构成极大威胁。

265年,司马昭去世,世子司马炎即位。这一年,曹魏皇帝曹奂禅位于司马炎。曹魏正式灭亡,司马炎称帝,他就是晋武帝。

司马炎为了统一华夏,分兵六路,大举进攻东吴。这六路人马中,龙骧将军王濬(jùn)功劳最大。

王濬原本是个不修名节的浪子,后来忽然悔过,树立宏伟志向。他曾经在家盖房子，故意在门前留了一大块空地。人们问他这是为什么，他说，将来好在此地检阅军队。人们都嗤笑他口出狂言。王濬却说："陈涉说过，'燕雀安知鸿鹄之志哉！'"

后来，王濬与羊祜共同谋划征南军事，羊祜的兄长劝羊祜说："王濬这人志向太大，而又奢侈无度，不堪重用。"羊祜说："王濬志向虽大，才能也相匹配。正要以大才实现大志，可堪大用。"

不久，王濬官拜巴郡太守。巴郡与东吴接壤，经常开战。开战就需要有人运输粮草，巴郡当地的男子，强壮的要上战场，羸弱者要运输粮食，生活十分困苦。所以巴郡有一个风俗，生了男孩，一定要抛弃，免得受兵役之苦。王濬到任之后，减轻百姓负担，奖励生育。几年中，王濬保全了数千人。

随后，王濬调任广汉太守。在广汉任职期间，王濬继续实施惠政，赢得百姓爱戴。然后，王濬调任益州刺史。

晋武帝想要讨伐东吴，一统天下，命令王濬修建战船。

于是王濬筑造大船连舫。这种战船，可以容纳2000人。船上有楼，有城，都用木料筑成。城楼有四个门，战士可以骑马在船上作战。船头画有兽首，面目狰狞，可以威慑敌人。王濬所建战船，规模空前，显示了我国古代高超的造船技术。

王濬在蜀地造船，木屑漂到江中，被东吴发现。东吴建平太守吾彦上书东吴皇帝孙皓，说："晋朝在益州大量造船，势必要攻打东吴。应该增兵建平，以防晋军顺流而下。"

孙皓是昏庸之主，不肯听吾彦的话。

晋武帝图谋讨伐东吴已经很久，朝中群臣大多反对。王濬上书，极力主张伐吴，他说："东吴皇帝孙皓荒淫无度，国人无不怨恨。趁东吴上下分崩离析之际，我军进伐，必然大获成功。倘若拖延时日，孙皓一死，东吴另立

王濬

明君，上下一心，我军再要伐吴，肯定遭受挫折。正所谓机不可失，时不再来。更何况，臣造大船已有七年之久，大船不用，势必腐朽。而且，臣已年过七旬，行将就木。如果陛下不及时讨伐吴国，臣一旦亡故，国家平定东吴，不知要等到何年何月了。"晋武帝赞同王濬的意见。

279年，晋武帝命杜预率领陆路大军、王濬率领水路大军，六路大军共20万人，水陆并进，大举伐吴。

豫州刺史王浑率数千人马，出其不意，偷袭东吴10万守军，大获全胜。东吴派兵进攻皖城，王浑派淮南诸军进攻吴军，焚烧东吴粮食180万担，烧毁禾苗4000多顷，破坏东吴战船500多艘。王浑屡战屡胜，给予孙吴沉重打击，对王濬水军是一个有力的支援。

王濬率大军出征时，先前所保全的巴郡婴儿已经长大成人。他们的父母纷纷送他们参军，并叮咛说："你们的性命都是王府君所赐，一定要努力作战，不要怕死。"

王濬带兵从成都出发，很快攻克丹阳。大军继续东进。当时，东吴人在江上设置大铁索，阻拦西边船只东进。王濬筑造大火炉，将铁索烧化。吴人还在江中布下铁锥，想要戳破自西而东的船只。王濬笑道："他们凭这点本事就想阻挡我的大军啊，真是愚昧！"于是，他命人筑造大木筏开路。大木筏顺流而下，铁锥被撞得横七竖八，带到了下游，大船继续东进。

王濬大军顺水东行，没有遇到太大反抗，就拿下了东吴重镇夏口、武昌，紧逼东吴都城建康。孙皓派张象率数万水军抵挡王濬，还没有交战，张象就投降了。孙皓十分惶恐，也只好投降。

孙皓投降以后，被王濬送往京师，东吴灭亡。

王濬楼船破东吴，结束了自东汉末年以来长达半个多世纪的分裂局面。就这样，晋武帝统一了天下。

晋

石王斗富

晋武帝统一全国以后，十分得意，从此沉迷于奢华的享乐之中。由于他带头享受，整个朝廷的大臣们都跟着他一起讲体面、摆阔气。

在当时的京城里，有三位官员最为出名，号称三大富豪：一个是掌管禁卫军的中护军羊琇，一个是晋武帝的舅父、后将军王恺，还有一个是散骑常侍石崇。在这三个人中，又尤以石崇最为有钱，据说他富可敌国。

有一次，外国进贡了一批十分珍贵的火浣布，晋武帝就做成衣服，穿着到石崇家去做客。石崇出来的时候，故意穿着十分平常的衣服。可是他派来迎接晋武帝的50个下人，身上都穿着火浣布做的衣服。这让晋武帝十分惊讶。

还有一回，一个名叫刘实的官员去拜访石崇。上厕所时，他见到石崇家的厕所里有漂亮的纱帐、垫子、褥子等，还有一些十分精美的陈设，周围还有女仆捧着香袋服侍。刘实是个朴素的官员，看到这一切连忙退了出来，笑着对石崇说："我错进了你的内室。"石崇说："那是厕所。"刘实连忙说："我享受不了这个。"

石崇的祖上本来十分普通，他父亲因为美貌，担任了司空这个官职。石崇曾经担任过荆州刺史，在那里的时候，任何商人经过荆州，都要受到他的敲诈。有时候，他甚至派部下像强盗一样公开抢劫杀人。就这样，他通过掠夺成了天下第一的大富豪。

石崇听说王恺也是个大富豪，就想跟他比一比。石崇听说王恺家用糖水洗锅，他就让家人把蜡烛当柴火烧。这样一来，王恺就不服气了，他决心和石崇斗一斗富。

王恺为了炫耀，在他家门前40里的大路上都用上好的丝绸围上屏障。这样奢华的景象让整个洛阳城都轰动了。紧接着，石崇用比王恺更好的彩绸围了50里的屏障，又把王恺给比下去了。

王恺输了以后，心中十分不服，于是他去找自己的外甥晋武帝帮忙。晋武帝也十分糊涂，反而觉得这样的比斗很有意思，他把皇宫里收藏的一株两尺多高的珊瑚树送给了王恺，让他在众人面前炫耀。

有了皇帝的支持，王恺就更得意了。他特意邀请了一批官员到自家吃饭，其中就有石崇。在饭桌上，王恺对大家说："我家有一株罕见的珊瑚树，请大家观赏一下。"说完，他叫人把珊瑚树捧了出来。

在场的官员都围上前去观看，还不停地夸赞珊瑚树的美丽。可是石崇却不上前，只是站在一边冷笑。他看到一边的桌子上正放着一件铁器，于是顺手拿起来扔向珊瑚树。只听"哐啷"一声，王恺的珊瑚树被砸了个粉碎。

所有人都变了脸色，王恺更是气得说不出话来。他结结巴巴地说："你……你这是……"石崇却笑着说："你别生气，我赔你一株。"王恺心疼地说："好，你立刻赔我！"

石崇就让随从去自己家里把家中所有的珊瑚树全部搬到了王恺家，让王恺自己挑选。这些珊瑚树株株都比王恺的那株高出许多，有的竟然大出王恺那株两倍。这下所有的人都大开眼界，王恺自己也只好认输，灰溜溜地不再出声了。

比这些比不过，可是还有一些事情让王恺嫉妒石崇。豆粥是比较难煮

石崇

的，可是石崇招待客人的时候，只要一声吩咐，不一会儿，热气腾腾的新鲜豆粥就端上来了。冬天的时候，石崇家竟然还能吃到绿油油的韭菜。

每次石崇和王恺一起出游归来，石崇家的牛车都比王恺的跑得快。这些事情让王恺很是气恼。他想办法贿赂石崇的手下，终于得知了这些事的秘密。原来，那豆粥中的豆末是提前煮好的，需要喝的时候，只要加进煮好的白粥里就行了；石崇家的韭菜原来只是把韭菜根捣碎，然后混进麦苗里做成的；还有石崇的牛车之所以比王恺的跑得快，只是因为车夫驾车技术好，让牛自己放开跑而不加控制。

得知了这些秘密以后，王恺终于在这几件事上和石崇势均力敌，满足了一些虚荣心。石崇知道手下泄密以后，就把手下杀了。

虽然王恺和石崇不再攀比，可是满朝文武从此更加崇尚奢侈，加紧了对百姓的搜刮。面对朝廷上下崇尚奢侈的风气，当时还有头脑比较清醒的官员提醒皇帝说："浪费奢侈本来就是一场灾难。可是现在攀比奢侈不但不被惩罚，反而被认为是荣耀的事情，看来天下快要大乱了。"晋武帝根本不理睬大臣的劝谏，继续追求奢华无度的生活。

石崇更加不知收敛。他有一个宠妾名叫绿珠，为了讨好绿珠，他专门修建了一座"金谷园"，其中有一座百丈高的楼，据说站在上面能看到天边。赵王司马伦的亲信孙秀得知了绿珠的美貌，就想得到她。可是石崇不愿意给。

晋朝从皇帝到臣子都崇尚奢侈，终于引发了一场叛乱，赵王司马伦趁机把持了朝政。此时的石崇已经被罢官，成了平民。可是司马伦还不放过他，派孙秀带领大军包围了石崇的家，要石崇交出绿珠。

石崇眼见无路可逃，就对绿珠说："我因为你获罪，现在怎么办？"绿珠哭着说："我宁愿去死，也不愿意让贼人得逞！"说完，绿珠跳楼自杀。后来，孙秀带兵攻进了石崇的家，杀死了石崇，还没收了石崇的所有家产。

贾后专权与八王之乱

早在三国时期，曹魏曹爽当政的时候，有臣子劝告他说，如果不把同姓亲族分到各地做王，国家政权很有可能落入外姓人的手中。可是曹爽根本听不进去。后来，司马氏家族夺取了曹氏的政权，建立了晋朝。

晋朝建立之初，晋武帝就开始分封同族同姓诸侯王，总共封了57个王。这57个王分别在各地建立小诸侯国，诸侯王的权力也逐渐得到了扩大。诸侯王不但可以自己任用文武官员，还可以在封地内收取税赋。

过了十几年，晋武帝又制定了诸侯国可以拥有军队的制度，把诸侯国分成了大、次、小三个等级，不同的等级可以拥有相应数目的军队，但是各诸侯王却没有地方行政权。

后来，晋武帝又让诸侯王出任地方官职，让他们有了行政权力。这样一来，许多诸侯王就把地方的军政大权掌握在了自己手中。

完成分封以后，晋武帝觉得十分满意，他认为从此晋朝将会由司马氏家族牢牢掌握，他却不知道从此埋下了祸根。晋武帝在位的时候之所以没有发生灾难，那是因为当时晋朝刚建立，百姓的负担不是很沉重，而且晋武帝本人的才干和威望都很强，因此社会还是向前发展的。

290年，晋武帝一病不起，杨皇后的父亲太傅杨骏预先获得了晋武帝传位的诏书，排挤了其他几位大臣，获取了单独辅政的资格。晋武帝死后，他的儿子晋惠帝继位。但是晋惠帝是个痴呆，大权全落到了杨骏的手中。

皇后贾南风为了让自己的家族掌握政权，就和楚王司马玮合谋，准备发动政变。她先设计让晋惠帝下诏书，说杨骏谋反，然后她派楚王司马玮带兵围攻杨骏的府第。杨骏是个懦弱胆小的人，关键时刻不知道该如何是好，结果被司马玮抓住后杀死。

可是杨骏死后，朝政大权又落入了汝南王司马亮和元老大臣卫瓘手中。贾皇后对未能独揽大权十分不满，她又指使楚王司马玮杀死了司马亮和卫瓘。接着，贾皇后又和晋惠帝一起，诬陷楚王司马玮擅自杀害大臣，将司马玮处死。

之后贾皇后自己独揽大权，开始了专政。为了牢牢地掌握权力，她把自己的亲戚和党羽全部委以重任，想以此来稳固自己的权力。

此时，贾皇后还忌惮一个人，那就是非自己亲生的太子司马遹（yù）。为了陷害太子，她先是假装请太子喝酒，趁太子酒醉，让他抄写一封密谋反叛的书信。结果太子因此被废，然后被囚禁了起来。

自晋武帝死后，各地的诸侯王为了争夺中央政权，不断地发动内战，历史上称之为"八王之乱"。参加内乱的诸侯王很多，主要的有汝南王司马亮、楚王司马玮、赵王司马伦、齐王司马冏（jiǒng）、河间王司马颙（yóng）、成都王司马颖、长沙王司马乂（yì）和东海王司马越。

贾皇后专权以后，当时的太子太傅赵王司马伦经常讨好她，因此取得了她的信任，掌握了守卫皇宫的禁军。早在贾皇后废除太子的时候，司马伦就想密谋推翻贾皇后。但是他担心太子司马遹太聪明，将来继位以后反而会杀了他们，因此司马伦就主动劝贾皇后杀死太子。

不久之后，太子在囚禁的地方被杀。司马伦等人就坐收渔人之利，以杀太子的罪名把贾皇后以及她的党羽一网打尽。贾皇后被囚禁了起来，后来又被迫服毒自尽。

司马伦本身是个道德十分低下的人，他当权以后，根本就没有什么作为。他的那些党羽也整天钩心斗角，把朝廷搞得一片混乱。

司马伦刚一当权，为了笼络大臣，就给自己的党羽以及文武百官大加封赏，赐给他们各种不同的官职。那个时代规定，官员的官帽上都要用貂的尾巴来作为装饰。可是由于司马伦封的官职太多了，国库里收藏的貂尾都不够用了，于是有些官员就用狗尾巴当成貂尾来装饰官帽。民间为了讽刺司马伦和他的党羽，就在歌谣中唱道："貂不足，狗尾续。"

301年，司马伦把晋惠帝废掉，自立为皇帝。在许昌的齐王司马冏联合长安的河间王司马颙、邺城的成都王司马颖趁机起兵讨伐司马伦。司马伦带兵反击，结果战败，士兵战死了10万人，司马伦自己也被囚禁，后来被赐死。

司马冏杀了司马伦之后，又把晋惠帝迎了回来，自己担任辅政大臣，独揽大权。但是司马冏没有好好利用自己的功劳做一番事业，而是沉迷于享乐。司马冏仗着自己的功劳，对皇帝十分无礼，俨然自己就是皇帝，他这样又给其他有野心的诸侯王提供了叛乱的借口。

不久，河间王司马颙又起兵讨伐司马冏。长沙王司马乂也趁机杀入京城，获得了政权。司马颙眼看政权落入别人的手里，又联合成都王司马颖杀死了司马乂。这次又引来了东海王司马越参与夺权，可是他却被司马颖打败了，退回了自己的封地。司马越的弟弟司马腾又联合幽州刺史王浚打败了司马颙。司马颙只好带着晋惠帝逃亡到洛阳，后来又到了长安。

305年，司马越再次起兵，打败了河间王司马颙。过了一年，司马越把被司马颙带到长安的晋惠帝迎回了洛阳，接着杀死了司马颙和司马颖，独掌大权，这才结束了八王之乱。

八王之乱持续了16年，对晋朝破坏十分严重。许多参战的诸侯王相继败亡，各地的百姓因为战争死伤无数，流离失所。整个晋国的经济被破坏，国力日渐耗尽。

隐藏在战争后面的阶级矛盾和民族矛盾随后爆发，导致西晋灭亡。北方的少数民族趁着晋朝内乱杀入了中原，整个北方地区进入了"五胡十六国"时期。晋朝灭亡以后，晋朝王族又在南方复国。先前的晋朝被称为西晋，后面的晋朝被称为东晋。

五胡十六国

当西晋国内正处于"八王之乱"的时候,北方的少数民族却正在渐渐地崛起。后来尽管"八王之乱"结束了,但是整个晋国已经被搞得千疮百孔,到了灭亡的边缘。

"五胡十六国"时期,指的是从西晋末年到北魏统一北方这一段时间。在这段时间里,北方的一些少数民族进入了北方的中原地区。这些少数民族之间也互相征战,前后有五个少数民族建立了十六个政权,因此这个时期被称为"五胡十六国"。实际上,少数民族建立的政权不只十六个。

五胡指的是匈奴、鲜卑、羯、氐、羌;十六国指前凉、后凉、南凉、西凉、北凉、前赵、后赵、前秦、后秦、西秦、前燕、后燕、南燕、北燕、胡夏、成汉。五胡十六国,是一段十分混乱的时期。这期间,灭亡的西晋又重新复国,在南方建立政权,史称东晋。

早在西晋时期,就有很多少数民族迁入了中原,和汉族人开始了民族融合。所以说,从西晋以后的中原汉人,已经不只有汉族的血统,其中融入了大量的北方少数民族血统。这些迁入中原的少数民族经过上百年的汉化以后,已经开始大量使用汉语,生活习惯也和汉人十分接近。

西晋的"八王之乱"给全国的人民造成了深重的灾难,有很多生活在内地的少数民族中的上层分子开始起兵反抗。最早起兵反抗的是匈奴人刘渊和羯族人石勒。

304年，刘渊建立了匈奴族政权汉。316年，刘渊的养子刘曜灭掉了西晋。318年，西晋的王族后代司马睿在南方建立了东晋。从此，北方地区的少数民族开始了军阀混战。

五胡十六国时期虽然非常混乱，但是从历史的角度来看，这是一个民族大融合的时期。由于汉族在经济等很多方面都比较发达，很多少数民族都自觉或者不自觉地开始了汉化。

当时，很多胡人的君主都深受中原汉人文化的熏陶，比如刘渊、苻坚等一些君主，都接纳汉文化，如提倡儒术，用汉人的政治制度。这些胡人君主还帮助恢复汉人的地位，承认汉人的权利。有些君主在攻破汉人的城池以后，还特意下令不许欺辱汉人。

因此，当时很多汉人都受到胡人君主的重用。当然也有一些汉人十分抵制，他们觉得给胡人当官是一件非常耻辱的事情，甚至还有些人告诫子孙，不可以把自己曾经在胡人手下当官的事情写在墓碑上。

五胡十六国时代的一个主要特点就是胡汉分治，把汉人和胡人分别用不同的制度来管理。比如当时前赵的皇帝刘聪，把汉人以户为单位来进行管理，而把胡人以落为单位进行管理，两种系统用不同的官员来管理。落是少数民族的一种聚居单位，是指以帐篷聚居的生活单位。

那个时代，北方的少数民族政权在军事方面也曾经实行胡汉分治的制度，后来逐渐合并。不过由于兵权大多都掌握在王族宗室手里，因此这也导致王族为了争夺权力而自相残杀，最终导致亡国。

十六国的军队一般都以骑兵为主，步兵为辅。当时的马鞍上已经普遍安装了马镫，这样骑兵就可以稳当地骑在马背上，解放了双手。骑兵就可以用双脚来控制马，而用双手拿武器来战斗，这样就大大提高了骑兵的战斗力。

虽然那个时代战争频发，给农业和经济造成了很大的破坏，但是有很多

晋

君主都非常重视发展农业和经济。

例如建立后赵的石勒，他在起兵的过程中，经常靠掠夺人民来补给军队。但是在建立政权以后，他开始大力发展经济，劝导人民种桑种田，并且收取非常低的赋税，让经济得以稍微复苏。

也有一些政权从建立之初就非常安定，吸引百姓前往。比如在成汉，百姓的负担非常轻，也没有什么战争，百姓的生活非常富足；前燕的慕容皝（huàng）统治辽东一带的时候，他开放荒地让无家可归的人们去种植。

在五胡十六国中，前秦的苻坚本来最有希望统一北方地区。在他统治时期，他任用汉人王猛作为辅政大臣。王猛大力发展经济、农业和手工业，使前秦的国力大为增强，百姓在那里也安居乐业，呈现出一片丰收的景象。不过后来由于苻坚发动的对东晋的战争失败，导致了前秦的分裂和灭亡。从此，北方地区又陷入了混战之中。

在所有少数民族建立的政权中，氐族建立的前秦、羌族建立的后秦，还有鲜卑族慕容氏建立的前燕和后燕，文化最为兴盛。这些政权的统治者为了维护政权的稳定，特别注重发展教育，传播汉族的文化，使少数民族接受了汉文化，对于民族融合具有十分积极的意义。

尽管五胡十六国时期充满了战争和灾难，但是对于中华民族来说，各民族得到了融合，汉文化得到了传播。

闻鸡起舞

在西晋王朝没落的时候，北方的匈奴开始崛起。这个时候，还有一些将领坚持着守卫国家的边疆。刘琨和祖逖就是这些将领中的代表。

早在刘琨和祖逖年轻的时候，他们就是一对要好的朋友。他们曾经在司州一起做主簿。两人一起处理政事，晚上经常睡在一张床上谈论国家大事，研究兵法，希望将来可以为国出力。

有一次，他们正熟睡的时候，突然传来一阵鸡叫的声音。祖逖被惊醒了，他起床走到窗边一看，天色还是黑的，月亮还挂在天空，天边也没有一点亮光。祖逖此时已经睡不着了，他叫醒了刘琨。

刘琨迷迷糊糊地问他到底什么事。祖逖说："你听见鸡叫了吗？"刘琨随口说："半夜听见鸡叫可不是什么好事情。"祖逖却对他说："我可不这么想，我们应该趁着这个时候起来练剑才是。"

于是刘琨就和祖逖每天都在鸡叫的时候起来练剑，时刻准备着上阵杀敌。

308年，刘琨被晋怀帝任命为并州刺史，对抗匈奴人刘渊。刘琨带着自己招募来的一千多名士兵来到了并州，看到的是战后的荒凉。并州城里活下来的百姓，也已经饿得不像样子了。

刘琨就带领士兵重新整理并州城，修复了城池和房屋，然后亲自率领士兵镇守城池。刘琨使用计谋，让匈奴人内部互相猜忌，使很多匈奴人前来投

祖逖

降。自从刘琨到达并州以后，匈奴人就不敢轻易来侵犯了。

没过多久，匈奴人攻破了西晋的都城洛阳，在北方的西晋军队大多被打散了，只有刘琨还在并州坚持斗争。流亡到长安的晋愍帝还特别封刘琨为大将军，让他统领并州的军事。

那时，羯族人石勒集结了几十万大军，准备进犯并州。刘琨两面受敌，一面是匈奴人刘聪，另一面就是石勒。可是他并没有丝毫的恐惧，他还上书给晋愍帝表达自己的坚定信心："臣如果不能平定敌人，坚决不回去。"

有一次，刘琨在并州的晋阳城里被匈奴的骑兵包围了。他的手头只有很少的兵力，根本无法打败敌人。刘琨的手下都感到十分恐慌，可是他没有慌乱。

等到傍晚的时候，刘琨来到了城楼上，他看着城外密密麻麻的敌军营帐，想出了一个好办法。回到城里以后，刘琨把士兵们集合到一起，然后挑选出一些会吹奏胡笳的人来。到了晚上，刘琨带着士兵们一起在城头上用胡笳吹奏匈奴人的曲子。悲伤的曲调勾起了匈奴人对家乡的思念，就在半夜里，匈奴人因为想念家乡撤退了。

后来，刘琨又积极联络鲜卑族的首领，准备一起夹击刘聪。可是由于刘琨性格太直，结果中了石勒的计谋。他在赶去解救被石勒攻击的乐平城时，中了石勒的埋伏，损失了几乎所有的军队。

祸不单行，此时匈奴人刘聪又攻陷了长安，晋愍帝被杀，西晋灭亡。刘琨眼看到了这种地步，只好弃守并州，投奔幽州刺史去了。刘琨本来和幽州刺史约好一起扶持晋朝，可是幽州刺史的部下却抓住了刘琨的儿子，要挟他一起反对幽州刺史。结果事情败露了，刘琨也受牵连被杀。

刘琨在临死前曾经写下一首诗，来表达自己对国家的忠诚和壮志未酬的遗憾。其中的"何意百炼钢，化为绕指柔"更成了千古名句，表达了自己经

晋

历失败之后的无能为力。

东晋在南方建国后，祖逖和家人逃难来到南方。后来，他被东晋的皇帝司马睿任命为徐州刺史。可是祖逖一直想念家乡，他上书皇帝，要求带兵北伐中原，收复失地。

祖逖在给皇帝的上书中说："晋朝的变乱，并不是因为君主无道而使臣子们叛乱，而是因为皇室宗亲之间为了争夺权力自相残杀，使外族人趁机占领了中原。现在北方的晋人正在遭受战乱，大家都想着要发愤图强。您应该派遣将领领兵北伐。如果您派我统领军队，各地的英雄豪杰一定会响应。"

过了两年，皇帝司马睿终于任命祖逖为奋威将军、豫州刺史，让他带兵北伐。不过皇帝只给他千人的口粮和3000匹布，并没有给他兵器和军队。皇帝让他自己想办法募集军队和兵器。

于是祖逖就带着当初和他一起逃难的同乡，一起渡过长江。在过江的时候，祖逖敲打着船桨说："如果我不能收复中原的失地，就让我像大江一样，有去无回。"过江以后，祖逖驻扎在淮阴，建造了熔炉自己打造兵器，又招募了两千多名士兵，然后就出发去打仗了。

祖逖先招抚了一些在羯族人石勒和东晋之间流亡的汉族人，壮大了自己的实力。然后他又接连打了一些胜仗，一些原来归附石勒的人都反过来归顺了祖逖。祖逖用了九年时间，收复了黄河以南的很多地方。

正当祖逖积蓄力量，准备继续向北推进的时候，南方的东晋王朝却发生了内乱，祖逖在忧愤交加中郁郁而死，他所收复的土地又被石勒所占领。

祖逖和刘琨两个人在年轻时就立下远大的志向，勤奋学习，闻鸡起舞，终于在国家有需要的时候做出了一番事业。后人常常用"闻鸡起舞"来形容为了理想刻苦奋发。闻鸡起舞的故事，也激励着无数人为了理想时刻准备。

王马共天下

"八王之乱"对西晋王朝来说简直就是毁灭性的打击,而且遗祸无穷,使整个中国在数百年内没有安定统一。当晋朝内部为了权力争斗的时候,北方的少数民族开始渐渐侵占北方。

304年,匈奴人刘渊起兵,自称汉王,渐渐强大了起来,多次打败晋朝的军队。311年,刘渊的继承者刘聪攻破了西晋的都城洛阳,抓走了晋怀帝,还杀死了大臣和平民3万多人。这就是永嘉之乱。

永嘉之乱以后,大批的北方汉人开始南迁躲避战乱。他们纷纷迁到了长江中下游地区,历史上把这次大迁移称为"永嘉南渡"。这次大迁移持续了有两百年之久,有超过百万的汉族人迁到了南方。这是中国古代历史上第一次人口南迁的高峰期。

在那个时候,晋朝的王室和一些官员也开始向南转移。很多官员纷纷把自己的亲族和朋友安插到南方去做官,以求自保。基本上原来残存的晋朝政府机构都迁到了南方,以琅琊王氏家族的势力在南方最为强盛。西晋末年的宰相王衍就是王氏家族的一员,他在永嘉之乱前就把自己的很多亲戚安排到了南方去做官。

317年,司马睿在建康(今江苏南京)重建了晋朝,史称东晋。由于在司马睿建立政权的过程中提供了非常大的支持,王氏家族得到了很高的声望,被司马睿称为"第一望族"。王家的势力最强的时候,东晋朝廷中三分之二都是王家人或者是和王家有关的人。因此民间流传出"王与马，共天下"这句话来，意思就是说，东晋王朝其实是王家和司马氏共同掌权的。

刘聪攻陷长安的时候，晋朝还拥有南方的领土。晋怀帝之后的晋愍帝在被俘之前就留下了诏书，要当时镇守南京的琅琊王司马睿继承皇位。因此，司马睿才在江南建立了东晋。

司马睿最初被派到江南做镇守的时候，并没有什么地位和名望。当地的一些贵族和名人根本看不起他，也从来不去拜见他。司马睿上任的时候，曾经带去了很多名人，其中有一个名叫王导的人，他就是王氏家族中的一员。

眼看自己得不到当地人的支持，司马睿就去请教和自己一起南来的王导。他对王导的话简直是言听计从。王导为了帮助司马睿，就去找自己在当地的堂哥王敦商量，最后两人商量出一个办法。

这一年的三月初三，当地有个节日叫作禊（xì）节。这天，所有的官员和百姓都要到江边去拜祭，以祈求上天降福消灾。王导让司马睿乘坐着华丽的大轿子前往，前面还有仪仗队鸣锣开道。而王导和王敦就带着北方来的一大群官员和名士骑着马跟在司马睿的轿子后面，排列成一支声势浩大的队伍。

这天来看热闹的人非常多，江南的百姓从来没有见过这么大的排场，顿时全城都轰动了。很多有名望的贵族都来观望，发现王导、王敦这样有名的人都对司马睿十分尊敬，就感到十分吃惊。于是，这些贵族纷纷出来拜见司马睿。这样一来，江南的贵族都知道了司马睿，司马睿在他们心中的地位也提高了。

紧接着，王导又对司马睿说："江南最有名望的两个人是顾荣和贺循，只要把这两个人拉拢过来，其他的名人就都会投靠我们了。"于是司马睿就派王导去请顾荣和贺循出来做官。

顾荣和贺循两个人都非常高兴，专门去拜见司马睿。司马睿对他们两人也十分殷勤,并封他们做了大官。从那以后,江南的名门望族都纷纷支持司马睿,司马睿就在那里站住了脚。

永嘉之乱以后,王导又建议司马睿吸收一些从北方逃过来的贵族和名人。就这样,司马睿又接纳了一百多位名士,把他们留在王府里做官。由于王导的建议,司马睿既得到了江南贵族的支持,又得到了北方人才的辅助,这让他十分高兴。他感激地对王导说:"你真是我的萧何呀!"

司马睿建立东晋,在登基那天,所有的文武官员都来朝见。司马睿一看到王导,就激动地从宝座上站了起来,一把抓住王导,要让他和自己一起接受百官的朝见。这个惊人的举动可把王导给吓坏了。因为在古代,皇帝的地位是至高无上的,只有他才能接受百官的朝拜。

王导连忙推辞说:"这怎么可以?您就像天上的太阳,我就是地上普通的生物,如果太阳来到地上,跟普通的生物在一起,那还怎么普照万物呢?"经过王导这么委婉的夸赞和提醒,司马睿才高兴地坐了下来。

可是在司马睿的心里,他一直认为自己的皇位是全靠王导和王敦两兄弟的帮助才得来的,因此他对这二人显示出特别的尊重。他封王导为尚书,掌管朝政大权,封王敦掌管军事大权,王氏家族中的很多人都被安排在了重要的职位上。于是民间就流传出了"王与马,共天下"的传言。

渐渐地,王敦由于手握兵权,变得骄傲自大起来,常常不把皇帝司马睿放在眼里。司马睿也看出了王敦的高傲,于是他又另外重用了大臣刘隗和刁协,有些疏远王氏兄弟了。没过多久,因为权力的斗争,东晋王朝又开始分裂了。

王敦以帮助皇帝清理身边的奸臣为名,带领大量军队攻进建康。等刁协被杀、刘隗逃走以后,王敦又想篡夺王位。幸好王导始终站在皇室一边,维护着司马睿的皇权,维护着东晋的统一。后来,王敦和王含等人先后反叛东晋,都被王导以武力制伏。由于王导的功劳,王家在东晋始终是最强盛的家族。

王羲之与《兰亭集序》

在东晋的王氏家族中，曾出现过好几位名人，王羲之就是其中著名的书法家。因为他曾经担任过右军将军的官职，所以也被人称为王右军。王羲之被后人尊称为"书圣"，可见他在书法史上地位之高。

王羲之对草书、行书、楷书等都有很高的造诣，曾经留下很多有名的作品，如楷书《乐毅论》《黄庭经》，草书《初月帖》，行书《兰亭集序》《快雪时晴帖》等。他的书法博采众长，又将各家优点融会贯通，创造出自己的风格。尤其是《兰亭集序》，被人称赞为"天下第一行书"。有人评价他的书法"好字唯之"，意思就是王羲之的字才是好字。

王羲之从小就喜欢写字，就连他走路的时候，手里也比画着练习写字。时间久了，他的衣服都磨破了。由于他的勤奋，再加上经过名师的指点，他的书法很早就达到了相当高的水平。当时的人们非常喜欢他的字。

有一次，王羲之到一个学生家里去做客，学生很热情地把他迎接到了书房里。王羲之落座之后，看到学生的几案表面又光滑又干净，便意兴盎然地想写几个字。

学生一听说他要写字，连忙高兴地拿来了笔墨。王羲之就在学生的几案上写了几行字作为纪念。过了几天，这个学生因为有事外出了，他的父亲帮他收拾书房的时候发现了几案上的字。父亲不知道这字的来历，就用刀给刮掉了。学生回来以后，为这件事情情绪低落了好一阵子。

还有一次，王羲之外出，在街上看到一个老婆婆拎着一篮子竹扇叫卖。可是老婆婆的竹扇实在是太普通了，扇面上也没有什么装饰，不论她怎么叫卖都卖不出去。

王羲之看到老婆婆着急的样子，十分同情她，就走上前去对她说："你这扇子上没有字也没有画，当然卖不出去了，不如我帮你在扇子上题几个字吧？"

老婆婆不认识王羲之，她只是抱着试一试的态度把扇子交给了王羲之。王羲之接过扇子之后，拿起笔来，在扇子上龙飞凤舞地写了几个字。不一会儿，所有的扇子上都写上了他的字。

写完以后，老婆婆有些后悔了。因为她不认识字，她觉得王羲之的字写得太潦草了，她还担心扇子因此更卖不出去了。王羲之看出了她的担心，就对她说："你别担心，只要你告诉别人这字是王右军写的，保证能卖得出去。"

等王羲之走后，老婆婆就照着王羲之的吩咐高声叫卖。大家都围了过来，一看，果然是王羲之的真迹，老婆婆的扇子一会儿就被抢购一空。

王羲之还有一个爱好，就是喜欢欣赏鹅。有一个道士想请王羲之给他写一卷经书，可是他知道王羲之是不肯轻易帮人抄写经书的。后来，道士打听到王羲之喜欢鹅，就专门养了一群漂亮的大白鹅。

听说有个道士养了一群漂亮的白鹅，王羲之立刻赶去欣赏。他一见到那些鹅，就舍不得走了，想要道士把鹅卖给他。道士就对他说："既然王公喜欢这些鹅，那就全部送给您好了。不过我有一个要求，请您替我抄写一卷经书。"

王羲之听了以后，毫不犹豫地帮道士抄写经书，然后带着换得的那群鹅高高兴兴地回去了。

关于王羲之写字的故事还有很多，不过大家一提起王羲之，就会联想到

晋

他的作品《兰亭集序》。由于《兰亭集序》本身的价值和后来的历史流传，使得这部作品有了非常高的名声。

353年的农历三月初三，因为正好赶上禊节这个节日，王羲之和一群朋友来到绍兴的兰亭集会。大家在饱览风光之余，写下了很多诗文来抒发感情。后来，大家把这些诗文合起来编辑成了一本书叫《兰亭集》。王羲之就亲自给书写了序文，命名为《兰亭集序》。

写《兰亭集序》的时候，王羲之已经50岁，他的书法造诣已经非常高了。后人都把《兰亭集序》认为是王羲之书法艺术的最高境界，并且称赞他的书法是"出于天然"。大家都觉得他的这篇书法作品不论是文章的章法，还是字体结构和笔法都堪称完美。

据说王羲之自己写完《兰亭集序》之后，也觉得这件作品最为满意。他还曾重写过几次，但是都没有第一次写得好。他感叹地说："这应该是天神相助吧，要不然我怎么能写到这种水平？"

王羲之把《兰亭集序》作为传家宝传给了后人，传到他的第七代子孙智永和尚的时候，因为智永和尚没有后代，就又传给了他的弟子辩才和尚。辩才和尚对书法也很有研究，十分重视《兰亭集序》，把它视为珍宝一样收藏。

后来，唐朝的皇帝唐太宗得知了这件事情，就多次向辩才和尚索取。辩才和尚推脱说真迹不知下落。后来，唐太宗派手下骗取了辩才和尚的信任，让他拿出了《兰亭集序》的真迹。辩才这才发现上当，只好交出了《兰亭集序》。没过多久，辩才就郁郁而终。

唐太宗得到《兰亭集序》后，让很多当时的名家来临摹，并且把临摹的作品赏赐给很多大臣。后来，唐太宗因为对《兰亭集序》爱不释手，死后又把真迹带进了自己的陵墓里。从此，《兰亭集序》就失传了。

现在流传下来的《兰亭集序》都是后人临摹的，又有人说真迹在女皇武则天的陵墓里。总之，《兰亭集序》在人们心中的地位是非常崇高的。

淝水之战

东晋时期，北方地区被少数民族建立的政权所占据，中国历史进入了南北割据对峙的时期。

在北方地区，由氐族人建立的前秦政权逐渐强大了起来。他们先后灭掉了北方的前燕、代、前凉等政权，统一了黄河流域一带。此时前秦的国君叫苻坚，他因为任用汉人大臣王猛为宰相，让前秦变得越来越富强。

373年，前秦的军队又占领了东晋的梁和益两个地方。前秦的势力因此扩展到了长江和汉水的上游地区。前秦的皇帝苻坚因此变得跃跃欲试，准备一举消灭东晋，统一南北。

这时王猛已经去世，苻坚就和大臣们商量去攻打晋朝。大臣苻融劝阻他说："现在还不是时候，晋朝有长江作为屏障，而且晋朝的内部也很齐心协力，我们很难取胜。"苻坚却不以为然地说："我们有上百万军队，如果把我们骑兵的马鞭都扔到长江里，长江都会因此而断流，我们有什么好怕的？"

于是苻坚不顾大臣们的劝阻，集合了80多万大军，从长安出发，一路向南，向晋朝进发。由于苻坚率领的军队人数庞大，整个队伍浩浩荡荡的，消息很快就传到了东晋朝廷。

东晋的孝武帝和大臣们听到苻坚出兵的消息，顿时都慌乱了起来，大家都盼望着宰相谢安想想办法。谢安年轻的时候和王羲之是好朋友，经常游山玩水，吟诗作文，不愿意当官，后来干脆就隐居了起来。等到他40多岁的

秦

苻堅

苻融

时候，人们才把他从隐居的地方请出来做官。因为他长期隐居在东山，所以后人把重新出来做官称为"东山再起"。

眼看大敌当前，东晋面临生死存亡的考验，谢安和一些大臣决定奋起反抗，坚决抵御前秦的进攻。经过谢安的推荐，皇帝任命谢安的弟弟谢石为征讨大都督，谢安的侄子谢玄为先锋，带领8万人马沿淮河向西，准备迎击前秦军队的主力。

同时，皇帝又派大将胡彬率领5000名水军增援寿阳地区，派大臣桓冲带领10万人马控制长江中游，防止秦军顺江东下。

可是没过多久，苻坚的弟弟苻融就带领前锋部队攻占了寿阳。被孝武帝派去增援的胡彬只好退守硖石（今安徽寿县西北），等待与谢石和谢玄的大军会合。紧接着，苻融又带兵开始攻打硖石。胡彬被围困在硖石，粮草也用尽了，只好写信求援，不想书信却落入了苻融的手里。苻融根据胡彬的书信得知了东晋的军情，便建议苻坚立刻增援寿阳，防止晋军反击。

苻坚带兵到了寿阳以后，和晋军在淝水（今淝河，在安徽寿县北）两岸对峙了起来。苻坚先派被俘的东晋大将朱序到晋军的大营去劝降。朱序到了晋军大营后，不但没有劝降，反而向谢石提供了秦军的情况。

朱序说："秦军虽然号称百万，但是大队人马还在路上。如果等他们人马都到齐了，那时晋军一定无法抵挡。所以应该趁现在就立刻发动进攻，首先挫败秦军的先锋部队，然后就能瓦解秦军的大部队。"谢石本来还想坚守不出，等敌人进攻疲惫了再进行反击，听了朱序的话以后，他觉得十分有道理，就改变了战术，准备主动出击。

于是朱序和谢石订好了作战计划，并且朱序答应作为内应帮助晋军。谢玄首先派人突袭洛水附近的秦军。晋军在洛水附近首先大败秦军，杀死了敌军1万余人，大大鼓舞了士气。

秦军的锐气大挫,军心动摇,士兵惊恐万状,纷纷逃跑。此时,苻坚在寿春城上望见晋军队伍严整,士气高昂,再北望八公山,只见山上一草一木都像晋军的士兵。苻坚回过头对苻融说:"这是多么强大的敌人啊!怎么能说晋军兵力不足呢?"这就是成语"草木皆兵"的来历。

接下来,晋军准备对淝水对岸的秦军展开攻击。由于秦军已经在淝水西岸布好了阵势,晋军如果强行渡河,肯定会损失惨重,于是谢玄派了一位使者去见苻坚。使者见到苻坚就对他说:"你率领大军长途跋涉来到这里,现在这样按兵不动,像个打仗的样子吗?不如你们稍稍后撤,让晋军渡过淝水,然后我们决一胜负,这样不是更好吗?"

秦军的文武大臣听到这样的说法,都十分反对。可是苻坚却不这样认为,他觉得正好可以将计就计,先让晋军渡河,等他们渡到一半的时候,突然派大军杀出,这样就能取得胜利。苻坚的想法得到了苻融的支持,于是他就答应了晋军使者的要求,让秦军后撤。

秦军本来就士气低落,突然接到后撤的命令,士兵们都不知道怎么回事,行动起来都慢吞吞的。这时候,谢玄带领8000名骑兵迅速抢渡淝水,杀向秦军。而此时朱序在秦军的阵后大喊:"秦军被打败了!秦军被打败了!"前秦的士兵不明真相,立刻慌乱了起来,争相逃跑。

苻坚发现军队大乱,立刻骑马上前阻止,不料他自己被乱军冲倒。没有了主将,前秦的军队就更加混乱了。结果几十万军队瞬间溃退,又被追上来的晋军一顿追杀,死伤无数。苻融被杀,苻坚肩上也中了一箭,落荒而逃。

前秦的军队一路逃亡,听到路上的风吹动树林的声音和鸟叫声,都以为是晋军追上来了,吓得他们一刻都不敢停,马不停蹄地逃窜。等苻坚带着残兵败将逃回洛阳的时候,只剩下不到10万人马了。这就是"风声鹤唳"的典故。

从此，前秦一蹶不振，不久就灭亡了，而北方地区也随之再次陷入了混乱的局面。

晋军打了大胜仗以后，连忙派人赶往都城汇报。当时谢安正在与客人下棋，他收到前方送来的捷报以后，不动声色地把战报放在了一边，继续下棋。客人却忍不住了，问谢安道："战况怎么样？"谢安缓缓地说："这帮年轻的小辈把秦军打败了。"

客人听到这个消息，再也无心下棋了，匆匆告辞。谢安送走了客人，回到房间里的时候，忍不住兴奋，过门槛的时候，把木屐的齿都碰断了。

淝水之战是我国历史上著名的以少胜多的战例，对后世的战争观念产生了非常深远的影响。

陶渊明与《桃花源记》

陶渊明，名潜，是我国东晋时期著名的诗人、文学家、辞赋家和散文家。他自称"五柳先生"，还曾经写过一篇《五柳先生传》。他死后被人称为"靖节先生"。

陶渊明出生在一个破落的官宦家庭。他的曾祖父陶侃曾经是东晋的开国元勋，有显赫的军功，曾经当过大司马的官职，陶渊明的祖父、父亲都曾经做过太守。到了陶渊明这一代，家世已经逐渐衰落。

陶渊明9岁的时候，父亲就去世了，他和母亲、妹妹三个人投奔了外祖父孟嘉。孟嘉在当时是个非常有名的人，行为正直，性格沉稳，从来都喜怒不形于色。孟嘉十分喜欢饮酒，非常能喝，喝多了也不闹事；他高兴的时候，会忘记身边的一切。陶渊明从小就深受外祖父孟嘉的影响，长大以后，他的个性和修养都继承了外祖父的风范。

外祖父的家里有很多藏书，这让陶渊明有机会学习到丰富的知识。他不仅学习了儒家的经典，还接触了道家以及其他一些在当时看来比较偏的知识。他逐渐形成了喜欢遨游四海，喜欢山川园林的性格。因此，后人都以"田园诗人"来称呼陶渊明。

陶渊明年轻的时候，曾经怀着造福苍生的理想，担任过江州祭酒这个官职。由于那个时代人们对家庭出身比较看重，他受到了别人的轻视，因此他的理想没有实现。后来他觉得无法再忍受这种官场生活，就辞职回家了。他

晋

回家以后，州里又派人来请他担任主簿的官职，他回绝了。

过了五六年，他来到了荆州，到当时的地方官桓玄的门下做了一个小官。不久，陶渊明就发现桓玄是个野心非常大的人，他时刻准备篡夺东晋的政权。于是，陶渊明十分后悔跟了桓玄。一年后的冬天，陶渊明的母亲去世，他就以此为借口辞职回家去了。

结果没过多久，桓玄就起兵篡夺了皇位，公开称帝。此时陶渊明正在自己的家乡耕田度日，过着与世隔绝的日子。后来桓玄兵败，掳走了皇帝。陶渊明又冒险来到了建康，向讨伐桓玄的刘裕报告了桓玄的情况，以此来表达自己对桓玄的抗争。对于这件事，他还高兴地写诗说："我虽然默默无闻，但还是有我的志向。"

后来刘裕灭掉了东晋，自己当上了皇帝，开始了政治改革。刚开始，刘裕以身作则，整顿国家秩序，使官员们都各尽其职。陶渊明也加入到了刘裕的麾下。由于刘裕的性格、才干和功绩都有和陶渊明类似的地方，因此陶渊明也十分欣赏刘裕。

可是过了一段时间，刘裕为了排除异己，杀害功臣，并且任用名声很坏的小人。陶渊明看到现实的黑暗，有些心灰意懒，又开始惦记起自己的田园生活，随后就辞职归隐了。可是陶渊明并没有放弃自己造福苍生的理想，他又出山了一次，担任建威将军的职位，结果又是以归隐告终。没过多久，陶渊明在叔父的推荐下当了彭泽县的县令。他上任81天以后，碰到上级官员来巡察。他的下属对他说："上级来了，要准备去接待。"陶渊明感叹说："我怎么能为了这五斗米的俸禄而折腰呢？"于是陶渊明再一次辞职回家。

陶渊明在官场整整摸爬滚打了13年，这13年的经历终于让他彻底绝望了。眼看着自己的理想再也无法实现，最后他写了一首《归去来兮辞》，表示自己与朝廷彻底决裂，不再和世俗同流合污，然后留下官印回家去了。

回到家乡以后，他靠着耕种田地来养活自己。因为自家门前有五棵柳树，所以他自称"五柳先生"。陶渊明平时务农，闲暇时间就饮酒作诗。不过这样的日子并没有他诗里写的那么快活自在，其实是非常艰苦的。如果碰上丰收，他还能有些收成，还可以和朋友一起饮酒聊天；可是如果碰到了灾荒，他就只好穷困度日了。

有一年，在陶渊明贫困的时候，一个老农带着酒来找他一起喝，还劝他出去做官。陶渊明坚决地拒绝了这个建议。后来，陶渊明的生活越来越贫困，经常靠着朋友的接济和借贷为生。在他最后一次隐居了20年以后，陶渊明在贫病交加中去世。

陶渊明一生留下了很多文学作品，《桃花源记》就是其中一篇著名的散文。在这篇文章中，他幻想了一个与世隔绝的地方：在东晋年间，有一个以打鱼为生的武陵人。有一次，他沿着小溪前行，忘记了路程的远近。忽然看到一片桃花林，他就走了进去，想找到桃林的尽头。

在桃林深处，渔人发现了一个地方。那里的人们一见到渔人就大为惊奇，纷纷问他是从哪里来的。渔人详细地回答了他们，他们就开心地把渔人请到家里，然后摆酒杀鸡来款待他。村里其他人听说来了这么一个客人，也都来打听消息了。他们说自己的祖先是为了躲避秦时的战乱才带领妻儿和同乡人来到这个与世隔绝的地方的，到了这儿以后，他们就再也没出去过。

村民们问渔人现在是什么朝代，渔人告诉了他们，他们听了以后非常惊讶，原来这些生活在这里的人们，竟然不知道有汉朝的存在，更不用说魏朝和晋朝了。这些朴实的村民们生活在这里，安居乐业，根本不知道外面世界的变化，老人和小孩都十分富足……

陶渊明一生始终没有改变自己的志向，《桃花源记》也为后世的中国人创造了一个理想的精神家园。

陶渊明

刘裕摆却月阵

刘裕是南北朝时期一位有名的政治家和军事家。他是晋朝大将刘琨的后代,到他父亲刘翘这一代,家境已经变得十分贫困。他的父亲早逝,刘裕从小就流落到了以卖草鞋为生的境地。不过他从小就胸怀大志,一心想做一番大事业。

最早的时候,刘裕在晋朝的军队里担任着一个小小的官职。399年,孙恩、卢循等人起兵反抗东晋。晋朝就派兵前往镇压,刘裕正好是其中一员。由于刘裕作战有勇有谋,多次打败敌人,立下了战功,所以他的职位不断得到提升,从此出了名。

404年,刘裕在家乡起兵讨伐篡夺晋朝皇位的桓玄。一年以后,他打败了桓玄,帮助晋安帝重新登上了王位。紧接着,他为了扩大自己的战功和地位,决定北伐,收复北方被少数民族占领的土地。

409年,刘裕从东晋的都城建康出发,出兵攻打北方的南燕。南燕的皇帝向北方的后秦求援,于是后秦的国王就派使者来到了刘裕的大营,对他说:"我们和燕是友邻,我们已经派出了10万大军。如果你们继续攻打燕,我们不会坐视不理的。"

刘裕面对对方使者威胁的话回应说:"你回去告诉你们国王,我本来想先灭燕,修整几年之后再灭秦。现在你们既然自取灭亡,那就来吧!"

后秦的使者走了以后,手下对刘裕说:"你这样激怒后秦,如果后秦真的发兵攻打我们怎么办？"刘裕回答说："他们这是虚张声势，如果真的要打我们，他们早就派兵偷袭了，哪里还会提前通知我们？"

果然不出刘裕所料，后秦自己还正在和别的政权交战，根本就没有精力去救燕。燕只好出动了9万骑兵来对抗刘裕的大军。由于东晋在南方，受地理条件所限，骑兵数量有限，再加上马匹的数量也有限，所以面对燕的骑兵，还是有一些劣势的。

那时候，北方的少数民族都有十分强大的骑兵。他们的骑兵和马匹都穿戴着铁制的盔甲，正面冲锋时能对敌人造成巨大的杀伤，这种骑兵被称为铁骑。

为了对抗敌人的铁骑，刘裕让部队改为步行。他又派出4000辆战车安排到队伍的两侧，其中夹杂着步兵和骑兵。在战车上，士兵手里都拿着长兵器，以防止对方的战马冲到跟前。

当南燕的铁骑冲到近前时，刘裕就用这种阵法抵御，结果南燕的骑兵没有发挥出巨大的杀伤力。两军经过大半天的交战，最后不分胜负。随后，刘裕派出一支军队，突然偷袭敌人的后方，大败南燕军队。在这次战役中，刘裕初步形成了一种对抗骑兵的阵法，这就是"却月阵"的雏形。

416年，刘裕兵分五路，沿黄河向西而上，准备攻打后秦。刘裕先派人向北魏请求借道，可是北魏怕刘裕攻打自己，拒绝了刘裕的要求。同时，北魏派出了10万大军驻守在黄河北岸，监视晋军。

刘裕借道没有成功，于是带着军队继续沿黄河北上，按计划行军。可是北魏的军队又突然在半路上骚扰，阻止晋军前进。刘裕只好转过头来，先对付北魏。刘裕经过几个月的探察，选出了一个有利的地形，准备展开自己独创的战阵来对付北魏军。

选好战场以后，刘裕首先派出一支部队抢渡到黄河北岸，在距离河岸百余米的地方布下了一个弧形的阵。这个阵的两头与河岸相接，中间向前突出，因为形状像一轮弯月，所以被称作"却月阵"。

却月阵面向敌人的一边用上百辆战车围起来，每辆战车外围都有厚重的盾牌保护着。在战车上，有几十名士兵手持长长的兵器。在战车围成的阵形内，有几千名士兵带着弓弩接应。在却月阵的后面还有骑兵准备着随时冲锋，在最后面的河面上，还停泊着晋军的战船作为后方的接应。

北魏的军队刚看到这个阵形，以为没有什么了不起的，就派出一部分骑兵去冲击这个阵形。为了吸引大量的敌人，刘裕让阵内的士兵先用小弓射击。北魏军以为这个阵没有什么大的杀伤力，便集中了3万骑兵一起展开了攻击。

等魏军冲到阵前后，晋军便换上了强劲的大弓、大弩。北魏的骑兵立刻被射倒一片。由于外围战车的保护，北魏的骑兵始终冲不进刘裕所摆的阵形内。但北魏的骑兵实在太多了，他们依靠数量上的优势，逐渐接近却月阵。

在却月阵的后面，还布置了一千多支长矛，装在大弓上。这种长矛有三四尺长，矛头非常锋利。等敌人靠近以后，晋兵就用大锤锤击大弓，长矛向北魏军飞去，一根长矛能洞穿三四名北魏士兵。就这样，北魏军越是靠近，伤亡反而越大。经过一整天的激战，北魏军终于抵挡不住了。

紧接着，刘裕派出却月阵后面的骑兵开始追击敌人，北魏军又损失了几千名骑兵。随后，刘裕又派出5000名士兵渡过黄河，继续攻击北魏军。北魏军先围困住了晋军，不过这些晋军又在原地用长兵器摆起了阵法，经过一阵坚持，和随后的援军一起彻底打败了北魏军。

经过这一战，北魏受到了相当大的打击，再也不敢干涉晋军了。刘裕就带着军队继续西进，攻占了后秦的都城洛阳，消灭了后秦。

却月阵是用步兵制伏骑兵的经典阵法，为刘裕所独创，在与北魏的战争中，这种阵法是第一次使用也是最后一次使用。这种阵形想要成功必须有相应的条件，而且却月阵适合防守不擅长进攻，因此在后来的战争中再也没有人使用过。

南 北 朝

祖冲之推演圆周率

420年,东晋的大将刘裕篡夺了皇位,建立了南朝宋,史称刘宋。从此,中国历史又进入了一个南北对立的时期,被称为南北朝时期。在南方,先后建立过宋、齐、梁、陈四个朝代;而在北方,则经历了北魏、东魏、西魏、北齐、北周等朝代。

在南北朝那个战争频发的年代里,出现了很多优秀的人才。他们在各行各业默默地进行研究,为人类的发展做出巨大的贡献。祖冲之就是那个时代杰出的数学家和天文学家。

祖冲之出生在南朝宋,他的祖父名叫祖昌,是掌管土木工程的官员。祖冲之的父亲也是朝中的一位官员。生长在这样的家庭里,祖冲之就有机会无忧无虑地读书和学习。他从小就接受长辈的熏陶,对科学知识十分感兴趣,再加上他自己刻苦读书,很早就成了一个博学的人。

祖冲之的爱好特别广泛,他爱好数学、天文和历法,还经常观测太阳和星星的运行情况,他在机械方面也有很高的才华。祖冲之年轻的时候,就被皇帝召进了"华林学省"。那是一个古代的学术机构,祖冲之在那里继续专心地研究自己喜爱的天文学和数学。

虽然祖冲之后来也曾担任过许多地方的官员,因为工作的原因四处漂

南北朝

泊，但是他始终没有放下自己对科学的研究。他在科学研究方面有很多成绩，比如他自己在前人的基础上编制了《大明历》，把古代历法中的误差精确到了每400年不超过一分钟。这种历法在当时世界上是最先进的。

在机械方面，他重新制造出了已经失传的指南车，发明了千里船、水碓磨等巧妙的机械装置。

祖冲之的成就是在前人的基础上经过研究，最终才发展出自己的成果。他对学术的态度十分严谨，虽然重视研究古人的学说，但是又不完全迷信古人，而是用自己的实践去检验。

祖冲之在担任官职的时候，也并没有因为自己的学术研究而荒废了政事。他还写了一篇名叫《安边论》的文章，专门论述了开垦荒地、发展农业、安民强国的策略。皇帝看到他的这篇文章以后，就打算派他去巡游天下，做一些利国利民的事情。可是由于战乱，他的这些理想始终没有实现。

不过最为后人所熟知的，还是祖冲之在数学方面的成就。因为他所研究的机械和历法在很多方面都需要用到数学计算，因此祖冲之在数学方面的成就是最高的。他还曾经写过一本名叫《缀术》的数学著作，这本书在唐朝的时候还曾作为国家学府里的教科书。

在数学方面，他最有名的贡献要数精确地计算出圆周率，把圆周率精确到了小数点之后七位。一千多年以后，欧洲人才得出这个数值。

简单地说，圆周率就是指圆形的周长和直径的比率。祖冲之及以前的数学家做这方面的研究，是有很大的实际用途的。在古代，有一种容器叫作"釜"，这是一种圆柱形的量器。所以，人们在制造这种容器之前，如果有一个参考的数值，就能制造出所需要的大小的容器。要计算出它的容积，就得先计算出圆形的周长。

早在魏晋的时候，就有一位名叫刘徽的数学家用一种叫作"割圆术"的方法计算出了圆周率。可是祖冲之经过验证，发现刘徽的计算结果有些不够准确，所以他重新进行了计算。

"割圆术"的原理就是，把圆假设成一个有无数条边的多边形，然后计算出这个多边形的周长，最后可以近似地得出一个"圆周率"。如果要使计算出的圆周率足够精确，那假设的多边形就要有足够多的边。

"割圆术"这个计算方法说起来简单，计算起来可就没那么容易了。祖冲之根据刘徽的计算方法，假设了一个直径为一丈的圆，然后把这个圆假设成一个有192条边的多边形，经过艰苦的计算，终于得出了刘徽所计算出的圆周率。不过，祖冲之也因此证明刘徽的计算结果不够精确。

于是，祖冲之又继续计算。他假设了一个有24576条边的多边形，最后根据这个多边形计算出了更精确的圆周率，得出的数值为3.1415926到3.1415927之间。这个数值在今天看来或许不算什么，但在那个时代用手工计算可是一项非常艰巨的任务。

那时还没有先进的计算工具，人们用一种小棍子来当作计算工具。用这种小棍子摆出各种各样的图形，来表示不同的数字，这种计算方法叫作"算筹法"。像计算圆周率这种大型计算，光摆出的算筹就要占去相当大的面积。而且算筹每计算一次就要重新摆一次，计算出来的结果要立即用笔记录下来。如果不小心把算筹挪错了位置，就又得从头开始算一遍。

祖冲之要计算圆周率，需要十几个步骤，每个步骤要计算几十次甚至上百次。为了准确，每个步骤都要反复验证十几次。这样下来，工作量用艰巨来形容是毫不夸张的。

所以说，祖冲之计算出圆周率是一项伟大的科技贡献。他也因此受到中国人，甚至全世界人民的尊重。后来，人们为了纪念祖冲之，把月球上的一座环形山以他的名字命名，叫作"祖冲之环形山"。

贾思勰与《齐民要术》

在南北朝时期,关于政治家和野心家的故事实在太多了;但是,也有许多为人民谋福利的人值得我们去学习和崇敬。

在南北朝时期的北魏,有一个名叫贾思勰的人,写下了一本名叫《齐民要术》的书,给后代留下了一笔宝贵的财富。《齐民要术》是一本关于农业的"百科全书",它的内容十分丰富,其中记录的农业技术体现了当时我国北方的农业生产技术水平,很多技术直到现在仍然适用。

贾思勰出生在一个书香门第之家,他从小就喜欢读书。他的家族世代务农,这让贾思勰从小就对农业生产技术和知识有了初步的了解。成年以后,贾思勰曾经担任过高阳郡的太守。在那个时候,他目睹了战乱和动荡对经济的破坏,饥饿和灾荒对百姓生命构成的威胁,因此,他深感发展农业、保障人民生活对维护国家安定的重要性。

从官位上卸任以后,贾思勰就把主要精力放在了农业生产的研究上。他曾经到过很多地方,活动的区域主要集中在黄河中下游地区,足迹遍及现在的河南、山西、河北、山东等地。每到一个地方,他都会向一些经验丰富的老农请教,因此获得了不少农业方面的知识。

中年以后,贾思勰回到了自己的家乡。他有一份自己的产业,但是并不算很大。他亲自参加农业生产和放牧,掌握了很多生产技术,顺便也检验了自己的所学,积累了实践经验。

大约在 533 年到 554 年之间，贾思勰将自己总结的农业生产经验，再加上古书上记录的技术资料，经过分析整理和总结，最终写成了《齐民要术》。

《齐民要术》这本书总共 92 篇，分为 10 卷，全书共 11 万字。在书的前面，还有一篇《自序》和一篇《杂说》。全书的内容涉及农作物、蔬菜和果树的栽培方法，各种林木的生产，野生植物的利用，家畜、家禽、鱼、蚕等的饲养和疾病防治，还有农副产品的加工以及酿造技术和食品加工，甚至还有文具、日用品的生产。

这本书的内容十分详尽，其中光引用的古人著作就有 150 多种，还记载了很多关于农业的谚语。这本书在全世界的农业和农学方面都有很大的价值，贾思勰也因此被后世称为"农学家"。

贾思勰编写《齐民要术》的出发点也是非常崇高的。在那个时代，从皇帝到平民都十分崇信佛教，到处建寺院，很多人都荒废了田地去投奔寺庙，整个社会风气都崇尚奢侈和挥霍。在这种情况下，贾思勰在《齐民要术》的序文中表明了自己的态度：这个时代的人都在追求一些错误的东西，经商一类的事情只是表面繁荣，其实没有什么产出，终究不会长久。

在这本书中，贾思勰用自己作为例子深入浅出地讲解了一些经验。比如，在《养羊第五十七》这篇文章中，他是这样写的："我以前养了两百多头羊，但是没有足够的饲料来喂养，结果一年下来就死掉了一半。"随后他又写道："后来我养了一千头羊。三四月份的时候，我种了一顷豆子，地里的杂草和其他植物我都留了下来，并没有除掉。等到八九月份的时候，这些杂草、豆秸以及其他植物就可以割来给羊当饲料了。"

在农作物种植方面，贾思勰在《齐民要术》这本书中，对保持土壤的水分、肥力到播种前的选种、晒种、浸种和播种的合理时间，都进行了详细的探讨和讲解，其中很多巧妙合理的措施一直沿用到今天。

南北朝

在家畜家禽饲养方面，《齐民要术》这本书在记录了许多饲养经验的同时，还记载了四五十种兽医处方，涉及外科、内科、传染病、寄生虫等方面，直到现在仍然有很高的实用价值。

《齐民要术》这本书还初步探讨了一些超越当时时代的理论，比如生物和环境的相互联系。在这本书里，贾思勰甚至提到了生物遗传和变异的关系问题。而且，他介绍了许多利用基因遗传和变异来选择和培育新物种的方法和原理。

他甚至总结了许多判断天气的经验，以此来防止自然灾害对农作物造成破坏。比如，他记载了当时果农用烟熏来防止霜害的办法："天雨新晴，北风寒切，是夜必霜。此时放火作煴，少得烟气，则免于霜矣。"意思就是，秋雨过后天气肯定会转冷，当天夜里会有霜落下来。这时就要在田地里点起火来，用淡淡的烟把农作物熏一下，这样就能避免霜冻破坏。

但是由于时代和技术的局限性，贾思勰在《齐民要术》中也记录了一些并没有什么科学性的说法，比如："在东种桃九根，宜子孙，除凶祸。"等。这些说法在当时的条件下，是无法实验证明的，所以并不能因此就掩盖了贾思勰在农学方面的崇高地位。

《齐民要术》这部书，不仅记载了许多关于农业生产方面的技术和经验，其中还列举了大量的实例，教农民如何计算生产成本，其中包括运输、销售、消耗等方面的费用。由此可见，贾思勰在《齐民要术》中倾注了大量的心血。

郦道元与《水经注》

郦道元,汉族人。他是南北朝时期北魏的地理学家和散文家,一生在官场的经历比较坎坷。但是在地理学方面,他却做出了巨大的成绩。他以为《水经》作注而出名,留下了一本名垂青史的著作《水经注》。

郦道元的父亲名叫郦范,在郦道元少年时期,他曾担任青州刺史,因此郦道元就跟随父亲到了青州居住。他从小就博览群书,经常跟着父亲到山东一带勘察水利,喜欢上了游览考察。

父亲去世后,郦道元继承了父亲的爵位,被封为永宁伯,担任太傅掾(yuàn)的官职。后来,北魏王朝迁都到洛阳,郦道元又到京城担任尚书郎的职位。一年以后,他跟随皇帝出巡北方,因为出色的才干,他被提拔为治书侍御史。

郦道元而立之年的时候,担任了冀州的地方官。他在治理冀州的时候,采取了严厉的手段,打击了当地的邪恶势力。他的手段比较强硬,很多匪徒盗贼都被他吓走,纷纷逃到了外地,冀州境内因此得以安宁。

七年以后,郦道元又调到了鲁阳当太守。在那里,他请求皇帝下令,在当地建立学校,教育人民。结果那些比较粗野的人都十分敬重他,不敢再闹事了。由于他执政十分强硬,得罪了一些地方豪强,被人举报后,被皇帝召回了京城。

十年以后,郦道元被任命为河南尹,主要管理京城洛阳。随后,他又被

南北朝

派往北方边疆，整顿官员，筹备军粮，防守边关。

回京以后，正直的郦道元抓捕了一位王族的亲信。他把犯人投进了监狱里，定了死罪。王族请皇太后说情，然而郦道元顶住压力，坚持依法处死了他，因此得罪了王族和太后。后来，长安发生了叛乱，王族为了报仇，怂恿太后派郦道元去监视叛贼。结果郦道元被叛贼杀害，那年他56岁。同时，他的两个弟弟和两个儿子也和他一起遇难了。

郦道元虽然死了，但是他的著作流传了下来。郦道元虽然一生都在官场，但是他一直没有忘记自己的志向。他曾经看到一本南朝文学家郭璞写的《水经注》，爱不释手。《水经》是汉朝一个名叫桑钦的人所写的地理书，郦道元发现其中有很多关于高山河流的记录都非常简单或者不准确，况且经过了数百年的变迁，很多地方已经不再是原来的样子，于是郦道元就想亲自给《水经》作注。

在郦道元当官的这几十年里，他时刻没有忘记这件事情。他平时不但广泛查阅各种文献资料，而且每到一个地方都亲自去实地考察。由于他常年在各地做官，所以有机会游历各处的名胜古迹和名山大川。

每到一个地方，郦道元除了参观当地的名胜古迹之外，还用心勘察水流和地势，并且详细了解当地的地理、地貌、土壤、气候和民风民俗，甚至包括水道的变迁、关于当地的历史故事和神话传说等。经过多年的积累，他终于完成了《水经注》。

郦道元写作《水经注》，除了记录自己考察的资料以外，还参考了前人的各种著作430多种，其中关于地理的著作就有100多种。他还参考了许多汉朝以及三国时期的碑刻记录。在郭璞的《水经注》中所引用的资料，很多都失传了，由于郦道元的记录，才得以流传至今。

郦道元所写的《水经注》突破了《水经》只记载河流的局限，而把河流

作为主线，详细地记录了河流的流向和所经过的区域，以及沿河的山脉、火山、温泉、土地、物产、城市、水利工程、历史遗迹等。《水经》原来记载的大小河流有137条，经过郦道元注释以后，大小河流增加到1252条，比原著增加了近10倍。郦道元在《水经注》中所记录的地方都有明确的地理方位和距离的观念，写作十分严谨。

郦道元虽然生活在北魏，但是在《水经注》中，不只记录了北魏地区的地理，还涵盖了全国的范围，甚至记述了很多国外的地理情况。从现在的朝鲜一直到东南亚的越南和柬埔寨，从印度河到伊朗，从现在的咸海到蒙古沙漠，都有记载。这些都显示出郦道元宽阔的视野和无差别的学术态度。

在《水经注》的序言中，郦道元对前人所写的地理类书籍进行了点评，指出很多前人在地理著作中有所虚构的事实，并表明了自己的学术态度和工作方法，那就是实地考察。为了获得真实的地理信息，他根据地图和文字记录，亲自前往当地去勘察，核实书上的记载。他的足迹遍及今天的河北、山东、河南、陕西、内蒙古、安徽、江苏等广大地区。

《水经注》这部书不但有非常高的学术价值，而且文字优美生动，也可以说是一部文学著作，也因此被人称赞为散文集。也有人说郦道元是我国游记文学的开创者，对后世游记散文的发展影响巨大。还有很多人专门研究郦道元和他的《水经注》，并称之为"郦学"。

魏孝文帝改革

北朝（386—581）是中国历史上一连串统治北方的政权，包括北魏（后分裂为东魏和西魏）、北齐和北周。北朝的第一个政权是鲜卑族拓跋（tuò bá）氏建立的北魏，我们这段故事的主人公，就是北魏的孝文帝拓跋宏。

拓跋宏即位的时候还是个4岁的孩子，什么都不懂，于是只好由祖母冯太后暂时替他管理朝政。冯氏喜爱中原文化，也很重视对拓跋宏的教育，请了很多有学问的人来给他当老师，教他读书识字、如何做个好皇帝。拓跋宏小时候受到的教育，对他将来成就事业帮助很大。

拓跋宏亲政后，深知鲜卑族要想真正在中原站住脚，光靠打打杀杀是不行的，靠本民族原来在草原上游牧时的那套规矩也是不行的，必须学习中原文化。于是他大刀阔斧地进行了许多改革，其中最关键的一个措施就是迁都。

北魏的国都原本在平城（今山西省大同市），那里地势险要，易守难攻，是兵家必争之地；然而平城比较偏远，环境恶劣，社会经济和文化都很落后。因此，孝文帝打算迁都到黄河流域的洛阳，那里经济繁荣，文化昌盛，便于民族融合和加强对中原地区的统治。

然而，鲜卑族贵族中很多人是老顽固，反对孝文帝民族融合的政策。要想迁都，就要和这些人做斗争。

孝文帝非常聪明，他想出了一个主意：要想让那帮老顽固同意迁都，就得让他们在迁都和另一个更糟糕的事情之间来选择——这个更糟的事情就是南征。

南朝（420—589）是中国历史上先后在南方建立的政权，包括宋、齐、梁、陈四个朝代。当时的政权是齐，齐虽然不如北魏强大，但如果两边真打起来，结果肯定是两败俱伤。孝文帝假装决心要立刻统一天下，非要南征不可。这下可激起了大臣们的反对，反对最激烈的就是孝文帝的叔叔拓跋澄。

一次上朝时，孝文帝又提出南征的事，没说几句就和拓跋澄吵了起来。孝文帝假装很生气，说："国家是朕的，你凭什么阻挠朕出兵？"没想到拓跋澄毫不示弱，马上回敬道："国家虽然是陛下的，但我是国家的重臣，也得为国家尽责。现在明知危险，怎么能不冒死进言呢？"

孝文帝被搞得哭笑不得，不过他知道叔叔确实是个忠臣，于是退朝后，孝文帝悄悄派人把拓跋澄留了下来。

拓跋澄和孝文帝单独谈过之后，才恍然大悟：原来皇上是用南征来对付那些老顽固啊。拓跋澄思想开通，很赞成孝文帝迁都的决策，于是君臣二人一条心，商量要合演一出戏。

第二天上朝，其他的大臣以为有拓跋澄当主心骨，一定能阻止南征。可谁知道刚过了一宿，拓跋澄的态度就来了个180度大转弯，居然同意南征了！

这下大臣们可泄了气，只好跟着孝文帝南下。于是孝文帝带着大批文武官员，率领30万大军浩浩荡荡地向南进发。

队伍走到洛阳的时候，正值秋天，秋雨连绵，道路泥泞，根本走不动。孝文帝装出一副南征的决心丝毫没有动摇的样子，穿上盔甲，身先士卒，骑马走在最前面。三军将士都过惯了这样的艰苦生活，也不觉得怎么样；可是大臣们平时哪里受过这样的罪？一个个叫苦连天。趁着这场大雨，他们聚到一起拦住孝文帝的马头，再次进行劝阻。

拓跋宏

孝文帝这次倒没发火，只是严肃地说："咱们从平城出发，兴师动众，闹得全天下都知道了。如果半途而废，朕有什么脸面对天下人！所以无论如何不能走回头路。如果实在不想南征，干脆我们就在这里定都，就说我们本来就不是南征，而是迁都。这样既不用南征，朕的面子也保住了。众卿以为如何？"

众大臣听了都傻了眼，有几个稍微机灵点的已经隐约猜到这次南征本来就是个幌子。可是事情到了这个份儿上，他们已经进退两难，不知道该怎么办了。

孝文帝趁热打铁，又说："不要再犹豫了，赶紧表态。要不这样，同意迁都的，站到我左边；同意继续南征的，就站到右边。"

这时候轮到拓跋澄上场了，他第一个站出来，说："我本来就不同意南征，只是看皇上心意实在无可挽回才同意的。现在既然皇上给了我选择的机会，那我肯定同意迁都。"说着，他就站到了左边。

有拓跋澄带头，大臣们陆陆续续都站到了左边。还有几个在那里犹豫，最后还是觉得迁都也比南征强，于是也跟了过来。

孝文帝见大事已定，马上下令在洛阳建都。他又派拓跋澄回平城报信，宣扬迁都的好处，劝留守大臣们搬过来。后来，孝文帝还亲自回到平城劝说。

留守大臣当中还有不少顽固分子，纷纷提出异议，但都被孝文帝一一驳倒。他们实在没办法了，就提议进行占卜，然而孝文帝说："拿不定主意的事情才需要占卜，现在迁都的好处明摆着，还占卜干什么？天子本来就以四海为家，迁都算得了什么？再说我们上代也不是没迁过都，为什么我就不能迁呢？"

众大臣被说得哑口无言，迁都洛阳的事情就这么定下来了。

迁都之后，孝文帝继续推行改革：让鲜卑人穿汉服，学汉语，和汉族通婚，学习中原文化。孝文帝甚至让鲜卑人放弃原有姓氏，改姓汉姓。他本人以身作则，把皇族的姓氏改成了元，此后他的名字就叫元宏。

中华民族是一个由不同民族组成的大家庭，民族融合的方式形成了中华民族，是历史的主流。孝文帝作为一个少数民族政权的皇帝，能够主动学习中原文化，融入华夏民族，确实难能可贵，他是中国历史上的一位有功之人。

梁武帝信佛

梁武帝萧衍，是南北朝时期南朝梁的建立者，在位时间长达 48 年，是南朝的皇帝中在位时间最长的。他和他的父亲以前都是南齐的官员，后来萧衍逼迫齐和帝禅位，自己当了皇帝，建立了梁朝。

梁武帝在位的时候，前期还是有很多作为和政绩的，使南梁变得非常强盛。但是由于他晚年信佛，把大部分时间和精力都浪费在了礼佛上，导致了南梁的衰落，所以人们一般都只记得他信佛的事情，却忘记了他的功绩。

梁武帝喜欢文学，年轻时他所倡导并直接参与创造的齐梁文学就有很高的成就。有人甚至说他是诗人皇帝，如果他不做皇帝，或许在诗文方面的成就会更高。等到他后半生的时候，突然变成了一位虔诚的佛教徒，这对整个南梁来说却是一场灾难。

南梁的局势稍微稳定了一些，国家稍微富强了一点，萧衍便宣布自己皈依了佛门。527 年，他在皇宫隔壁建了一座寺庙，取名同泰寺，他还在皇宫的墙上开了一个侧门，出门就可以进到寺庙里。

萧衍经常带着文武百官前往同泰寺中去举行法会，他还自己登上高坛去讲经，一讲就是连着七八天。他经常去寺庙听经念佛，经常自己登坛讲经，他自己说是为了给百姓祈福，而把朝中的大事渐渐地荒废了。

就在他修建同泰寺的这一年，梁武帝第一次把自己舍给了寺庙。他来到了寺庙以后，前后总共做了三天的住持。不过，这次他只在寺庙里住了四五

南北朝

天就回皇宫去了。

自从他信佛以后,他不但自己坚持吃素,还下令全国:以后祭祀宗庙,不许再用猪牛羊等,要用蔬菜代替。他觉得神灵也应该吃素。可是后来大臣们都纷纷反对,因为这件事情有违上千年以来的风俗。于是梁武帝只好让步:祭祀可以继续用猪牛羊等,不过只能是用面团捏成猪牛羊的形状。

529年,梁武帝又一次把自己舍给了寺庙。他脱掉了皇冠黄袍,打扮成和尚模样,到寺庙里去睡木床,吃斋饭。入寺的第二天,他就登上法坛,举行了一场盛大的法会。来听梁武帝讲《涅槃经》的善男信女有5万人之多。

这次,梁武帝索性住在寺庙里不回皇宫了,这下子可急坏了所有的大臣。大臣们纷纷来到同泰寺的门口,一起要求梁武帝回皇宫去处理国家大事。经过大臣们的苦苦哀求,梁武帝虽然答应了回宫,却又提出了一个条件:他现在是寺庙里的和尚,要离开这里,大臣们必须向寺庙缴纳一笔赎身费。

于是大臣们给这位"皇帝菩萨"凑了一万万钱作为赎身费,才把他请回了皇宫。这些钱当然不可能是大臣们自己掏了,只能是搜刮百姓得来的。

546年,梁武帝又来了一次舍身,而且这次他号称是舍全国之身,为了全国人民的福利着想。这一次,大臣们又拿出了两万万钱才把他给赎了回来。这梁武帝也不知道是为了敛财还是虔诚,没过一年又舍身一次。可是这次官员们早已

拿不出那么多钱来赎他了，只好让他继续住在寺庙里。

后来，有些官员实在是看不下去了，他们觉得皇帝虽然昏庸，但是国家大事没有他来处理不行。于是，官员们又一次把这笔钱强加到了百姓的头上，又凑出了一万万钱，第三次把梁武帝赎回了皇宫。

经过这三次为全国百姓祈福舍身，梁武帝从百姓手中共讹诈了四万万钱。他的这些行为，让整个国家的风气都变得荒唐了起来。首先，全国各地兴建各种寺庙。其次，很多人开始不务正业，都出家去当和尚、尼姑去了，因为出家到寺庙更加有利可图。最后造成的结果就是，国家的农业、经济等各方面都荒废了，辛勤劳作的百姓反而被搜刮得干干净净。

有一次，梁武帝问达摩："我建造了许多寺庙，又编辑了那么多佛典，为了弘扬佛法，我做了很多事情，我有没有功德啊？"

"没有功德。"达摩说，"你做的这些，都是刻意去做的，虽然表面上看起来是些公德，实际上是没有的。"

梁武帝又问："那要怎么样做，才是真正的功德呢？"

达摩回答说："清净自然就好，不要怀着功利心态去做好事。做善事并不是刻意去做，而是自然而然地做，这样就可以获得功德了。"

梁武帝想了想，又问达摩："圣人们追求的最高道理是什么啊？"

达摩说："空空荡荡，这世界上本来就没有什么圣人不圣人。"

通过这次对话，达摩觉得梁武帝没什么前途，不适合学佛，就离开他去北魏了。

梁武帝把他和达摩的问答告知了他的师父志公禅师，志公禅师听后大吃一惊，忙对梁武帝说："达摩大师这个想法实在太好了，他就是观音大士啊！"梁武帝听师父这么一说，也意识到了什么，心里非常懊悔，连忙派了许多兵马去追赶达摩。志公禅师说："千军万马是唤不回达摩大师的。"

南北朝

达摩走到了江边，忽然马蹄声传来，达摩回头一看，见到了梁武帝的追兵，便随手折了一支芦苇，丢到江中，然后脚踏着芦苇渡江而去。达摩到了洛阳，住进了嵩山少林寺，在那里面壁九年。这就是后人常说的"一苇渡江何处去，九年面壁待人来"。后来，达摩成为中国禅宗的开山祖师。

当时，全国上下人人都信佛，光京城里的僧尼就有10万人，寺庙有500多座，而且座座都修建得富丽堂皇。不过这种景象终究长久不了，梁武帝横征暴敛，把整个国家都给压榨干了，这种繁荣只是表面的。

后来，南梁因梁武帝信佛而衰败，所有繁荣的寺庙都毁于战火之中。晚唐诗人杜牧有一首诗凭吊昔日江南繁华，其中有一句："南朝四百八十寺，多少楼台烟雨中。"

侯景之乱

386年，鲜卑的拓跋珪建立了政权，定国号为魏，这就是历史上所说的北魏或后魏。后来，生产的发展和鲜卑贵族汉化的加深使北魏的统治者日趋腐化，官吏贪污，国风败坏。

北魏初年时，为了修建东起赤城，西至五原的长城，北魏在沿线要害处设置了六个镇作为军事据点。这六镇的镇将均由鲜卑贵族担任，镇中兵丁大多是拓跋族的成员或中原的强宗子弟。他们被当作国家栋梁，都享有特殊的地位。

迁都洛阳之后，北方的防务逐渐被忽略，镇将的地位大大下降，最后被排斥在外，想升迁是件很困难的事情，所以他们开始对北魏政府产生不满。镇兵因为受到了镇将和豪强残酷的奴役和剥削，再加上塞外的柔然族经常侵扰掠夺，也加深了士卒们生活的困难。

523年，六镇起义爆发，关陇、河北等地的各族人民也都陆续起义。在激烈的阶级斗争中，北魏政权摇摇欲坠。534年，北魏最终分裂成了由高欢控制的东魏和由宇文泰掌握的西魏。至此，北魏灭亡。

梁武帝年老的时候，由于十分信奉佛教，经常住到寺庙里不回皇宫。每次大臣都要用很多钱把他"赎"回来。这样反复好几次之后，南梁的朝政被荒废了，官员和百姓都不堪重负，眼看国家就要发生危机了。

这时，西魏的大将侯景派人送信给梁武帝说，自己和东魏、西魏都结下

南北朝

了深仇，决心要投降南梁，用他控制的13座城池作为投诚的礼物。

侯景是个反复无常的人，他原本是东魏的大将。东魏的丞相高欢曾经让他带兵镇守黄河以南的地区，由于他手握重兵，高欢始终对他不放心。高欢临死的时候，就派人召侯景回都城去。可是侯景一听说高欢死了，立刻就带着人马投降了西魏。

西魏的丞相宇文泰对侯景也很不放心，他一面假装接受侯景的投降，一面诱骗侯景到都城去，准备趁机抓住他。侯景觉察了宇文泰的计谋，于是又准备向南梁投降。

梁武帝见到侯景派来的使者，听说了侯景想投降的事情以后，连忙召集文武百官商量这件事。大臣们都认为，南朝和北朝一直以来处于对峙状态，很多年都相安无事，如果现在因为接受了北朝的叛将而开战，实在很不值得。

可是梁武帝却不这么想，他年轻时也曾经想过收复中原，可是最终没有实现。现在有北朝的人主动来投降，还献上13座城池，这简直是他做梦都想得到的。于是梁武帝不顾大臣们的劝阻，接受了侯景的投降，并且把他封为大将军、河南王。

接着，梁武帝派自己的侄儿萧渊明带领5万人马去迎接侯景。可是萧渊明刚带兵走到北边，就遭到了东魏军队的袭击。梁军已经很多年没有打过仗了，战斗力非常弱，被魏军全部歼灭，萧渊明也做了俘虏。

东魏消灭了南梁的军队以后，又转过头来对付侯景。结果侯景也没有打过东魏的军队，只带着800多个手下逃到了南梁的寿阳城。

东魏也没有乘胜追击，他们主动派出使者和南梁讲和，说可以把萧渊明放回去。这件事让侯景知道了，他不禁担心起来，害怕南梁用自己去交换萧渊明。

于是侯景就想出了一个计谋,他先派人假装成东魏的使者送信给南梁朝廷,说是要用萧渊明来交换侯景。梁武帝一心想换回自己的侄儿,所以并没有仔细辨别使者的真伪,就写了一封回信,说只要能换回萧渊明,南梁可以交出侯景。

经过这次试探,侯景发现自己陷入了绝境,于是他决定拼死一搏,在南梁发动叛乱。南梁的国力早已经被梁武帝折腾得衰弱无比了,所以侯景的军队势如破竹,一路打到了长江北岸,那里离南梁的都城已经没有多远了。

这时,梁武帝派出了自己的侄儿萧正德组织人马在长江南岸设防。可梁武帝没有想到的是,萧正德早就有篡位的野心,他也早就和侯景暗中勾结了。萧正德偷偷地派出几十艘大船,把侯景的叛军接过了长江,然后又领着侯景一路浩浩荡荡地打进了都城建康。

建康的外城被攻破之后,梁武帝被围困在内城里。尽管侯景想尽办法攻城,可是都被城里的军民顽强地打了回去。

侯景先让人放火烧城,可是内城的守军用水把火浇灭了。侯景又用一种被称作"木驴"的攻城器械进攻内城,可是内城的守军用大石头把叛军砸了回去。紧接着,侯景让人在内城外面筑起了两座大土堆,向城内射箭。内城的守军也在城内筑起了土堆,与侯景的军队对射。

于是侯景只好把建康内城围困了起来。内城里的人口由于伤亡从原来的十几万锐减到几千人,可是他们还在苦苦地支撑着,等待援军的到来。这个时候,各地的援军其实早已经到达了建康城的周围,只是大家互相推诿,都不肯先出兵解救建康城。

内城里的梁武帝也渐渐撑不下去了,他问身边的人有什么办法可以退敌。手下回答说:"皇上的手下都是一些不忠不孝的人,怎么能指望他们平定叛贼?"

南北朝

经过一百多天的围困，侯景终于带着叛军攻进了建康内城，俘虏了梁武帝。侯景进城以后，立刻自封为丞相，杀死了曾经帮助过自己的萧正德，然后又把梁武帝软禁了起来。他还挟持梁武帝，把建康城周围的援军全部打发了回去，控制了整个南梁的政权。侯景缩减梁武帝的衣食，最后梁武帝被活活饿死。

梁武帝死了以后，侯景又先后拥立了两个被他控制的傀儡皇帝。551年，他干脆自己当了皇帝。

552年，梁朝的湘东王萧绎在江陵称帝，他派王僧辩、陈霸先等人起兵讨伐侯景，最终平定了"侯景之乱"。不过梁朝也再难以支撑，没过多久就被陈霸先建立的陈朝取代了。

陈后主骄奢亡国

550年,东魏丞相高洋篡夺了东魏政权,改国号为齐,史称北齐。北齐占据今黄河下游流域的河北、河南、山东、山西,以及苏北、皖北的广阔地区,至577年被北周消灭。

557年,宇文泰之侄宇文护逼迫西魏恭帝禅让,由宇文泰之子宇文觉即大周王位,西魏被北周代替。577年,北周又灭了北齐,统一了华北。581年,外戚杨坚篡夺了北周政权,改国号为隋,北周亡,隋朝开始。杨坚就是隋文帝。

南梁的大将陈霸先在讨伐叛将侯景的过程中,势力逐渐强大了起来。557年,陈霸先取代了南梁最后一位皇帝,建立了陈朝。陈霸先是一位比较有作为的皇帝,死后被人尊称为"陈武帝"。陈朝在陈霸先的努力下,渐渐强盛了起来,经济也得到了发展。

陈朝的第五个皇帝陈后主是一个荒唐的皇帝,陈朝就断送在他手里。

陈后主名叫陈叔宝,他可以称得上是一个大诗人,可是对治理国家,他却一窍不通。陈后主在位的时候,只喜欢饮酒作乐,吟诗作赋。他任用的一班大臣,都是一些酸腐的文人。

陈后主还喜欢大兴土木。他曾经造起三座高大豪华的宫殿,让自己喜爱的妃子们住在里面。他经常在那里举行酒宴,还邀请这些大臣一起参加。大家在一起通宵达旦地喝酒作诗,然后选出大家认为最好的一首诗,谱上曲子，让宫女为大家演唱，其中最著名的一首曲子叫《玉树后庭花》。

陈后主只顾享乐，陈朝百姓的日子当然就好不到哪里去。陈朝的百姓既要受到官吏们的压榨，还要遭受自然灾害的侵扰，经常有人饿死在路边。有个大臣上书劝谏陈后主说："现在的陈朝，已经到了天怒人怨、众叛亲离的地步。如果再这样下去，亡国之期就不远了。"

陈后主看到奏章以后十分生气，他派人对大臣说："你认识到自己的错误了吗？如果你想改，我就原谅你。"大臣坚定地回答："我的心就和我的外貌一样，如果我的外貌可以改，那我的心才可以改。"于是，陈后主就把他杀了。

陈后主沉迷享乐的这几年里，隋朝已经越来越强大。

隋文帝也是一个非常有作为的人，他为了消灭陈，很早就开始了准备。隋文帝听从大将高颎（jiǒng）的建议，每逢江南庄稼成熟的季节，就派军队到边界上集结，扬言要进攻陈朝。这样一来，陈朝的百姓就没法收割庄稼。等陈朝的军队组织起来以后，隋朝的军队又放弃了进攻。经过如此反复几年以后，陈朝的农业受到了很大破坏，陈朝的军队也逐渐放松了警惕。

可是隋朝的军队却不放松，他们仍然会经常派少量军队突袭陈朝的粮仓，烧掉他们的粮食，使陈朝不断遭受损失。588年，隋文帝派儿子杨广和丞相杨素带领50多万大军，分成八路，准备渡江消灭陈朝。

为了这次进攻，隋文帝亲自下达了讨伐陈朝的诏书。在诏书中，隋文帝陈列了陈后主的20条罪状。隋文帝还派人把诏书的内容散发到陈朝的各地。陈朝的百姓本来就对皇帝失去了希望，这下人心就更加动摇了。

隋朝的大军一队队来到了长江边，陈朝的士兵都被吓呆了，哪里还有勇气打仗？陈朝守将不断地向朝廷发出告急文书，可是一直都没有回音。

原来，陈后主经常和妃子、文人们喝得大醉，收到告急文书后，拆都没有拆，就随手扔到了一边。后来，在守将不断的催促、朝中大臣们的一再请

陈叔宝

南北朝

求下，陈后主才准备商讨退敌的事情。

在朝廷上，陈后主说："我们东南是一块宝地，以前的北齐、北周三番五次地来骚扰，可是都失败了。这次隋兵前来，还不是一样有来无回？"

他手下的宠臣也随声附和说："我们陈朝有长江作为屏障，隋兵又没有翅膀，难道能飞过来？这一定是守将贪功，故意谎报军情。"

结果这场讨论就在大家毫无意义的争论中结束了。陈后主还觉得处理完了一件国家大事比较高兴，于是又叫人载歌载舞地喝酒去了。

589年，隋军的一支人马从广陵一带渡过了长江，攻占了陈国的京口。另一路隋军顺江而下，进攻到采石地区。这两路隋军迅速朝陈朝的都城建康打了过来。到了这个时候，陈后主才惊慌失措。虽然都城里还有十几万兵马，但是陈后主本人还有他手下的一班文臣都不懂指挥行军打仗。陈后主痛哭流涕，不知该如何是好。结果隋军很轻易地就攻破了建康城，城里的守军没怎么抵抗就投降了。

隋军攻进了皇宫以后，怎么也找不到陈后主。于是他们抓了几个皇宫里的仆人询问，仆人说陈后主逃到后殿投井去了。

隋军果然在后殿找到了一口枯井，而且还隐约看到下面有人。于是隋军士兵就朝井下大喊，可是没有人回应。隋军士兵就威胁说："下面的人再不回答，我们就往里扔石头了。"说完，士兵拿起一块石头故意发出声响。

井下的陈后主立刻吓得发出一声尖叫。隋军士兵放下去一条绳子，要把他拉上来。可是士兵们发现拉绳子的时候特别重，等拉上来一看，陈后主和两个妃子坐在篮子里，还抱在一起。士兵们都哑然失笑：这样的君主怎能不亡国呢？

不久，陈就灭亡了。隋朝统一了南北，终于结束了从五胡十六国到南北朝近300年的混乱时代。